高等职业教育财经商贸类专业"互联网+"创新教材

新编市场营销

第 2 版

赵 轶 主 编

机械工业出版社

本书是中国特色高水平高职学校项目建设成果，全书贯彻《国家职业教育改革实施方案》《关于实施中国特色高水平高职学校和专业建设计划的意见》等文件精神，进一步密切产教融合，与行业领先企业合作进行课程开发，在融入新技术、新工艺、新规范的基础上，借鉴国外"学习领域"的课程理论，搭建起以"工作过程导向"为特征的"理实一体化"素材框架，对经管类专业课程"模块化"实施进行了探索。

全书设计了 11 项学习任务，包括市场营销认知、市场营销环境分析、市场购买行为分析、市场竞争状况分析、市场营销信息处理、目标市场分析、产品策略分析、价格策略分析、分销渠道策略分析、促销策略分析和网络营销与运营。

本书比较完整地阐述了市场营销活动的过程，适用于高职本科、高职专科学校工商管理类专业及其他相关专业的教学，也可作为在职人员培训或工作实践的参考用书。

为方便教学，本书配备了电子课件等教学资源。凡选用本书作为教材的教师均可登录机械工业出版社教育服务网 www.cmpedu.com 免费下载。如有问题请致电 010-88379375 联系营销人员，服务 QQ：945379158。

图书在版编目（CIP）数据

新编市场营销 / 赵轶主编. —2 版. —北京：机械工业出版社，2024.2
高等职业教育财经商贸类专业"互联网＋"创新教材
ISBN 978-7-111-74512-9

Ⅰ. ①新… Ⅱ. ①赵… Ⅲ. ①市场营销学—高等职业教育—教材 Ⅳ. ① F713.50

中国国家版本馆 CIP 数据核字（2023）第 244345 号

机械工业出版社（北京市百万庄大街 22 号　邮政编码 100037）
策划编辑：孔文梅　　　　　　　责任编辑：孔文梅　单元花
责任校对：郑　雪　李　彬　　　封面设计：鞠　杨
责任印制：单爱军
北京虎彩文化传播有限公司印刷
2024 年 2 月第 2 版第 1 次印刷
184mm×260mm・15.5 印张・379 千字
标准书号：ISBN 978-7-111-74512-9
定价：49.00 元

电话服务　　　　　　　　　网络服务
客服电话：010-88361066　　机 工 官 网：www.cmpbook.com
　　　　　010-88379833　　机 工 官 博：weibo.com/cmp1952
　　　　　010-68326294　　金 书 网：www.golden-book.com
封底无防伪标均为盗版　　机工教育服务网：www.cmpedu.com

前　言

党的二十大报告提出的"推进职普融通、产教融合、科教融汇，优化职业教育类型定位"为职业教育专业建设、课程改革奠定了坚实的宏观基础。高等职业教育承担着聚焦国家重大战略，发挥教育类型优势，培养高水平技术技能人才的历史使命。高职学生未来将是中小企业一线业务人员或基层管理者中的一员，所学课程不能机械照搬学科型本科，也不能笼统地将"必需、够用"作为课程建设参照，必须从职业岗位群实际出发，分析毕业生对应的工作任务，有针对性地进行内容归纳与教学转化。教材作为课程的重要构成要素，既是嫁接课程理念和教学行为的重要桥梁，又是综合体现课程要素的教学工具。在教材建设中，不应把高层管理者的职业工作内容也塞给学生，更不能缺乏逻辑、泛知识化。好的高职教材一定是在清晰界定毕业生对应的职业岗位技能要求的基础上，还能够为其提供一个职业工作内容整合的框架，使其看到适合自身的"完整意义上的职业工作整体"。这样，学习难度才会降低，学习的目的性、积极性才会增强。

市场营销职业概括性学习任务包括：市场营销认知、市场营销环境分析、市场购买行为分析、市场竞争情况分析、市场营销信息处理、目标市场分析、产品策略分析、价格策略分析、分销渠道策略分析、促销策略分析和网络营销与运营。

本书是全国首批56所"双高"立项建设院校阶段性成果。第一版于2017年9月出版，先后印刷多次，现已修订到第二版。与传统教材相比，本书做了以下创新。

（1）价值塑造催化育人功能。围绕"中国式现代化"大目标，本书注重融入党的二十大精神元素，与市场营销活动高度融合，通过素养提升园地等栏目展现饱含中国风格、中国气派的本土市场营销体系和职业素养要求，素养之盐融入课程之水，润物无声，从思想层面引领、认知层面引导、能力层面提升，发挥好专业课程的育人功能，承担起专业课教师在教学活动中的育人责任。由思想到行动，全面实现学生素养由内到外得到培养与升华，引导学生树立正确的世界观、人生观和价值观。

（2）学习任务驱动教学过程。以任务驱动统领教学过程的实施，引发学生学习的自主性、积极性，由过去单一的教师讲、学生听的被动行为部分转变为学生的主动探索行为（完成某项实训活动），使学生通过课程学习逐步养成所需的职业能力。完成了"从实践到理论、从具体到抽象、从个别到一般"和"提出问题、解决问题、归纳总结"的教学程序。

（3）学习内容能衔接职业技能。响应"加快发展数字经济，促进数字经济和实体经济深度融合"号召，行业、企业技术专家参与本书编写，使教学目标具体、明确、系统，教学内容先进、取舍合理，理论的基础地位变为服务地位。本书结构清晰、层次分明，信息传递高效简洁。在引领学生归纳知识的同时，也方便了学生职业技能的获取。

（4）体例创新增强趣味性。本书一方面吸纳了国外教学参考书的优点，另一方面考虑到我国高职学生的文化背景和基础教育养成的吸纳知识的习惯，增强了趣味性。在心理结构构建、兴趣动机发展等方面也做了有益的尝试，形成了学习目标、任务描述、任务解析、课前阅读、正文及服务于正文的重要信息、营销案例、小结、素养提升园地、学生自我总结等完整的教材功能体系。

本书由中国特色高水平高职学校建设项目组组长赵轶担任主编，韩建东、苏徐等一线教师参与了课程开发、教材框架研讨及内容的确定。在编写中，我们参阅了国内外一些专家学者的研究成果及相关文献，多家管理咨询公司为课程开发、横向课题的研发提供了实践的便利，在此表示衷心的感谢。

职业教育改革如火如荼，机械工业出版社积极搭建平台，中国职业教育教材建设又迈出了新的步伐。作为一种探索，尽管我们力求完美，但由于对市场营销职业活动的认识、理解和分析方面难免存在偏差，敬请读者不吝赐教。

编　者

教　学　建　议

　　职业教育的"定位""课程属性""课程来源""知识类型"和"课程实施"就是一个连贯、完整的系统。我们概括归纳出 11 项职业工作学习任务，形成以工作任务为中心、以技术实践知识为焦点、以技术理论知识为背景的理实一体化内容体系。

一、基本栏目说明

　　任务：课程内容以"任务"命名，试图先入为主，将市场营销职业活动内容归纳成一个抽象的市场营销管理活动实际工作任务。同时，为学生建立起"学习就是完成任务"的概念，为课程实施的工学结合奠定基础。

　　学习目标：说明完成这一任务要求达成的目标，分知识目标、能力目标和素养要求，为工作任务完成后的评价与检测提供依据。

　　任务描述：说明在职业活动中这项工作任务的主要内容是什么。

　　任务解析：根据职业分析成果，将任务做进一步的细分，体现了"完成分解的任务就完成了整项工作"的目标，也为整个任务提供了较为精准的知识承载与逻辑线索。

　　课前阅读：主要是与市场营销管理相关的日常生活故事、寓言，目的是使学生在增强人文素质、职业认同感的同时，不会感到"科技的疏远和生硬"。

　　同步实训：根据工作任务要求，对应每一个工作任务设计了各项"任务实训"。希望通过开展活动，使学生能够获得初步的职业认知，进而具备简单的单向职业能力。

　　素养提升园地：深入挖掘教学内容，从中萃取有价值的部分，为课程设立价值塑造目标，将这一目标贯穿于课程设计中，引导学生领悟党的二十大精神，把国家、社会、公民的价值要求融为一体，提高个人的爱国、敬业、诚信、友善修养，自觉把小我融入大我，不断追求国家的富强、民主、文明、和谐和社会的自由、平等、公正、法治。

　　每一任务中，相关模块的说明如下。

　　重要名词：说明这项任务中涉及的重要名词，体现对理论知识的重组，对应课后"教学做一体化训练"中的"重要名词"。

　　重要信息：说明这项任务中涉及的相关知识或操作的技巧与要领，主要体现对理论知识的重组，使其出现在合适的地方。

　　课堂思辨：根据学习重点，列举课程学习过程中需要及时反思或辨析的原理、技能，以便为整个学习任务、实训项目的完成奠定基础。

　　营销案例：列举古今中外管理业务活动的实例或故事，通过分析使学生从中汲取一些经验和教训，为课后"案例分析"提供借鉴。

二、使用建议

　　本书内容以实践操作为线索，以理论知识为支撑。在使用前，请您一定要理解教材的框架、各要素之间的关系，以及所有内容信息的作用。主要使用模式可以是任务导向，教学做相结合。

首先，教师应对任务描述及任务做解释；其次，归纳并精讲每一个任务完成的过程、方法和应用；最后，依据任务要求，根据实际条件，开展实训活动。其中，同步实训有的是认知性的简单活动，目的是把学生的主动性充分调动起来；有的是依据任务内容设计的单向职业活动，通过引领学生完成活动，使其获得进一步的职业认知。

本书作为一种探索，希望能够从尊重职业教育规律及尊重课程观的角度进行教材编写，建立起一种"工学结合"的氛围。在课程实施中，教师应积极创设条件，鼓励学生高效地参与学习和工作活动，以更好地帮助学生实现学习目标。

为了方便您的教学，本书配有教学资源，包括电子课件、教案、同步实训及实践项目所需的案例素材、教学视频素材等。

编　者

二维码索引

目录

任务 1 >>

市场营销认知

市场营销初步
认知素养提升

市场营销初步
认知营销故事

任务描述

　　在日趋激烈的竞争中，作为市场主体的企业，总是在千方百计地吸引消费者，以提高产品的市场占有率。因此，市场营销工作得到了越来越多企业的重视。作为职业入门，学生在学习市场营销过程中首先要面临的问题就是认识市场、市场营销等基本概念，并对市场营销工作过程有一个完整、系统的理解，这样才能明确市场营销职业活动的要求，以及工作成果等过程要素，真正走入市场营销职业活动中。

任务解析

　　根据市场营销职业工作过程的活动顺序，可以将这一学习任务分解为以下子任务，如图 1-1 所示。

图 1-1　市场营销认知的子任务

| 课前阅读 |

　　某年冬季的一天，夕阳缓缓西下。北京某高职院校大门口，一位老妇人守着两筐大苹果叫卖："又大又红的苹果，两元一斤啦……"

　　由于天气寒冷，人们行色匆匆，苹果无人问津。一位中年人在一旁观察了许久，走向老妇人，亲切地问："你知道今天是什么日子吗？"老妇人回答："你要买苹果吗？我只想早点卖完苹果回家，哪管什么日子！""我不买苹果，只是想帮你！"中年人说道。

　　老妇人正在疑惑，这位中年人心平气和地说："你等我一下，我到对面超市买些红绸带回来！"买回了红绸带，中年人和老妇人一起动手将两个苹果用红绸带绑在一起，并在每一对苹果上打了个心形的结。用红绸带绑在一起的苹果看起来很有趣。中年人亲自叫卖起来："祝福的苹果，平安夜的苹果，五元钱一对，快来买呀！"

　　三三两两的人应声而来，老妇人的叫卖声也变得更加洪亮："平安果哟！五元一对！平平安安啊！五元一对！"叫卖声吸引了越来越多的过往行人，许多人纷纷拿出钱夹。不一会儿，苹果就都卖光了，老妇人感激不尽。

【问题】

（1）故事里的苹果为什么被称作"平安果"？

（2）故事里经过"加工"的苹果还是原来的苹果吗？

（3）故事里为什么还要有招徕顾客的叫卖声？

（4）故事里的苹果畅销经历了哪些步骤？

（5）你还能从这则故事中得到什么启示？

1.1　市场营销基础认知

　　市场营销究竟是指什么？市场营销与市场又是什么关系呢？

　　从"课前阅读"中，我们获得的信息就是苹果被很快卖出去了。难道苹果销售活动就是市场营销吗？如果仔细反思这一过程，好像又不是那么简单！的确，如果销售等于市场营销，故事里卖苹果的老妇人似乎没必要让人帮忙！

　　故事里的情形在我们日常生活中经常出现，可能你习以为常。但是，现在有一个词必须引起注意，那就是"市场"。在认识什么是市场营销之前，我们有必要了解一下市场的相关含义。

1.1.1　认识市场

　　漫步在北京王府井步行街、新东安市场时，许多人会被极具京城特色的"祥子拉洋车""剃头匠""弹三弦乐"3组城市雕塑吸引。自建成以来，这3组雕塑不仅成为王府井大街的新景观，更吸引了无数中外游客驻足观赏。

　　"祥子拉洋车"雕塑是依照已故作家老舍笔下《骆驼祥子》中的主人公形象所创作的，真人大小、黑铁铸造。感兴趣的游客可以坐上那辆洋车，感受一下祥子给你拉车的乐趣。"剃头匠"和"弹三弦乐"也都别有一番情趣，它们也并非是雕塑家凭空创作出来的，而是以历史上老东安市场的照片为蓝本，立体化地再现出来的。这 3 组雕塑放在一起，还原了一个历史符号，它们代表着老东安市场，也是老北京的一个象征。

"新开各处市场宽，买物随心不费难。若论繁华首一指，请君城内赴东安。"这描写的就是当年北京老东安市场的繁华景象。

市场是我们进行职业活动的重要对象和场所。从现在起，"市场"两个字将伴随我们职业学习的始终！

1. 市场的产生

作为市场营销初学者，我们从已有的知识中很容易知道人类社会发展过程中出现过 3 次大的社会分工，每一次分工都是社会生产力发展的结果，而市场的出现和社会分工有着密切的联系。

作为第三次社会大分工，商业的出现标志着人类社会进入了"文明时代"。商业活动的盛行又进一步催化了社会分工和商品生产。社会产品存在着不同的所有者，在这样的情况下，"生产劳动的分工，使它们各自的产品互相变成商品、互相成为等价物，使它们互相成为市场"。所以，哪里有商品生产和商品交换，哪里就有市场，市场是连接生产和消费的纽带。

由此，我们可以这样理解：一般来说，市场是指商品买卖的场所，如北京中关村电子市场、浙江义乌小商品批发市场、山东寿光蔬菜批发市场等。当然，生活中的这些市场已经被我们熟知。

下面，我们来看经济学家眼中的市场究竟是怎样的。

重要信息 1-1　经济学家眼中的市场

1）市场是商品交换的场所。市场即买卖双方购买和出售商品，进行交易活动的地点或地区。企业必须了解自己的产品销往哪里，哪里是本企业产品的市场。

2）市场是指为了满足特定需求而购买或准备购买特定商品或服务的消费者群体。市场营销学家菲利普·科特勒指出："市场是由一切具有特定需求或欲求并且愿意和可能从事交换来使需求和欲求得到满足的潜在顾客所组成的。"

3）市场是指对某种商品或劳务具有需求、有支付能力和希望进行某种交易的人或组织。有的市场学家把市场用简单的公式概括为：市场 = 人口 + 购买力 + 购买欲望。

4）市场是某项商品或劳务的所有现实和潜在的购买者。也就是说，市场还包括暂时没有购买力或是暂时没有购买欲望的潜在购买者。

5）市场是商品交换关系的总和。市场主要是指买卖双方、卖方与卖方、买方与买方、买卖双方各自与中间商、中间商与中间商之间，在商品流通领域中进行交换时发生的关系。这个概念是从商品交换过程中人与人之间的经济关系这一角度而言的。

显然，从经济学意义上来说，市场一词不仅是指场所，还包括了在此场所进行交易的行为，主要包括买方和卖方之间的关系、交易活动及交易方式，同时也包括由买卖关系引发的卖方与卖方、买方与买方之间的关系等。

课堂思辨

市场是指地理场所，还是指地理场所及此场所的交易行为？

随着社会交往的网络虚拟化，市场不一定是真实的场所和地点，许多买卖都是通过网络来实现的。我国比较知名的电子商务网站，如阿里巴巴旗下的淘宝、天猫已经成为著名的虚拟市场，并创立了一个全球消费者狂欢节——"双11"。2021年11月12日0时，天猫"双11"总交易额为5403亿元，相比上一年的4982亿元增加了421亿元。天猫数据显示，截至11月11日23:00，有698家中小商户实现营业额从百万元到千万元的跨越。在参与"双11"的29万家商户中，65%为中小商户、产业带商户和新品牌，其中7万家商户为首次参加"双11"。

2. 市场的构成

从微观角度来说，市场也被看作商品或服务的现实购买者与潜在购买者需求的总和，主要包括以下3个基本要素，即有某种需求的人、为满足这种需求所具有的购买力和购买欲望，如图1-2所示。用一个等式表示为：市场 = 人口 + 购买力 + 购买欲望。

图1-2　市场的基本要素

（1）人口　对物质生活资料和精神产品的需求是人的本能。因此，哪里有人，哪里就有需求，就会形成市场。人口的多少决定着市场容量的大小；人口的情况影响着市场需求的内容和结构。构成市场的人口因素包括总人口、性别和年龄结构、家庭户数和家庭人口数、民族与宗教信仰、职业和文化程度、地理分布等多种具体因素。

（2）购买力　购买力是指人们用货币购买商品或劳务的能力。人们的消费需求是通过利用手中的货币购买商品来满足的。因此，在人口情况既定的条件下，购买力就成为决定市场容量的重要因素之一。市场容量的大小，直接取决于购买力的高低。一般情况下，购买力受到人均国民收入、个人收入、社会集团购买力、平均消费水平、消费结构等因素的影响。

　例1-1　从国潮消费风看居民购买力

据大河网消息，2022年的"双11"，国潮成为关键词。国货、老字号、文创、非遗等国潮系列产品，在本届"双11"中实现了"名利"双收。11月1日到11日0点45分，华为、鸿星尔克等一大批人气国货品牌就在天猫上实现了成交额超过1亿元。

在国货展现潜力的同时，老字号也"王者归来"。截至11月11日8点，220家老字号品牌在天猫"双11"销售额同比增长超100%，回力等品牌销售额更是突破1亿元。百年老字号在复兴，博物馆新文创也成为"黑马"。天猫11月11日首小时，就有8个博物馆的销售额同比增长超过1倍。三星堆、河南博物院、甘肃省博物馆、苏州博物馆、洛阳博物馆首度联手，推出限量版联名考古盲盒，引得消费者纷纷抢购。国潮不仅是一种消费热潮，更是精神文化潮流，国货崛起也是我国综合实力不断提升的体现。

　课堂思辨

北京的奢侈品市场很大，是指北京奢侈品交易场所很大，还是指北京消费者对奢侈品的需求量很大？

（3）购买欲望　购买欲望是指消费者购买商品的愿望、要求和动机。它是把消费者的潜在购买力变为现实购买力的重要条件。倘若仅具备了一定的人口和购买力，而消费者缺乏强烈的购买欲望或动机，商品买卖仍然不能发生，市场也无法现实地存在。因此，购买欲望也是市场不可缺少的构成因素。

市场的 3 个要素相互制约、缺一不可，它们共同构成企业的微观市场，而市场营销活动正是为了满足这种微观市场的消费需求。

1.1.2　认识市场营销

市场营销并不神秘。在日常生活中，我们经常可以看到、听到、用到各种各样的营销方式。例如：五花八门的传媒广告铺天盖地，充斥着我们的生活；我们通过与人交流、求职或组织某一活动，说服别人接受自己或自己的主张等。事实上，我们每天都自觉不自觉地身处营销活动氛围中。企业营销自己的产品，非营利组织营销自己的观念，其营销手段也在不断翻新，如微博、微信、抖音、快手、小红书营销等。可以说，如今进入了"大营销"时代。

1. 市场营销的含义

从人类社会分工的历史看，随着生产力的发展，除了自己消费外，人们有了一些剩余产品，为了满足不同的需求，不同部族之间进行物物交换成为可能。随着时间的推移，等价物（货币）的出现，使这种交换活动的内容和形式发生了深刻的变化。特别是 19 世纪末 20 世纪初，主要资本主义国家完成了工业革命后，先后出现过工业品产量提高、20 世纪 30 年代经济危机和第二次世界大战之后世界经济的深刻变革等波动，市场营销活动也经历了由萌芽阶段到内涵与外延逐渐深刻变化的过程。

关于市场营销，西方学者从学术角度对其下过不同的定义。例如：麦卡锡将市场营销定义为一种社会经济活动过程，其目的在于满足社会或人类的需要，实现社会目标；科特勒认为，市场营销是与市场有关的人类活动，市场营销意味着和市场打交道，为了满足人类的需要和欲望，去实现潜在的交换；美国市场营销协会于 1960 年对市场营销下的定义是，市场营销是引导产品或劳务从生产者流向消费者的企业营销活动。

当然，从企业的角度，我们可以这样理解市场营销的概念。

重要名词 1-1　市场营销

> 市场营销是指企业在调查、了解消费者需求的基础上，根据消费者需求开发相应的产品或服务，以满足消费者需求，并通过与消费者进行交换，以实现企业经营目标的过程。

市场营销从市场调查开始，包括选择目标市场、产品开发、产品定价、渠道选择、产品促销、产品储存与运输、产品销售、提供服务等一系列经营活动。

需要注意的是，不能把市场营销等同于推销。推销并非营销，推销仅仅是营销过程中的一个步骤或者一项活动。在整个营销活动中，推销并不是最主要的部分。管理大师彼得·德鲁克说过："可以设想，某些推销工作总是需要的，然而营销的目的就是要使推销成为多余。营销的目的在于深刻地认识和了解顾客，从而使产品或服务完全适合顾客的需要而形成产品自我销售。理想的营销会产生一个已经准备来购买的顾客，剩下的事就是如何方便顾客得到这些产品或服务。"美国营销学权威菲利普·科特勒认为："营销最重要的内容并非推销，推销只不过是营销冰山上的顶点。如果营销者把认识消费者的各种需求，开发适合的产品，以及定价、分销和促销等工作做得很好，这些产品就会很容易地销售出去。"

事实上，市场营销早在产品制造之前就开始了。企业营销部门首先要通过调研分析确定哪里有市场、市场规模如何、有哪些细分市场、消费者的偏好和购买习惯如何。营销部门必须把市场需求情况反馈给研究开发部门，让研究开发部门设计出适应该目标市场的最好的可能产品。营销部门还必须为产品走向市场而设计定价、分销和促销计划，让消费者了解企业的产品，方便地买到产品。在产品售出后，营销部门还要考虑提供必要的服务，让消费者满意。所以说，营销不只是企业经营活动的某一方面，它始于产品生产之前，并一直延续到产品售出以后，贯穿企业经营活动的全过程。

> **课堂思辨**
>
> 市场营销：①是一个经济活动。（　　　）
> 　　　　　②贯穿企业经营全过程。（　　　）
> 　　　　　③引导商品或服务从生产者到消费者。（　　　）
> 　　　　　④从市场调研开始。（　　　）
> 　　　　　⑤就是推销。（　　　）
> 　　　　　⑥使推销成为多余。（　　　）

> **重要信息 1-2　市场营销工作的变迁**
>
> 　　工业革命完成后，欧洲有人以研究小范围内的消费者为出发点，以此为依据来制订产品计划；1929 年，资本主义世界爆发了空前的经济危机，经济出现大萧条、大萎缩，社会购买力急剧下降，市场问题空前尖锐，危机对整个资本主义经济打击很大。有人开始从产品推销的角度进行市场研究；第二次世界大战后，国际经济发展进入了黄金时期，社会商品急剧增加，社会生产力大幅度提升，而与此相对应的居民消费水平却没有得到多大的提升，市场开始出现供过于求的状态。美国一些市场营销专家开始通过调查了解消费者的需求和欲望，提出了生产符合消费者的需求和欲望的商品或服务，进而满足消费者的需求和欲望。这就要求企业将传统的"生产—市场"关系颠倒过来，即将市场由生产过程的终点，置于生产过程的起点。这一新概念导致市场营销基本指导思想的变化，在西方称为市场营销的一次"革命"。
>
> 　　由此，我们可以看出，市场营销工作是一个不断变化的社会经济活动。作为一项职业活动，其内涵与外延也随时间变化而发生变化。

> **课堂思辨**
>
> 　　市场营销是在社会产品求大于供，还是供大于求的情形下出现的？

在今天买方市场条件下，市场营销活动的作用越来越突出。市场营销活动主要表现为企业市场营销人员作为卖方，如何帮助自己的企业研究消费者，开发产品，运用适当的方式、时机和地点来满足消费者的需求，以实现企业的经营目标。

2. 市场营销中的术语

市场营销的出发点是满足消费者的需求，那么以何种产品来满足消费者的需求，如何才能满足消费者的需求，即通过何种交换方式，产品在何时、何处交换，通过谁来实现产品与消费者的连接等，是市场营销人员应该关注的内容。在进行市场分析时，我们常常用到以下术语。

（1）需要、欲望和需求

1）需要（Need）。市场营销中所讲的需要是指人类没有得到某些满足时的一种感受状态，主要是指消费者生理及心理的需求。需要是人类行为的起点，美国社会心理学家马斯洛提出了人类需要的层次理论，即人类的需要可以分为五个层次，包括生理需要、安全需要、社会需要、尊重需要和自我实现需要。可见，需要在市场营销之前就已经存在，对于市场营销人员来说，不能创造这种需要，只能去分析、适应它。

2）欲望（Want）。欲望是指人们想要得到某种东西或想达到某种目的的要求，是由个人文化背景及生活环境的陶冶所表现出来的人类需要，也是消费者深层次的需求。不同背景下的人们的欲望不同。人的欲望受社会因素及机构因素，如职业、团体、家庭等的影响。因而，欲望会随着社会条件的变化而变化。可见，欲望是在需要的基础上产生的，市场营销者能够通过营销手段或措施来影响消费者的欲望，如吸引消费者对某种产品的注意力。

例 1-2　不同国家的主食

在世界范围内，不同国家的人们对主食品种表现出的欲望就大不相同：中国人的主食主要是米饭，法国人的主食则是著名的法式长棍面包，美国人则是他们引以为豪的汉堡包。

3）需求（Demand）。需求是指人们有能力并愿意购买某种产品的欲望，即当一个人有能力且愿意购买其所期望的产品时，欲望就变成了需求。

许多人想购买豪华轿车，甚至想购买超级跑车，但只有具有支付能力的人才能购买。因此，市场营销人员不仅要了解有多少消费者需要其产品，还要了解他们是否有能力购买。可见，市场营销尽管不能创造人类的基本需要，但可以影响消费者的欲望，并开发、销售特定的产品或服务，来创造需求、满足需求、引领需求。

课堂思辨

需要、欲望和需求三者之间的关系是：需要是产生需求的前提（　　），欲望是在需要的基础上产生的（　　），营销活动可以影响欲望（　　），并创造需求。

（2）产品（Product）　产品是指用来满足消费者需求和欲求的物体。产品包括有形与无形的、可触摸与不可触摸的。有形产品是为消费者提供服务的载体。无形产品或服务是通过其他载体，如人员、场地、活动、组织和观念等来提供的。当我们学习、工作一天后休息时，可以到影剧院欣赏演唱会（人员），可以到游乐园去游玩（场地），可以到校园绿地散步（活动），可以参加学生会活动（组织），或者接受一种新的见解（观念）。服务也可以通过有形物体和其他载体来传递。市场营销者的任务是为了满足消费者需求而为之提供利益和服务，而不能只注重产品的外观，否则就是目光短浅的表现。

营销案例 1-1　小纽扣大市场

在许多地方舍弃传统产业的时候，浙江省嘉善县西塘镇却将一个个传统企业集聚转型成了支柱产业。一条以"纽扣路"为名的百米长街，见证了纽扣产业的"涅槃重生"。当地人告诉记者，最多时这里曾经聚集着上千家纽扣企业。那时多数企业停留在家庭作坊式生产阶段，创新能力弱，还存在污染问题。激烈讨论后，当地决定，不但要保留纽扣企业，还要做强做大纽扣产业。

通过摸底调研，带队主动"接轨"上海，扶持标杆企业，鼓励企业集群发展，同时引入"先进企业"倒逼转型。最终，纽扣产业实现突围：申请发明专利、参加国内外展会、主动"机器换人"。"放大纽扣产业特色优势，努力实现由纽扣之乡向服装辅料生产基地的转变"成为西塘人的目标。

如今，小小纽扣成就了年产值超过 70 亿元、牢牢占据全国纽扣市场"半壁江山"的大产业。这里的企业年生产各类纽扣 1150 多亿枚，相当于每年为全世界每人提供十几枚纽扣。

（资料来源：黄娜，《浙江日报》，2017-06-20）

【评析】在现实生活中，只要用心，我们可以发现一些市场空白。市场营销活动就是建立在这种观察、信息收集的基础上，做出决策——纽扣及服饰辅料（适应需求，加工产品，满足需求），最终小小纽扣做成了大市场。

（3）交换、交易和关系

1）交换（Exchange）。交换是指通过提供某种东西作为回报，从别人那里取得所需物的行为。人们有了需要和欲望，企业也将产品生产出来，还不能解释为市场营销。产品只有通过交换，才能产生市场营销行为。人们通过自给自足或自我生产方式，或通过不正当方式获得产品都不是市场营销，只有通过等价交换，买卖双方获得所需的产品，才产生市场营销。可见，交换是市场营销的核心概念。交换不一定以货币为媒介，也可以是物物交换。

2）交易（Transaction）。交易是指买卖双方价值的交换，它是以货币为媒介的。交易是交换的基本组成部分。交易涉及几个方面，即两件有价值的物品，双方同意的条件、时间、地点，还有维护和迫使交易双方执行承诺的法律制度。

3）关系（Relationship）。在营销活动中，一些精明的市场营销者会重视同消费者、中间商等建立长期、信任和互利的关系。这些关系要靠不断承诺及为对方提供高质量产品、良好服务及公平价格来实现，靠双方加强经济、技术及社会联系来实现。这就是市场营销中的关系。这种关系可以减少交易费用和时间。在营销实践中，这种关系表现为牢固的业务关系——市场营销网络。

（4）市场营销组合

市场营销组合是指企业在选定的目标市场上，综合考虑环境、能力、竞争情况，对企业自身可以控制的因素加以最佳组合和运用，以达成企业的营销目的与完成任务。这里的可控因素主要是指产品策略、价格策略、渠道策略和促销策略。

（5）市场营销者和市场营销管理

1）市场营销者（Marketer）。市场营销者是指从事市场营销职业的人。通过职业学习，我们在未来很可能就是市场营销者。通常情况下，市场营销者是指卖方。当然，也可以是买方。作为买方，在市场上推销自己，以获取卖方的青睐，这时买方就是在进行市场营销活动。

2）市场营销管理（Marketing Management）。市场营销管理是指对整个营销活动过程进行管理。根据职业成长规律，进入市场营销职场后，市场营销管理是该职业发展的较高目标。市场营销管理包括整个营销活动过程的分析、规划、执行和控制，管理的对象包含理念、产品和服务。市场营销管理的主要任务是刺激消费者对产品的需求，但不局限于此。它还帮助企业在实现营销目标的过程中，影响需求水平、需求时间和需求构成。因此，市场营销管理的任务是刺激、适应及影响消费者的需求。从此种意义上说，市场营销管理的本质是需求管理。

课堂测评

测评要素	表现要求	已达要求	未达要求
知识点	能掌握市场、市场营销及市场营销中的术语的含义		
技能点	能初步认识市场营销操作活动		
任务内容整体认识的程度	能概述市场、市场营销与推销的关系		
与职业实践相联系的程度	能描述市场营销知识与技能的实践意义		
其他	能描述市场营销与其他课程、职业活动等的联系		

1.2　市场营销职业认知

市场营销职业究竟是干什么的？从企业的角度看，对市场营销人员有哪些要求呢？

很多行业离不开市场营销职位，不仅包括企业，还包括政府机构、公共事业等非营利部门。既然众多组织都需要相关职位，那么这些职位具体有哪些？主要的工作内容是什么？对工作人员有哪些要求呢？

1.2.1　认识市场营销职位

1. 市场营销职位

在市场营销职位群中，我们常常提到的职位有 3 个，即销售、市场分析和客户服务。销售职位常常面对客户，是市场营销的一线工作；市场分析职位主要做市场研究、营销计划、制定考核制度、组织设计、营销监督等工作；客户服务职位主要负责售后用户服务。

根据职业成长规律，每个职位都可以分为初级、中级和高级。例如，我们经常听到的销售员、经理、营销总监就是这样一个职级划分。营销人员的成长也是从初级到中级，再到高级的。

市场营销职业领域遍及各类工商企业，涵盖一般消费品生产、工业品生产、房地产、医药、汽车等多个社会行业的市场营销职业活动及管理。随着社会分工的进一步发展，作为市场营销专业的传统就业领域，工商企业的市场营销职业活动逐步呈现一些细化特征，如市场分析、营销策划、市场推广、连锁经营管理等，市场营销专业的就业领域也随之专门化。随着信息技术的发展及经济全球化的推动，网络营销活动必将成为全球经营活动的首选平台；由于社会分工的进一步细化与推动，基于网络市场营销职业活动专门化、专业化将是行业发展的必然趋势。

市场营销职业的主要岗位有：企业销售部门业务员或主管岗位；零售企业或批发企业的促销员、推销员、店面管理、渠道管理等岗位；企业营销部门的市场调查、信息统计、促销策划、广告策划、公关策划、售后服务、客户管理等岗位；企业的营销策划、市场预测分析等岗位；各类咨询公司的相关岗位。此外，随着网络媒体社会化属性的开发，新媒体推广专员、微营销专员／新媒体营销专员、新媒体营销运营专员、新媒体营销经理／运营经理、新媒体营销总监、新媒体运营总监等岗位应运而生。

2. 市场营销的职业特征

市场营销是工商企业经营管理工作领域的一个重要的职业，它的职业特征主要体现在以下几个方面。

1）市场营销人员在不同的部门，如各类工商企业、服务行业、行政事业单位从事营销管理活动，负责产品或者服务销售市场的拓展和客户的开发，完成或超额完成公司规定的销售任务，策划、组织、执行产品和品牌市场推广方案，终端形象维护及终端人员的培训与管理。

2）市场营销人员能够根据专业要求，进行市场调查与分析、产品或服务成本核算和相关合同的制定与审核，有效完成工作任务和工作岗位设计，协作完成市场营销活动。同时，还要考虑国际和国内市场环境、社会责任和生态保护的不同要求，以及由于社会经济发展给市场营销活动带来的新变化。

3）市场营销人员能够对市场营销工作任务进行整体观察，如通过市场调查与分析工作，制定营销策划方案，通过有效的沟通交流，积极加以实施；根据活动进展，采取有效措施，对业务活动进行监控；能对业务活动进行有效组织，也就是说，借助其企业相关部门，如生产、运输与财务部门的支持，完成业务活动。

4）市场营销人员还要考虑专业工作的客观条件，如产品标准、法律规定、工作流程说明等，特别是与消费者隐私、商业机密、知识产权保护和生态安全有关的问题。

5）根据市场营销职业活动技能的综合性要求，市场营销人员在完成工作任务时，一方面应利用已有专业知识和经验，另一方面必须重视业务过程中的学习机会，以扩展自己的行动能力。

1.2.2 认识市场营销工作

1. 市场营销工作的内容

市场营销工作的主要内容有以下几项。

（1）销售商品　通过营销活动将商品销售出去。具体的营销活动包括寻找和识别潜在消费者、接触与传递商品交换意向信息、谈判、签订合同、交货和收款。

（2）研究市场　为了更好地促进商品销售，企业必须通过研究市场，发现消费者是谁、在哪里，这样才可以顺利地进行商品销售。

（3）生产与供应　作为生产经营者，企业需要适应市场需求的变化，调整产品生产方向，借以保证生产经营的产品总是适销对路的。同时，企业在发现市场机会后，能够保持生产和供应。这就要求企业内多个部门密切配合，改变各自为政的状态，因此有"整体营销"的说法。

（4）创造需求　企业既要满足已经在市场上出现的现实性消费者的需求，让每一个愿意购买企业商品的消费者确实买到商品，也要争取那些有潜在需求的消费者，提供他们所需要的商品和服务，创造某些可以让他们买得起、可放心买的条件，解除他们的后顾之忧，让他们建立起购买合算、消费合理的观念，从而将其潜在需求转变为现实需求，继而前来购买企业的商品和服务。这就是"创造市场需求"。

（5）协调公共关系　企业作为一个社会成员，与消费者和社会其他各个方面都存在着客观的联系。改善和发展这些关系既可改善企业的社会形象，又能够给企业带来市场营销上的好处。

营销案例 1-2　你是哪个业务员

　　一家制鞋公司要寻找国外市场，公司派了一名业务员去非洲的一个国家，让他了解一下能否将本公司的鞋卖给当地居民。这个业务员到非洲待了一天后发回一封电报："这里的人都不穿鞋，没有市场。我即刻返回。"公司又派出了一名业务员，第二个人在非洲待了一个星期后发回一封电报："这里的人都不穿鞋，鞋的市场很大，我准备把公司生产的鞋卖给他们。"公司总裁得到两种不同的结果后，为了掌握更真实的情况，于是又派去了第三个人。第三个人到非洲待了三个星期后发回一封电报："这里的人都不穿鞋，原因是他们长有脚疾。他们也想穿鞋，过去不需要我们公司生产的鞋，因为我们生产的鞋太窄。我们必须生产宽鞋，才能满足他们对鞋的需求。这里的部落首领不让我们做买卖，除非我们借助于政府的力量和公关活动进行市场营销。我们打开这个市场需要投入大约 1.5 万美元。这样我们每年能卖大约两万双鞋，在这里卖鞋可以赚钱，投资收益率约为 15%。"

　　【评析】在不同的人眼中，市场营销活动也存在较大的不同。市场营销人员除了需要专业的技能外，高度的职业敏感、观察力也是必备的素质。

2．市场营销工作过程

提到市场营销工作过程，往往意味着我们可以把市场营销活动看成一个抽象的活动过程。这一过程包括分析市场机会、选择目标市场、确定市场营销策略和市场营销职业活动策划与管理。

（1）分析市场机会　企业营销人员通过发现消费者现实的和潜在的需求，寻找各种"环境机会"，即市场机会。

（2）选择目标市场　对市场机会进行评估后，企业对进入的市场进行细分，分析每个细分市场的特点、需求趋势和竞争情况，并根据自己的优势选择目标市场。

（3）确定市场营销策略　为了满足目标市场的需要，企业对自身可以控制的各种营销要素，如质量、包装、价格、广告、销售渠道等进行优化组合，形成市场营销组合设计。

（4）市场营销职业活动策划与管理　在营销活动中，企业通过制订市场营销计划，组织实施市场营销活动，并对营销过程加以控制。

1.2.3　认识市场营销人员要求

大多数情况下，市场营销人员会在市场一线与客户接触。他们既是企业的代表，又是客户的顾问与参谋。因此，要做好营销工作，市场营销人员必须具备以下素质。

1. 市场营销人员基本素质

市场营销人员必须有良好的心态和饱满的激情。无论是高校应届毕业生，还是其他行业的职业人员，想进入营销行业并把其作为事业来做，必须热爱营销，并愿为之倾心倾力。

市场营销人员必须有良好的沟通能力和书面表达能力。良好的沟通能力是市场营销人员开拓市场、过关斩将的主要利器。市场营销人员还应该有过硬的书面表达能力。

市场营销人员必须有善于学习、善于总结的好习惯。除了掌握基本的营销知识体系，市场营销人员还应该善于总结，把工作中的一些经验和精华总结出来，以指导今后的营销工作。

2. 市场营销人员专业要求

市场营销人员必须有勇于实践、勇于创新的精神。作为市场营销人员，一定要在掌握基本的营销理论的基础上，不断实践、不断创新。只有进行有价值的创新营销，才能在营销中立于不败之地，这也是市场营销人员孜孜不倦追求的目标。

市场营销人员必须有敏捷的思维体系和良好的谈判运筹能力。良好的沟通技巧是做好营销工作的基本功，但一名优秀的市场营销人员应该在更高的层次上有所突破，那就是具有缜密的逻辑思维、敏捷的现场反应和应答能力。

市场营销人员必须有敏锐的洞察力和市场反馈能力。市场营销人员应该具有敏锐的市场洞察力，及时搜集市场信息，并做缜密的分析，及时反馈给公司，以利于公司及时做出决策，趋利避害。

3. 市场营销人员道德要求

市场营销是一项为组织（企业）塑造形象、建立声誉的崇高事业，要求市场营销人员必须具有优秀的道德品质，诚实严谨、恪尽职守的态度和廉洁奉公、公道正派的作风；在代表组织进行社会交往和协调关系中，不谋私利；在本职工作中，尽心尽责、恪尽职守，能充分履行自己的社会责任、经济责任和道德责任。

市场营销人员还必须具有良好的团队合作精神。团队合作精神是人的社会属性在当今企业和其他社会团体中的重要体现，事实上它所反映的就是一个人与他人合作的精神和能力。

课堂测评

测评要素	表现要求	已达要求	未达要求
知识点	能掌握市场营销职位、工作的内容		
技能点	能初步认识市场营销工作过程		
任务内容整体认识的程度	能概述市场营销职业概况		
与职业实践相联系的程度	能描述具体行业中的市场营销职位		
其他	能描述市场营销与其他课程、职业活动等的联系		

1.3　市场营销观念认知

市场营销活动应在一定观念的指导下进行，这些观念有哪些呢？它们之间又有哪些区别呢？

市场营销观念就是指导思想，有了明确的指导思想，我们才能有明确的态度以及工作方法去从事市场营销职业。作为一名市场营销人员，一系列职业活动都应该在一定的经营思想指导下进行。

1.3.1　认识市场营销观念的含义

市场营销活动是一种有意识的职业行为，是在一定的经营思想指导下进行的。思想决定行动。通俗来说，市场营销观念就是企业以什么样的指导思想、什么样的态度和什么样的思维方式进行市场营销活动。

1. 市场营销观念的概念

简单来说，市场营销观念就是企业进行经营决策、组织管理市场营销活动的基本指导思想，也就是企业的经营哲学。

重要名词 1-2　市场营销观念

> 市场营销观念是指企业进行市场营销活动时的指导思想和行为准则。企业的市场营销观念决定了企业如何看待消费者和社会利益，如何处理企业、社会和消费者三方的利益关系。

2. 市场营销观念的特征

企业的市场营销观念是在一定的基础和条件下形成的，随自身的发展和市场的变化而变化。所以，市场营销观念是在特定时期、特定生产技术和市场环境条件下，进行市场营销活动的指导思想和根本总则，贯穿整个市场营销活动的各个方面和全过程，指导着企业所有部门和所有方面的营销活动。

市场营销观念产生于 20 世纪初的美国。市场营销观念的出现，使企业经营观念发生了根本性变化，也使市场营销发生了一次革命。

1.3.2　认识市场营销观念的演变

市场营销观念是一种思想、一种态度，或者说是一种企业思维方式。企业的市场营销观念不是一成不变的，而是经历了从传统的生产观念、产品观念、推销观念到市场营销观念和社会市场营销观念的发展和演变过程。

1. 以提高产品产量为重心——生产观念

生产观念也称生产导向，是较早的营销观念之一。这种观念产生于 20 世纪 20 年代以前，其核心不是从消费者需求分析出发，而是从企业生产出发。其主要表现是"我生产什么，就卖什么"。这种观念有一个基本的前提假设，就是消费者可以接受任何买得到而且价格低廉的产品。企业的主要任务应该是提高生产效率、降低成本、扩大生产，以扩展市场。

> **例 1-3　生产观念**
>
> 　　20 世纪初，美国福特汽车公司制造的汽车供不应求，亨利·福特曾傲慢地宣称："不管顾客需要什么颜色的汽车，我只有一种黑色的。"福特汽车公司 1914 年开始生产的 T 型车，就是在"生产导向"经营哲学的指导下创造出的奇迹，使 T 型车生产效率趋于完善，使成本降低，使更多人买得起。到 1921 年，福特 T 型车在美国汽车市场上的占有率达到 56%。

　　显然，这一生产观念是在当时物资短缺、市场产品供不应求的情况下出现的。试想，当某种商品在一定时间内供不应求，形成买方市场，消费者能否买得到或买得起成为市场的主要矛盾时，作为生产者的卖方，当然可以怡然自得、心无旁骛地进行大量生产，而无须顾及销路的问题。

2. 以提高产品质量为重心——产品观念

　　产品观念也称产品导向，也是一种较早的营销观念，与生产观念类似。这种观念片面强调产品本身，属于典型的"酒好不怕巷子深"，认为只要产品质量高、功能多和具有某种特色，消费者就会喜欢，甚至到了一味地追求产品的精细、耐用、多功能等的境地，并一厢情愿地认为，消费者会为产品的这些品质付更多的钱。

　　显然，这种观念把注意力放在了产品上，而不是放在市场需要上。在实际操作中，只看到自己的产品质量好，看不到市场需求在变化，难免会陷入"曲高和寡"的尴尬境地。

> **例 1-4　产品观念**
>
> 　　一家国内小品牌手机生产厂，模仿苹果公司生产出一款智能手机，投资了 2 亿元，出厂 5 000 台后便停产了。它的特征是能内置其他类别的设备，如医疗、测距、夜视等设备。然而关于谁是感兴趣的消费者，却未做深入的了解与研究。显然，只重视产品，忽视需求，是行不通的。

> **课堂思辨**
>
> 　　市场营销观念的产生有其历史背景，与世界经济发展有关系吗？

3. 以提高产品销量为重心——推销观念

　　推销观念也称销售观念，出现于 20 世纪 20 年代末至 50 年代，是许多企业采用的一种观念。这种观念的前提是认为一般消费者通常会有一种购买惰性或抗衡心理，如果顺其自然的话，消费者一般不会长期大量购买某一企业的产品，因此企业必须积极推销和大力促销。

　　显然，在推销观念出现的时代，逐渐出现了市场产品供过于求，卖主之间竞争激烈的情况。许多企业家感到，即使有物美价廉的产品，也未必能卖得出去，企业要在日益激烈的市场竞争中求得生存和发展，就必须重视推销。这种观念虽然比前两种观念前进了一步，由"无为而治"的销售，已经向有目的的"推销"转变，开始重视广告技巧及推销技巧，但其实质仍然是以生产为中心的。

> **课堂思辨**
>
> 　　推销观念的出现意味着产品供过于求，还是求大于供？

4. 以满足目标市场需求为重心——市场营销观念

所谓市场营销观念,是一种以消费者需要和欲望为导向的经营观念。市场营销观念是在20世纪50年代开始出现的。当时社会生产力迅速发展,市场趋势表现为供过于求的买方市场,同时广大居民的个人收入迅速提高,有可能对产品进行选择,企业之间为实现产品的销售而使竞争加剧,许多企业开始认识到,必须转变经营观念,才能求得生存和发展。这样,"以消费者为中心"的市场营销观念就出现了,具体体现为"消费者需要什么,企业就经营什么"。

> **例 1-5　海尔的地瓜洗衣机**
>
> 海尔官方微博曾经对"洗衣机洗地瓜"这一话题进行过评论,海尔表示,"地瓜洗衣机"其实是海尔曾研发的一款产品,除了"地瓜洗衣机"外,海尔还有"打酥油洗衣机""龙虾洗衣机""削土豆皮洗衣机""荞麦洗衣机"等多种神器。其中"地瓜洗衣机"是因为发现有农民直接用洗衣机来洗带泥的地瓜,于是为了满足农民的需求研发了"地瓜洗衣机"并很快批量生产,投放农村立刻售罄。

市场营销观念的理论基础就是"消费者主权论",即生产产品的决定权不在生产者,也不在政府,而在于消费者。推销观念与市场营销观念的区别见表1-1。

表 1-1　推销观念与市场营销观念的区别

观念	出发点	中心	方法	目标
推销观念	厂商	产品	推销与促销	通过销售获得利润
市场营销观念	目标市场	消费者需求	协调市场营销	通过消费者满意获得利润

5. 以统筹兼顾三方利益为重心——社会市场营销观念

社会市场营销观念是指不仅要满足消费者的需要和欲望,还要符合消费者和整个社会的长远利益,正确处理消费者利益、企业利润和社会效益的关系,即在注重经济效益的同时,也要重视社会效益。社会市场营销观念是对市场营销观念的新发展,它出现于20世纪70年代。当时,部分企业为牟取暴利,以次充好,用虚假广告欺骗消费者,同时,企业在经营中造成了环境污染、物质浪费等现象,企业社会责任的缺失成为非常严重的社会问题。为了解决这些问题,出现了社会市场营销观念。在今天,我们生活中依然存在着一些这样的现象,充分说明了社会市场营销观念的现实意义。

上述5种市场营销观念,其产生和存在都有历史背景和必然性,都是与一定的条件相联系、相适应的。随着世界经济的发展,越来越多的企业将营销活动跨越国界,市场营销观念又有了新的发展,诸如"大市场营销观念"和"全球营销观念"。可以想见,在经济全球化的大背景下,营销观念还将出现进一步的创新与发展。

1.3.3　认识市场营销观念的新发展

在前面5种市场营销观念的基础上,市场营销观念又有了以下一些新的发展。

1. 顾客让渡价值

顾客让渡价值是指企业转移的、顾客感受得到的实际价值。顾客让渡价值是菲利普·科特勒在1967年出版的《营销管理》一书中提出来的。他认为,"顾客让渡价值"是指顾客总价值（Total Customer Value）与顾客总成本（Total Customer Cost）之间的差额。顾客总价值是指顾客购买某一产品或服务所期望获得的一组利益，它包括产品价值、服务价值、人员价值和形象价值等。顾客总成本是指顾客为购买某一产品所耗费的时间、精神、体力，以及所支付的货币资金等，因此顾客总成本包括货币成本、时间成本、精神成本和体力成本等。顾客让渡价值见表1-2。

表1-2　顾客让渡价值

顾客让渡价值	顾客总价值	产品价值	产品质量、功能、式样中产生的价值，是顾客考虑的首要价值
		服务价值	购买后的利益保证与追加，如培训、安装、维修、服务态度等
		人员价值	营销人员留给顾客的印象
		形象价值	顾客对产品形象、企业形象的心理认同
	顾客总成本	货币成本	产品价格，即顾客购买所支付的货币量
		时间成本	顾客购买所要付出的时间
		精力成本	顾客购买所要消耗的精力与心理承受能力
		体力成本	顾客购买所要消耗的体力

2. 关系营销

所谓关系营销，是指把市场营销活动看成是一个企业与消费者、供应商、分销商、竞争者、政府机构及其他公众发生互动作用的过程。它的结构包括外部消费者市场、内在市场、竞争者市场、分销商市场等，核心是和与自己有直接或间接营销关系的个人或集体保持良好的关系。

关系营销是在1984年科特勒提出的"大市场营销"基础上发展而来的。单靠一般交易活动建立的品牌忠诚度不稳定，回头客太少，与顾客的关系太松散，为了扩大回头客的比例，营销学家提出了关系营销。

3. 绿色营销

绿色营销观念是在20世纪80年代，社会环境被破坏、污染加剧、生态失衡、自然灾害威胁人类生存和发展的背景下提出来的新观念。

绿色营销主要强调把消费者需求、企业利益和环保利益三者有机统一起来，它的突出特点就是充分顾及资源利用与环境保护问题，要求企业从产品设计、生产、销售到使用的整个营销过程都要考虑到资源的节约利用和环保利益，做到安全、卫生、无公害等，其目标是实现人类的共同愿望和需要——资源的永续利用、保护和改善生态环境。为此，开发绿色产品的生产与销售，发展绿色产业是绿色营销的基础，也是企业在绿色营销观念下从事营销活动成功的关键。

 课堂思辨

绿色营销观念与雾霾天气有什么关系？

4. 体验营销

体验营销是指企业通过采用让消费者看（See）、听（Hear）、用（Use）、参与（Participate）的手段，充分刺激和调动其感官（Sense）、情感（Feel）、思考（Think）、行动（Act）、关联（Relate）等感性因素和理性因素，让消费者实际感知产品或服务的品质或性能，从而促使消费者认知、喜好并购买的一种营销方式。这种观念认为消费者在消费时是理性与感性兼具的，消费者在消费前、消费中和消费后的体验才是购买行为与品牌经营的关键。

课堂思辨

有人说，麦当劳、肯德基就是典型的美国快餐文化营销，你觉得呢？

例 1-6　海尔公司的体验营销

动画片《海尔兄弟》的故事伴随了一代人的成长，在消费者心中留下了不可磨灭的印象，给国人以阳光、快乐的成长体验和美好的童年记忆。

"海尔兄弟"在产品风格、终端形象、广告设计等方面充分融入了《海尔兄弟》的故事情节，以及所蕴含的中华文化元素，唤起消费者的记忆和情感共鸣，让消费者在消费过程中感受到海尔兄弟的文化底蕴，以及自身的价值观念在"海尔兄弟"品牌上的展现与延续，从而产生深层次的品牌好感。

5. 文化营销

文化营销是指企业成员共同默认并在行动上付诸实施，从而使企业营销活动形成文化氛围的一种营销观念。它反映的是现代企业营销活动中，经济与文化的不可分割性。企业的营销活动不可避免地包含着文化因素，企业应善于运用文化因素来实现市场制胜。例如，每年中秋节，我们都要吃月饼，我们享受的其实是中华民族的传统文化——喜庆团圆！

6. 网络营销

网络营销（On-line Marketing 或 E-Marketing）就是以互联网为基础，利用数字化的信息和网络媒体的交互性来辅助营销目标实现的一种新型的市场营销方式。简单地说，网络营销就是以互联网为主要手段进行的，为达到一定营销目的的营销活动。

随着人们对网络媒体社会化属性的开发，又出现了新媒体营销，或称新媒体营销平台，主要包括但不限于门户、搜索引擎、微博、SNS、博客、播客、BBS、RSS、WIKI、手机、移动设备、App 等。新媒体营销并不是单一地选择以上一种方式进行营销，而是需要多种渠道整合营销，甚至在营销资金充裕的情况下，可以与传统媒介营销相结合，形成全方位立体式营销。

营销案例 1-3　我国网络购物零售额稳步增长

国家统计局数据显示，2022 年全国网上零售额 13.79 万亿元，同比增长 4%。其中，实物商品网上零售额 11.96 万亿元，同比增长 6.2%，占社会消费品零售总额的比重为 27.2%。在 18 类监测商品中，8 类商品销售额增速超过两位数。其中，金银珠宝、烟酒同比分别增长 27.3% 和 19.1%。

东北和中部地区网络零售市场增速较快。东北和中部地区网络零售额同比分别增长 13.2% 和 8.7%，比全国增速分别高出 9.2 和 4.7 个百分点。东部和西部地区网络零售额同比分别增长 3.8% 和 3%。

【评析】随着我们生活的各个方面被网络购物逐渐渗透，网络购物类目将会更加全面、细致。网络购物行业将会向纵深化发展，经营类目更多，经营范围更广。

7. 概念营销

所谓概念营销，是指企业在市场调研和预测的基础上，将产品或服务的特点加以提炼，创造出某一具有核心价值理念的概念，通过这一概念向目标顾客传播产品或服务所包含的功能取向、价值理念、文化内涵、时尚观念、科技知识等，从而激发目标顾客的心理共鸣，最终促使其购买的一种营销新理念。

营销案例 1-4　两字之差

江苏一家企业利用新型材料发明了一种夜间"发光开关"，产品三次冲击上海市场均告失败。后来进行概念营销，推出"夜视开关"概念，一下子打开了销路。其实，"夜视开关"与"发光开关"在产品层面毫无差异，但在概念层面却大不一样。"发光开关"只是一种普通的称谓，而"夜视开关"却成功地将小小的开关与高新技术挂钩，消费者很容易联想到"夜视"技术。

【评析】在市场营销活动中，两字之差可谓失之毫厘，谬以千里。

8. 整合营销

整合营销就是为了建立、维护和传播品牌，以及加强客户关系，而对品牌进行计划、实施和监督的一系列营销工作。整合就是把各个独立的营销工作综合成一个整体，以产生协同效应。这些独立的营销工作包括广告、直接营销、销售促进、人员推销、包装、事件、赞助和客户服务等。

课堂测评

测评要素	表现要求	已达要求	未达要求
知识点	能掌握市场营销观念的概念		
技能点	能初步认识市场营销观念的演变过程		
任务内容整体认识的程度	能概述市场营销观念演变与社会发展的关系		
与职业实践相联系的程度	能描述市场营销观念的实践意义		
其他	能描述市场营销与其他课程、职业活动等的联系		

小结

任务 1 小结如图 1-3 所示。

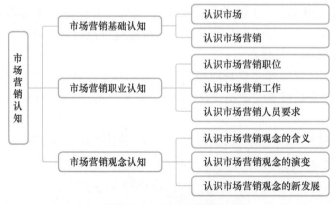

图 1-3　任务 1 小结

教学做一体化训练

一、重要名词

市场营销　　市场营销观念

二、课后自测

(一) 单项选择题

1．市场是某项商品或劳务的所有现实和潜在的（　　　）。

　　A．购买者　　　　　　B．生产者　　　　　　C．供应商　　　　　　D．厂家

2．交易是指买卖双方价值的交换，它是以（　　　）为媒介的，是交换的基本组成部分。

　　A．商品　　　　　　B．货物　　　　　　C．货币　　　　　　D．服务

3．市场营销管理的任务是刺激、适应及影响消费者的需求。从此意义上说，市场营销管理的本质是（　　　）管理。

　　A．需求　　　　　　B．销售　　　　　　C．供应　　　　　　D．生产

4．片面强调产品本身，典型的"酒好不怕巷子深"是指（　　　）。

　　A．生产观念　　　　　　　　　　　　　B．产品观念

　　C．推销观念　　　　　　　　　　　　　D．社会市场营销观念

5．绿色营销观念突出的特点就是充分顾及（　　　）与环境保护问题。

　　A．资源利用　　　　　　　　　　　　　B．企业生产

　　C．企业营销　　　　　　　　　　　　　D．企业推销

(二) 多项选择题

1．从微观角度看，市场构成要素包括（　　　）。

　　A．人口　　　　　　B．购买力　　　　　　C．购买欲望　　　　　　D．实际需求

2．市场营销管理过程包括（　　　）。

　　A．分析　　　　　　B．规划　　　　　　C．执行　　　　　　D．控制

3．社会市场营销观念是指企业在开展市场营销活动过程中，应恰当处理（　　　）方面的关系。

　　A．员工利益　　　　　　B．企业利润　　　　　　C．消费者利益　　　　　　D．社会效益

4．生产观念是一种重生产、轻市场营销的观念，这种观念的形成主要来源于（　　　）。

　　A．供不应求，因而消费者更在乎得到产品而不是它的优点

　　B．产品质量差，因而消费者最喜欢高质量、多功能和具有某种特色的产品

　　C．成本太高，因而必须以提高劳动生产率来扩大市场

　　D．大规模生产，因而产品产量迅速增加，产品质量不断提高

5．顾客总价值是指顾客购买某一产品或服务所期望获得的一组利益，它包括（　　　）。

　　A．产品价值　　　　　　B．服务价值　　　　　　C．人员价值　　　　　　D．形象价值

6．体验营销包括让消费者（　　　）。

　　A．看　　　　　　B．听　　　　　　C．用　　　　　　D．观察

　　E．购买

(三) 判断题

1. 市场是指为了满足特定需求而购买或准备购买特定商品或服务的消费者群体。
（　　）

2. 市场营销职业工作就是推销和广告。（　　）

3. 市场营销中所讲的欲望是指人类没有得到某些满足时的一种感受状态。（　　）

4. 市场营销组合指的是企业为实现其目标而针对自身可以控制的因素进行的最佳组合设计与运用。（　　）

5. 社会市场营销观念是对市场营销观念的进一步修正和完善，强调企业在追求经济效益的同时，也要兼顾社会效益。（　　）

6. 体验营销观念认为消费者消费时是理性与感性兼具的，消费者在消费前、消费中和消费后的体验才是购买行为能否产生的关键。（　　）

7. 顾客让渡价值营销观念强调的是更加关注顾客的利益，为顾客提供尽可能大的让渡价值。（　　）

(四) 简答题

1. 什么是市场？其微观构成要素有哪些？

2. 市场营销的概念是什么？其主要术语有哪些？

3. 如何正确认识市场与市场营销、推销与市场营销之间的关系？

4. 市场营销管理的实质是什么？

三、案例分析

迪士尼乐园于1955年7月17日开园以来，每年接待成千上万慕名而来的游客。儿童到了这里，仿佛到了童话世界；成人到了这里，仿佛又回到了童年。这里服务质量高，环境清新，氛围高雅。其实，迪士尼的成功，除了硬件设施外，经营理念是重要法宝。

经营理念之一：给游客以欢乐

"迪士尼乐园"的奠基人——华特·迪士尼先生首先明确定义了公司的经营理念，即通过主题公园的娱乐形式，给游客以欢乐。

通过主题公园的形式，迪士尼致力提供高品质、高标准和高质量的娱乐服务。同时，公司还提供餐饮、销售旅游纪念品、经营度假宾馆，提供交通运输和其他服务支持。迪士尼品牌，米老鼠、唐老鸭、高飞等动画人物均具有极大的影响力和商誉，包含着巨大的经济利益。然而，整个迪士尼经营业务的核心仍是"迪士尼乐园"本身。而该乐园的生命力取决于能否使游客欢乐。由此，给游客以欢乐成为"迪士尼乐园"始终如一的经营理念和服务承诺。

许多游客慕名远道而来，在乐园中花费时间和金钱。迪士尼懂得，不能让游客失望，哪怕只有一次。如果游客感到欢乐，他们会再次光顾。能否吸引游客重复游玩，恰是娱乐业经营兴旺的奥秘和魅力所在。其实，游客对欢乐的体验，客观上是对员工们服务质量的一种评价。所以，员工们提供的每一种服务，都是迪士尼服务圈整体的各个"关键时刻"。

经营理念之二：营造欢乐氛围

由游客和员工共同营造"迪士尼乐园"的欢乐氛围。这一理念的正向推论为：园区的欢乐氛围是游客和员工的共同产品和体验，也许双方对欢乐的体验角度有所不同，但经协调是可以统一的。逆向推论为：如果形成园区欢乐祥和的氛围是可控的，那么游客从中能得到的欢乐也是预先可以度量的。

在共同营造园区氛围中，员工起着主导作用。主导作用具体表现在对游客的服务行为上。这种行为包括微笑、眼神交流、令人愉悦的行为、特定角色的表演，以及与顾客接触的每个细节上。

引导游客参与是营造欢乐氛围的另一重要方式。游客能同艺术家同台舞蹈，参与电影配音，制作小型电视片，通过计算机影像合成成为动画片中的主角，亲身参与升空、跳楼、攀登绝壁等各种绝技的拍摄制作等。员工们身着的不是制服，而是演出服装。他们仿佛不是在为顾客表演，而是在热情招待自己家的客人。

经营理念之三：把握游客需求

为了准确把握游客需求，迪士尼致力研究"游客学"，目的是了解谁是游客，他们的起初需求是什么。在这一理念指导下，迪士尼站在游客的角度，审视自身每一项经营决策。在迪士尼的组织构架内，准确把握游客需求动态的工作，由公司内的调查统计部、信访部、营销部、工程部、财务部和信息中心等部门分工合作完成。

调查统计部每年要开展 200 余项市场调查和咨询项目，把研究成果提供给财务部。财务部根据调查中发现的问题和可供选择的方案，找出结论性意见，以确定新的预算和投资。营销部重点研究游客对未来娱乐项目的期望、游玩热点和兴趣转移。

研究"游客学"的核心是保持和发挥"迪士尼乐园"的特色。把握游客需求动态的积极意义在于：①及时掌握游客的满意度、价值评价要素，及时纠偏；②支持迪士尼的创新发展，从这一点上说恰是游客的需求偏好的动态变化，促进了迪士尼的创新发展。

经营理念之四：提高员工素质

明确岗位职责。"迪士尼乐园"中的每一个工作岗位，都有详细的书面岗位说明。基于迪士尼"使游客欢乐"的经营理念，公司要求员工学会正确与游客沟通和处事。为此，公司提供统一服务处事原则，其要素构成和重要顺序依次为安全、礼貌、演技和效率。公司经常对员工开展传统教育和荣誉教育，告诫员工，迪士尼辉煌的历程、商誉和形象，都具体体现在员工每日对游客的服务之中。创誉难，守誉更难。员工日常的服务工作，都将起到增强或削弱迪士尼商誉的作用。

由游客评判服务质量优劣。迪士尼认为，服务质量应是可触摸、可感受和可体验的，并且游客掌握着服务质量优劣的最终评价权。公司指出，游客根据事先的期望值和服务后的体验，加以比较评价，然后确定服务质量之优劣。因此，迪士尼教育员工：一线员工所提供的服务水平，必须努力超过游客的期望值，从而使"迪士尼乐园"真正成为创造奇迹和梦幻的乐园。

经营理念之五：完善服务系统

必须完善整个服务体系。"迪士尼乐园"的服务支持系统，小至一部电话、一台计算机，大到电力系统、交通运输系统、园艺保养、中心售货商场、人力调配、技术维修系统等。这些系统的正常运行，均是"迪士尼乐园"高效运行的重要保障。

岗位交叉互补。管理者对园区的服务质量导向有重大影响。管理者勤奋、正直、积极推进工作，员工自然争相效仿。在游园旺季，管理者放下案头工作，到餐饮部门、演出后台、游乐服务点等处加班加点。这样就加强了一线岗位，保证了游客服务质量。与此同时，管理者也得到了一线员工一份新的友谊和尊重。（根据豪娜，斯沃布鲁克. 国际旅游管理案例分析 [M]. 张勤，等译. 沈阳：辽宁科技出版社. 书中内容改编。）

【问题】

（1）总结迪士尼乐园的经营理念。

（2）为你所熟悉的小型企业提出一份营销观念变革的报告。

同步实训

ⓒ 实训1-1：市场观察与讨论

实训目的：初步认识市场的经济意义。

实训安排：

1. 学生分组观察校园周边不同的市场，分析其满足了人们的哪些需求，还存在哪些缺点。

2. 学生从个人角度出发自主选择一种日用品，分组讨论其满足了个人的哪些需求。

3. 选择部分学生做PPT进行展示，并组织讨论。

实训总结：学生分组交流不同的观察结果，教师根据观察报告、PPT演示、讨论分享中的表现，分别给每组进行评价打分。

ⓒ 实训1-2：市场营销职位认知

实训目的：通过实训演练与操作，初步认识市场营销职位。

实训安排：

1. 学生分组，收集不同行业（如汽车、酒店等）市场营销职位的资料。

2. 通过比较，归纳总结出具有共性的工作内容与要求。

3. 选择部分学生做PPT进行展示，并组织讨论与分析。

实训总结：学生分组交流不同行业的观察结果，教师根据观察报告、PPT演示、讨论分享中的表现，分别给每组进行评价打分。

ⓒ 实训1-3：市场营销观念认知

实训目的：认识市场营销观念，理解其实际意义。

实训安排：

1. 学生分组，列举"酒好不怕巷子深"的企业产品，讨论分析其原因。（注意垄断要素）

2. 学生分组，通过网络查找企业社会责任报告，选取一个企业，分析讨论，并概括其社会市场营销观念。（注意社会评级）

3. 选择部分学生做PPT进行展示，并组织讨论与分析。

实训总结：学生分组交流不同行业的观察结果，教师根据观察报告、PPT演示、讨论分享中的表现，分别给每组进行评价打分。

素养提升园地

党的十八大以来，我国新型工业化步伐显著加快，产业体系更加健全、产业链更加完整，产业整体实力、质量效益，以及创新力、竞争力、抗风险能力显著提升，迎来从"制造大国""网络大国"向"制造强国""网络强国"的历史性跨越，为全面建成小康社会，开启全面建设社会主义现代化国家新征程奠定了坚实基础。

1．工业经济质量效益显著提升

十年来，我国加强规划引领，以中长期规划和五年规划目标任务为统领，及时制订年度的预期目标和工作计划，形成长短结合、滚动推进的工业经济发展目标体系；我国强化政策供给，有关部门相互协同，中央和地方上下联动，围绕扩投资、促消费、保畅通、优环境等出台了一系列稳工业增长的政策措施，有力保障了工业经济平稳运行。

我国加快企业技术改造和设备更新，推动智能化、绿色化、高端化转型，加快建设现代产业体系。持续加大对中小微企业的支持力度，加快优质企业梯度培育，大力减轻企业负担。扩大高水平开放，吸聚全球高端要素和先进制造业在我国布局，推进企业走出去，开拓国际市场。加强关键核心技术攻关，维护产业链供应链的安全稳定，有效防范和化解风险挑战。数字经济蓬勃发展，电子商务和移动支付交易额均居世界首位，大数据、云计算、物联网、人工智能等广泛应用于经济社会发展，催生出大量新业态、新模式。

2．制造业增加值稳居世界第一

"嫦娥"探月、"祝融"探火、"羲和"逐日、"北斗"组网，无人驾驶电动拖拉机研制成功，骨科手术机器人临床应用，百万千瓦水电机组投入运行，"华龙一号"三代核电机组全面建成投运并实现"走出去"……党的十八大以来，"大国重器"亮点纷呈，一大批重大标志性创新成果引领中国制造不断攀上新高度。

十年来，我国着力做强做优做大制造业，制造业综合实力和国际影响力大幅提升。制造业发展显著增强了人民群众的获得感，节能智能家电全面普及，汽车快速进入寻常百姓家庭。据世界银行数据，2010 年我国制造业增加值首次超过美国，之后连续多年稳居世界第一。

3．信息通信业实现迭代跨越

2022 年 8 月 31 日，中国互联网络信息中心（China Internet Network Information Center, CNNIC）在京发布第 50 次《中国互联网络发展状况统计报告》。报告显示，截至 2022 年 6 月，我国网民规模为 10.51 亿，互联网普及率达 74.4%；互联网基础建设全面覆盖，实现"县县通 5G、村村通宽带"。

农村互联网基础设施建设全面覆盖，推动了农村地区互联网普及率稳步提升。同时，数字技术在农村生产领域广泛应用，为乡村振兴创造了条件。

这是一个缩影。党的十八大以来，我国信息通信业实现迭代跨越，不断夯实数字中国"基座"。数据显示，我国建成了全球规模最大、技术领先的网络基础设施，光纤网络接入带宽实现从十兆到百兆、再到千兆的指数级增长。移动网络实现 3G 突破、4G 同步、5G 引领的跨越。5G、工业互联网、大数据、云计算、人工智能等与制造业深度融合，推动产业数字化、数字产业化不断加快。

思考：

（1）你认为我国电子商务和移动支付发展现状如何？

（2）你还了解哪些销售到国外的中国制造"新名片"？

（3）你是否对我国制造强国建设充满信心？

（4）你还能从我国网络强国建设的哪些方面感到自豪？

学生自我总结

通过完成任务1的学习，我能够做如下总结。

一、主要知识

概括本任务的主要知识点：

1. _____

2. _____

二、主要技能

概括本任务的主要技能：

1. _____

2. _____

三、主要原理

你认为，市场营销工作的基本原理是：

1. _____

2. _____

四、相关知识与技能

你在完成本任务过程中得出：

1. 市场营销出现的原因有 _____

2. 市场营销观念的变化趋势有 _____

3. 市场营销职位主要有 _____

五、成果检验

你完成本任务的成果：

1. 完成本任务的意义有 _____

2. 学到的知识或技能有 _____

3. 自悟的知识或技能有 _____

4. 你对中国制造走出国门的看法是 _____

任务 2 >>

市场营销环境分析

学习目标

知识目标
○ 了解营销宏观环境因素。
○ 了解营销微观环境因素。
○ 了解营销环境分析的作用。

能力目标
○ 能对营销宏观环境进行分析。
○ 能对营销微观环境进行分析。
○ 能够完整表述营销环境分析的意义。

素养要求
○ 具备生态保护意识。
○ 树立市场营销伦理。
○ 形成绿色发展理念。

市场营销环境
分析素养提升

市场营销环境
分析营销故事

任务描述

作为一个"社会细胞",企业与社会始终有着千丝万缕的联系。作为一项社会性的经济管理活动,市场营销也离不开特定的环境。企业在进行市场营销活动时,总要受到多种因素的影响。这些因素有些是促进性的,有些则是制约性的。在市场营销活动中,企业必须认识营销活动面临的种种影响因素。这些因素构成了影响企业营销活动的微观环境和宏观环境。这样才能做到趋利避害,促进营销目标的实现。

任务解析

根据市场营销职业工作过程的活动顺序,可以将这一任务分解为以下子任务,如图 2-1 所示。

图 2-1　市场营销环境分析的子任务

| 课前阅读 |

大家一定听说过"入乡随俗"这个成语，它的含义是到一个地方，就应顺从当地的习俗。作为社会经济细胞之一，一家企业到一个新的地方投资经营，入乡随俗就显得尤为重要。

1973 年，赫赫有名的肯德基大摇大摆地走进了我国香港。在记者招待会上，肯德基公司主席夸下海口：要在中国香港开设 50～60 家分店。肯德基家乡鸡首次在香港推出时，配合了声势浩大的宣传攻势，电视广告迅速引起了消费者的注意。电视、报纸、杂志和海报上的主题，都采用了家乡鸡世界性的宣传口号："好味到舔手指。"声势浩大的宣传攻势，加上独特的烹调方法和配方，使顾客们都乐于一尝，而且在家乡鸡进入香港以前，香港人很少品尝所谓的美式快餐。虽然香港本土快餐店均早于肯德基开业，但当时规模较小，根本不是肯德基的竞争对手。在很多人看来，肯德基在香港前景光明。

然而，肯德基在香港并没有风光多久。1974 年 9 月，肯德基突然宣布多家分店停业，只剩 4 家继续营业。到 1975 年 2 月，首批进入香港的肯德基分店全军覆没，全部关门停业。

当时的香港评论家曾大肆讨论此事，最后认为导致肯德基全盘停业的原因，是鸡的味道、宣传和服务出了问题。肯德基采用了本地产的土鸡品种，但采用了不同的喂养方式，破坏了中国鸡特有的口味。肯德基家乡鸡采用了"好味到舔手指"的广告词，香港居民认为这是不卫生的习惯。在服务上，肯德基店内通常不设座位，等于是赶走了一批有机会成为顾客的人。总之，肯德基首次进入香港的失败，败在未对香港的文化做深入的了解。最终，肯德基是大摇大摆地走进香港，又灰溜溜地离去。

【问题】

（1）肯德基的特点有哪些？

（2）故事里的肯德基在我国香港开业前做了哪些活动？

（3）故事里反映的"入乡随俗"中的"俗"有哪些？

（4）这则故事最想告诉我们的是什么？

（5）越来越多的中国企业开始在国外投资设厂，你的建议是_____。

2.1　营销宏观环境认知

营销环境是指什么？营销环境是如何划分的？营销宏观环境又是指什么？

营销环境是指与企业市场营销活动相关的所有外部因素和条件，是企业营销职能以外的、不可控制的因素与力量，它们影响着企业为目标消费者提供令其满意的产品或服务的能力。企业应通过分析，认识环境的发展趋势，并主动适应其变化或努力施加影响，使其朝着有利于企业营销目标实现的方向发展。

从大范围来看，营销环境可以分为营销宏观环境与营销微观环境。

2.1.1　营销宏观环境解读

营销宏观环境其实是众多社会因素的集合，这些因素互相作用，共同对企业营销活动形成影响。针对一项具体的营销活动，营销人员必须首先知道有哪些影响因素，以及这些因素发挥着什么样的作用。

1. 营销宏观环境的概念

营销宏观环境是指那些给企业造成市场机会和环境威胁，进而能够影响企业运作和绩效的自然及社会力量的总和，构成因素主要有人口因素、经济因素、政治和法律因素、自然因素、科技因素及社会文化因素等，如图 2-2 所示。

图 2-2 营销宏观环境的构成因素

2. 营销宏观环境的利用

营销宏观环境其实是企业市场营销活动的外部大环境，也称间接环境。对企业来说，既不可控制，又不可影响，但它对企业营销的成功与否起着十分重要的作用。"适者生存"既是自然界演化的法则，又是企业营销活动的法则。如果企业不能很好地适应外界环境的变化，则很可能在竞争中失败，从而被市场所淘汰。与此同时，营销宏观环境还对微观环境产生重要影响。

企业必须通过分析营销宏观环境，更好地认识环境影响，通过营销努力来适应社会环境及变化，以达到营销目标。

2.1.2 营销宏观环境分析

1. 人口因素

人口因素是指总人口、年龄结构、家庭、地理分布、性别结构、地区间人口的流动性等有关情况。人口多少意味着消费者的多少，消费者的多少又决定着市场的大小；消费者的年龄、性别等因素又决定着购买需求及其购买行为。

（1）总人口 一个国家或地区的总人口是衡量市场潜在容量的重要因素。一般来说，人口总量越大，企业营销的市场就越大。

（2）年龄结构 年龄结构是指人口总数中各年龄层次的比例构成。它主要在以下方面影响市场营销活动：一是不同年龄层次的购买者的收入情况不同。二是不同年龄层次的购买者家庭规模的大小不同，其购买力的主要投向不同。三是不同年龄层次的购买者对商品价值观念的不同也影响着其购买行为。

> **例 2-1 老年人消费**
>
> 据国家统计局发布的《中华人民共和国 2022 年国民经济和社会发展统计公报》，2022 年末，我国 60 周岁及以上人口达到 2.8 亿，其中，65 周岁及以上人口达到 2.09 亿。我国老年产品与服务的多种需求构成了一个十分庞大、丰富多彩的市场。老年人购物时，有求实、求廉的动机。一般要求商品经济实用、朴实大方、质量可靠、使用便利、易学易用、安全舒适和有益健康。他们对商品的审美情趣、花色款式没有过高要求。对于许多产品，往往是在产品市场生命周期的中后期才开始使用。他们通常不赶时髦，在购物过程中更注重商品的价格。

（3）家庭　有些商品特别是以家庭为单位进行消费的商品的购买行为受家庭情况的影响比较大，如住房、家用电器等。与家庭组成相关的是家庭人数，而家庭平均成员的多少又决定了家庭单位数，即家庭户数的多少。一个市场拥有家庭单位和家庭平均成员的多少，以及家庭组成状况等，对市场消费的潜在需求量和需求结构，都有十分重要的影响。

例2-2　三孩政策带来汽车商机

2021年5月31日，中共中央政治局会议审议有关文件并决定实施一对夫妻可以生育三个子女政策及配套支持措施。新一代年轻消费人群不仅将面对家中"上有老，下有小"的局面，还将面临"三个孩子"的压力。家庭成员的增多，也对家庭用车提出了更高要求。普通5座轿车已经难以满足新家庭结构的用车需求，将有越来越多的消费者会考虑购买7座车型。在此情况下，兼具大空间、多功能性和舒适性的7座家用车就具有明显优势，更能满足家用车对空间的需求。

（4）地理分布　地理分布是指人口居住地区上的疏密情况和分布情况。人口密度大，消费者就会相对集中。俗话说"十里不同风，百里不同俗"，由于地理环境、气候条件、自然资源、风俗习惯的不同，居住在不同地区的人群消费需求就会存在较大的差别。城乡居民由于生活环境的差异，其对商品的需求也不同，如针对同一个商品，他们对其在档次、花色、品种、功能等各个方面都有不同的评价。

例2-3　南北方饮食文化差异

提及南北方饮食的差异，大家可能首先会想到南方的主食是米饭、北方的主食是面食。其实，这与南北方的农业生产结构不同有关。我国南方的气候高温多雨，耕地多以水田为主，所以当地的农民因地制宜种植喜高温多雨的水稻。我国北方降水较少，气温较低，耕地多为旱地，适合喜干耐寒的小麦生长。因为主食的不同，造成了整个饮食结构及吃法的巨大差异。南方和北方，除了食米食面的差异，在烹调习惯、口味风格方面也有很大不同。例如稀饭，北方多是小米粥、大米粥，或再放枣、豆等。但在南方，粥里不仅放菜，就连火腿、皮蛋等也往里放。另外，南方人喜甜，北方人喜咸；南方人吃菜喜欢分别炒，北方人偏爱一锅炖等。

（5）性别结构　由于生理、心理和社会角色等方面的差别，男性和女性对于商品的需求及购买行为也有明显的差别。购买家庭日常用品者多为女性，购买家庭耐用的大件商品（如家用电器等）者多为男性。

（6）地区间人口的流动性　在市场经济条件下，出现了地区间人口的大量流动。对营销者来说，这是一个流动的大市场。人口流动的总趋势是，人口从农村流向城市、从城市流向市郊、从不发达地区流向发达地区、从一般地区流向开发地区。企业营销者应及时注意人口流动的客观规律，适时采取相应的对策。

例2-4　人口形势对房地产市场的影响

根据第七次人口普查数据和历年抽样调查结果，我国的人口结构和住户结构发生了深刻变化。2020年，中国流动人口总量达到3.76亿，其中既包括1.7亿外出农民工，也包括1.17亿城镇间流动人口。虽然农村外出流动就业的人口相对稳定，但是城镇之间流动人口则从几年前的约8000万上升到1.17亿，说明我国人口已经超越了从农村向城市流动的城乡范畴，逐步转化为区域间的人口流动。

从现实政策走向和人口实际的空间变动趋势可以判断，我国房地产发展还存在巨大的潜力。因为在人口从原居住地向就业地流动过程中，都存在租赁或是购买住房的需求。

课堂思辨

不同地区的消费者，在购买决定因素、购买力方面会有哪些不同？

2. 经济因素

经济因素一般是指影响企业市场营销方式与规模的经济环境，如经济发展阶段、地区与行业的经济发展情况、社会购买力水平等。市场规模的大小不仅取决于人口的多少，还取决于社会购买力的大小。因此，应当密切注意购买力的变化所带来的环境机会和环境威胁。

（1）经济发展阶段　对于一般消费品市场来说，处于经济发展水平较高阶段的国家或地区，在市场营销方面强调产品款式、性能及特色，侧重大量广告及促销活动，其品质竞争多于价格竞争；而处于经济发展水平较低阶段的国家或地区，则侧重于产品的功能和实用性。同时，价格也是一个很重要的因素。对于生产资料市场来说，经济发展水平较高的国家和地区，主要是资本技术密集型产业；经济发展水平低的国家和地区，主要以劳动密集型产业为主。产业发展水平不同，所需要的生产设备也有较大的差异。经济发展水平处于较高阶段的国家和地区需要性能良好、机械化和自动化程度高的高科技生产设备；而经济发展水平处于较低阶段的国家和地区，侧重于多用劳动力而节省资金的生产设备。

（2）收入因素　消费者收入形成消费品购买力，并影响消费者的支出行为模式。但是，营销者应该知道，一般来说，消费者收入并不全部用于购买商品，而是去除一部分必需的支出后，可以任意支配的剩余部分才用来消费。这部分收入越多，人们的消费水平就越高，企业营销的机会也就越多。

（3）消费结构　根据恩格尔定律，一个家庭的收入越少，其总支出中用于购买食物的比例就越大；随着家庭收入的增加，用于购买食物的支出占总支出的比例下降，而用于其他方面的支出（如通信、交通、娱乐、教育、保健等）和储蓄所占的比例将上升。这一比例数也被称作恩格尔系数。国际上常用恩格尔系数来衡量一个国家和地区的人民生活水平。一个国家或家庭生活越贫困，恩格尔系数就越大；反之，生活越富裕，恩格尔系数就越小。

例 2-5　我国农村地区消费结构

和城镇居民相比，我国农村地区在消费结构上仍存在一定的区别，主要体现在线下消费行为中。和城镇地区紧张的生活、工作节奏不同，农村居民在时间上较为充裕，因此对他们来说，消费不仅出于购物的需求，还是一种社交和消费时间的手段。但在自身收入的制约下，农村居民可自由支配的资金较少，总体消费水平受限。房屋修缮、医疗、教育等方面需要消费的数额较大，在将这部分开支去除后，剩下可用于改善生活和享受的收入并不多。所以，对他们来说，更青睐 1 500 元以内的手机，换机率不高，花费在通信套餐上的费用也远低于城镇居民，代步工具主要为电瓶车，家用汽车价位多在 10 万元左右。但和城镇居民相比，多数农村居民并不存在房贷压力，自建房花销远远低于购房花销，且养老抚幼、衣食方面的支出低于城镇地区，所以边际消费倾向往往高于城镇居民，容易被自身可支配收入增长及供给侧优化激发消费潜力，逐步表现出消费升级、分级趋势及地域化、小众化特征。

3. 政治和法律因素

政治和法律因素是指国家政治变动引起经济态势的变化，及政府通过法律手段和各种经济政策来干预社会经济生活。这种情形出现后，必然对企业的经营活动产生重大而深远的影响。因而，企业在分析市场营销环境时，必须把对政治和法律环境的分析放在重要的地位。一般而论，政治和法律因素包括一个国家的政治形势、经济政策、贸易立法和消费者权益保护组织等。

例 2-6　滞销的小熊

1977 年，美国洛杉矶的斯坦福·布卢姆以 25 万美元买下西半球公司一项专利，生产一种名叫"米莎"的小玩具熊，用作 1980 年莫斯科奥运会的吉祥物。此后的两年里，布卢姆和他的伊美治体育用品公司致力于"米莎"的推销工作，并把"米莎"商标的使用权出让给 58 家公司。成千上万的"米莎"被制造出来，分销到玩具商店和百货商店，十几家杂志上出现了米莎熊形象。开始时，"米莎"的销路良好，布卢姆预计这项业务的营业收入可达 5 000 万到 1 亿美元。

不料，在奥运会开幕前，受国际环境的影响，米莎熊的销量未达预期，布卢姆的赢利计划成了泡影。

4. 自然因素

企业营销的自然因素是指影响企业生产和经营的物质因素，如企业生产需要的物质资料、生产过程中对自然环境的影响等。自然环境的发展变化会给企业带来一些环境威胁和市场机会，所以企业营销活动不可忽视自然因素的影响作用。分析研究自然因素的内容主要有两个方面：一是自然资源的拥有情况及其开发利用；二是环境污染与生态平衡。企业营销活动必须建立在科学发展、可持续发展的基础之上，必须考虑资源节约、减少环境污染与生态平衡的要求，以此来确定自己的营销方向及营销策略。

5. 科技因素

科技是企业将自然资源转化为符合人们所需要的物品的基本手段，是第一生产力。人类社会的文明与进步是科技发展的历史，是科技革命的直接结果。科技的发展对企业市场营销的影响是多方面的。例如，在产业改造升级中，数码相机的出现夺走了胶卷的大部分市场；随着多媒体和网络技术的发展，"电商"异军突起。在产品性能升级中，手机使用的安卓系统每隔一定时间就要更新一次；大数据时代的到来，使企业营销信息传递更快捷、营销策略更新速度加快、营销成本降低等。

⚓ **例 2-7　比亚迪新能源汽车**

2022 年 9 月 28 日，比亚迪召开了新能源乘用车欧洲线上发布会，并推出了国内销量不错的汉、唐及元 PLUS 三款车型。这些车型一经推出基本上覆盖了欧洲的大众及高端市场的新能源汽车市场。比亚迪作为一家全球 500 强企业，能够站在世界的舞台上，更是因为它拥有刀片电池技术、DM-i 超级混动技术、纯电动平台 e 平台 3.0 等一系列新技术，能让比亚迪在新能源领域彰显实力。当然还有欧洲各国对于比亚迪新能源汽车的喜爱、良心售价、用料扎实、成熟的电池应用，以及长续航驾驶体验。与此同时，比亚迪与欧洲多家领先的乘用车经销商也达成了战略合作，为消费者提供高品质产品及服务。这些配套服务足以让比亚迪迅速在欧洲市场扩展开来。

6. 社会文化因素

文化是一个社会群体（可以是国家，也可以是民族、企业、家庭）在一定时期内形成的思想、理念、行为、风俗、习惯、代表人物，以及由这个群体整体意识所产生的一切活动，它体现着一个国家或地区的社会文明程度。影响企业市场营销活动的社会文化因素通常包括在一定社会形态下的教育水平、宗教信仰、价值观念、消费习俗等。社会文化因素主要通过影响消费者的思想和行为，间接地影响企业的营销活动。

（1）教育水平　消费者受教育水平的高低，会影响其对商品功能、款式、包装和服务要求的差异性。通常，教育水平高的国家或地区的消费者要求商品包装典雅华贵，对附加功能也有一定的要求。因此，企业营销开展的市场开发、产品定价和促销等活动要考虑消费者所受教育水平的高低，从而采取不同的策略。

（2）宗教信仰　宗教是构成社会文化的因素之一，对人们消费需求和购买行为的影响很大。不同的宗教有自己独特的对节日礼仪、商品使用的要求和禁忌。某些宗教组织甚至在教徒购买决策中有决定性的影响。为此，企业可以把影响大的宗教组织作为自己的重要公共关系对象，在营销活动中也要注意到不同的宗教信仰，以避免由于矛盾和冲突给企业营销活动带来的损失。

（3）价值观念　价值观念是指人们对社会生活中各种事物的态度和看法。不同文化背景下，人们的价值观念往往有着很大的差异，消费者对商品的色彩、标识、式样，以及促销方式都有自己褒贬不同的意见和态度。企业营销必须根据消费者不同的价值观念设计产品，提供服务。

（4）消费习俗　消费习俗是指人们在长期经济与社会活动中所形成的一种消费方式与习惯。不同的消费习俗具有不同的商品要求。研究消费习俗，不但有利于组织好消费用品的生产与销售，而且有利于正确、主动地引导健康的消费。了解目标市场消费者的禁忌、习惯、避讳等是企业进行市场营销的重要前提。

课堂测评

测评要素	表现要求	已达要求	未达要求
知识点	能掌握营销宏观环境的含义		
技能点	能初步认识营销宏观环境构成因素		
任务内容整体认识的程度	能概述整体营销宏观环境		
与职业实践相联系的程度	能描述营销宏观环境的实践意义		
其他	能描述营销宏观环境与其他课程、职业活动等的联系		

2.2 营销微观环境认知

营销微观环境是指什么？它包括哪些因素？企业分析这些因素有什么意义？

2.2.1 营销微观环境解读

与营销宏观环境相比，营销微观环境是指直接制约和影响企业营销活动的力量和因素。换言之，营销宏观环境如果是企业经营活动面临的大背景、大环境，营销微观环境就是距离企业日常经营活动更近、与之关系更密切的一些影响因素。

1. 营销微观环境的概念

营销微观环境又称直接营销环境，是指与企业营销活动直接发生联系，影响企业为目标市场消费者提供服务的能力和效率的各种参与者，包括企业内部除营销部门以外的部门、供应商、营销渠道、目标消费者、竞争者和社会公众等。

2. 营销微观环境的利用

通过对营销宏观环境的认识，我们知道，营销宏观环境间接影响企业的营销活动，而营销微观环境则直接影响企业的营销行为。

营销微观环境和营销宏观环境之间不是并列关系，而是主从关系。营销微观环境受制于营销宏观环境，营销微观环境中的所有因素均受到营销宏观环境中的各种力量和因素的影响，即营销宏观环境通过对营销微观环境施加影响来影响企业的营销能力与效率。

从营销微观环境的角度看，企业营销活动能否成功，除营销部门本身的因素外，还要受企业内部、供应商、营销渠道、目标消费者、竞争者和社会公众等环境因素的直接影响。分析营销微观环境的目的在于更好地协调企业与这些相关群体的关系，促进企业营销目标的实现。

2.2.2 营销微观环境分析

营销人员要对营销微观环境认真分析，必须首先知道什么是营销微观环境，以及构成这一环境的各种因素。营销微观环境构成因素如图 2-3 所示。

图 2-3　营销微观环境构成因素

1. 企业内部

一个企业中除了有市场营销部门外，还有最高管理层和其他职能部门，如制造部门、采购部门、研究开发部门及财务部门等。这些部门与市场营销管理部门一起在最高管理层的领导下，为实现企业目标共同努力。正是企业内部的这些力量构成了企业的内部营销环境。市场营销部门在制订营销计划和决策时，必须考虑与企业内部其他力量进行协调。例如，营销部门在制订营销计划时，需要会计部门提供成本收益核算数据，采购部门按计划购入原材料，产品研发部门开发出新产品；在实施营销计划时，需要企业最高管理层批准，财务部门负责解决实施营销计划所需的资金来源，并将资金在各产品、各品牌或各种营销活动中进行分配；制造部门的批量生产则保证了适时地向市场提供产品。

> **例 2-8　企业内部对营销的影响**
>
> 　　一个生产企业内部往往设有计划、技术、采购、生产、营销、质检、财务、后勤等多个部门。营销部门与企业其他部门之间既有多方面的合作，又经常与生产、技术、财务等部门发生矛盾。例如，生产部门关注的是长期生产的定型产品，要求品种规格少、批量大、标准订单、较稳定的质量管理，而营销部门注重的是能适应市场变化、满足目标消费者需求的"短、平、快"产品，则要求品种规格多、批量小、个性化订单、特殊的质量管理。所以，企业在制订营销计划、开展营销活动时，必须协调和处理好各部门之间的矛盾和关系。

2. 供应商

供应商是指向企业及其竞争者供应原材料、零部件、能源、劳动力等资源的企业和个人。企业与供应商之间是一种协作关系，供应商提供资源的价格往往直接影响企业的成本，其供货的质量和时间的稳定性直接影响企业服务于目标市场的能力。

一般情况下，企业应选择那些能保证质量、交货期准确和低成本的供应商，并且避免对某一家供应商过分依赖，不至于受该供应商突然提价或限制供应的控制。一般来说，企业传统的做法是选择几家供应商，按不同比重分别从它们那里进货，并使它们互相竞争，从而迫使它们利用价格折扣和优质服务来尽量提高自己的供货比重。这样做，虽然能使企业节约进货成本，但也隐藏着很大的风险，如供货质量参差不齐，过度的价格竞争也会使供应商负担过重、放弃合作等。现在，越来越多的企业开始把供应商视为合作伙伴和利益相关者，已经开始采取多种措施，协助它们提高供货质量，确保供货及时性。

> **例 2-9　供应商对营销的影响**
>
> 　　某纺织厂是一家以生产床上用品为主的大型纺织企业，分别在新疆、山西、陕西等地有 7 家关系稳定的棉花供应商。2022 年 11 月，新疆的 3 家供应商同时告知纺织厂，由于棉花采摘人工成本上涨，棉花的供应价格也随之上涨。纺织厂接到通知后，经过成本核算，床上用品价格必须大幅度提升。然而，消费者是否接受则成了又一个难题。

3. 营销渠道

营销渠道是指协助企业推广、销售和分配产品给最终消费者的那些企业，包括中间商、物流机构、营销服务机构和金融机构等。

（1）中间商　中间商是指协助企业寻找消费者或直接与消费者进行交易的商业组织或个人。中间商分为两类，即代理中间商和商人中间商。代理中间商是指专业协助达成交易、推销产品，但不拥有商品所有权的中间商，如经纪人、代理人和制造商代表等。商人中间商是指从事商品购销活动，并对所经营的商品拥有所有权的中间商，包括批发商、零售商。

根据行业性质和产品特性，有的企业建立了自己独立的销售渠道，有的企业则依靠中间商建立起销售网络。中间商是联系生产者和消费者的桥梁，他们的工作效率和服务质量直接影响企业产品的销售情况。所以，如何选择中间商并与之合作，是关系到企业营销目标能否实现的大问题。

（2）物流机构　物流机构是指帮助企业储存、运输产品的专业组织，包括仓储公司和运输公司。物流机构工作的高效率为企业创造了时间和空间效益，进而促进了营销目标的实现。

（3）营销服务机构　营销服务机构包括市场调研公司、财务公司、广告公司、各种广告媒体和营销咨询公司等。一些大型的企业内部设有相关的部门或配备了专业人员，但大部分企业还是与专业的营销服务机构以合同委托的方式获得这些服务。

（4）金融机构　企业营销活动中可能涉及的金融机构包括信贷公司、银行、保险公司等。这些机构能够为企业营销活动提供融资或保险服务。取得贷款的难易程度、银行的贷款利率高低和保险公司的保费变动等因素对企业的市场营销活动能产生直接影响。

> **例 2-10　推进线上与线下协同发展**
>
> 在北京朝阳区工作的小李经常在某家连锁便利店买早餐，她说："除了种类多、新品上市快、营养好吃，还能全程'自动化'。"走进便利店，她在早餐柜台前的电子屏上自助选餐。柜台另一边的工作人员收到订单，迅速将产品和结账二维码递出，小李凭码在自助收银机上结账，快速高效。
>
> 便利店是最靠近消费者的零售业态之一，数字科技加速赋能新型便利店，从"自助点餐""自助收银"到"无接触服务"，让人们消费更智能。国家发展和改革委员会发布《关于做好近期促进消费工作的通知》指出，推动实体商场、超市、便利店等数字化改造和线上与线下协同，发展仓储会员店、"门店到家"服务等零售新业态，加快培育体验式、沉浸式消费新场景，提升消费智慧化、便利化水平。

4. 目标消费者

消费者是企业的服务对象，是企业产品的直接购买者或使用者，是企业赖以生存的"衣食父母"。企业与市场营销渠道保持密切关系就是为了有效地向目标消费者提供产品和服务，消费者的需求正是企业营销努力的起点和核心。因此，认真分析目标消费者需求的特点和变化趋势是企业极其重要的基础工作。在现实营销活动中，每个市场上的消费者都表现出不同的特点，形成了不同的市场，如消费者市场、生产者市场、中间商市场、政府市场和国际市场等。这些市场上的消费者在消费需求和消费方式上都具有鲜明的特色，企业应根据自己的营销目标，选定目标消费者，然后进行分析研究。

> **例 2-11　国潮品牌的目标人群**
>
> 越来越多年轻消费者倾向于选择中国品牌。2022 年 6 月，新华网联合得物发布的《国潮品牌年轻消费洞察报告》（以下简称《报告》）显示，对比十年前，国潮热度增长超5 倍，78.5% 的消费者更偏好选择中国品牌，"90 后""00 后"贡献了 74% 的国潮消费。
>
> 随着国潮兴起，国潮热度居高不下。根据《报告》，以"90 后""00 后"为代表的新生代人群为国潮品牌发展注入新动能。他们本身具有强烈的民族自豪感和文化自信心，对国潮品牌的接受度更高；随着他们逐渐步入社会、获得经济收入，"90 后""00 后"逐渐成为潮流市场消费主力。在全行业国潮品牌消费者中，"90 后""00 后"用户占比74%，而在得物 App，国潮消费比例高达 87%。

5. 竞争者

在市场竞争激烈的今天，任何企业都不可能做到完全垄断，在某一细分市场上的营销总会受到其他企业的围堵或影响。这些和企业争夺同一目标消费者群的力量就是企业的竞争者。企业要在激烈的市场竞争中获得营销的成功，就必须比竞争对手更有效地满足目标消费者的需求。因此，除了发现并迎合消费者的需求外，识别自己的竞争对手，时刻关注它们，并及时对其行为采取有针对性的营销策略，也是企业营销活动成败的关键之一。

例 2-12　竞争者对营销的影响

"假如可口可乐的工厂被一把大火烧掉，全世界第二天各大媒体的头版头条一定是银行争相给可口可乐贷款……"这是可口可乐人津津乐道的一句话。可口可乐靠多年的积淀形成了强大的品牌形象，在很长一段时间牢牢地占据着碳酸饮料市场。

百事可乐可谓生不逢时，一直处在竞争对手可口可乐的强势压力下。直到 20 世纪 80 年代，百事可乐发现了竞争对手的弱点：可口可乐历史悠久，长盛不衰，但不可避免有品牌老化的势头。百事可乐直击可口可乐的劣势，塑造自己新时代第一的品牌形象"百事，新一代的选择"，立刻赢得了大批年轻人的青睐，百事可乐与传统可乐划江而治，成为全球碳酸饮料第二大巨头。竞争对手太强大，不妨从侧面进攻，另立一个"山头"，与竞争对手共同站在"巅峰"之上。

营销案例 2-1　家乐福败走香港

2000 年 9 月 18 日，家乐福位于我国香港杏花村、荃湾、屯门及元朗的 4 家大型超市全部停业。家乐福声明其停业原因，是由于中国香港市场竞争激烈，又难以在香港觅得合适的地方开办大型超级市场，短期内难以在市场上争取到足够的占有率。

家乐福倒闭的原因还有以下两个。

1）家乐福的销售理念建立在宽敞的购物环境之上，与我国香港寸土寸金的社会环境背道而驰。家乐福在香港没有物业，背负庞大租金的包袱。家乐福在香港只有 4 家分店，直接导致配送的成本高。

2）1996 年，在家乐福进入香港的时候，正好遇上香港历史上租金最贵的时期，并且在这一期间又遭遇亚洲金融风暴，一直无盈利。香港本地超市集团百佳、惠康、华润、苹果速销等掀起的价格战，给家乐福的经营以重创。作为国际知名的超市集团，家乐福没有主动参加这场长达两年的价格战，但几家本地超市集团的竞相削价，终于使家乐福难以承受，在进入香港的中途铩羽而归。

【评析】在市场营销活动中，竞争者分析是非常重要的内容。只有通过分析竞争者的营销策略，才能制订有针对性的营销决策。

6. 社会公众

社会公众是指对企业实现其市场营销活动有实际或潜在影响力的一些群体或个人，主要包括金融公众、媒介公众、政府公众、社团公众、社区公众和内部公众。

（1）金融公众　金融公众主要包括银行、投资公司、证券公司、股东等，它们对企业的融资能力有着重要的影响。

（2）媒介公众　媒介公众主要包括报纸、杂志、电台、电视台等传播媒介，它们掌握传媒工具，有着广泛的社会联系，能直接影响社会舆论对企业的认识和评价。

（3）政府公众　政府公众主要是指与企业营销活动有关的各级政府机构部门，它们所制定的方针、政策对企业营销活动有限制，或提供机遇。

（4）社团公众　社团公众主要是指与企业营销活动有关的非政府机构，如消费者组织、环境保护组织，以及其他群众团体。企业营销活动涉及社会各方面的利益，来自这些社团公众的意见、建议，往往对企业营销决策有重要的影响。

（5）社区公众　社区公众主要是指企业所在地附近的居民和社区团体。社区是企业的邻里，企业与社区保持良好关系，为社区的发展做出一定的贡献，会受到社区居民的好评。他们的口碑能帮助企业在社会上树立良好的形象。

（6）内部公众　内部公众是指企业内部的管理人员及一般员工。企业的营销活动离不开内部公众的支持。企业应该处理好与广大员工的关系，调动他们开展市场营销活动的积极性和创造性。

课堂思辨

社会公众对你购物形成的影响有哪些：同学建议、明星代言，还有（　　　　）等。

课堂测评

测评要素	表现要求	已达要求	未达要求
知识点	能掌握营销微观环境的含义		
技能点	能初步认识营销微观环境构成因素		
任务内容整体认识的程度	能概述营销宏观环境与微观环境的关系		
与职业实践相联系的程度	能描述营销微观环境的实践意义		
其他	能描述营销微观环境与其他课程、职业活动等的联系		

2.3　营销环境分析

企业市场营销活动面临什么样的环境？市场营销人员应该怎样分析营销环境？实践中有无具体、有效的分析方法呢？

现代市场营销理论，特别强调企业对环境的能动性和对营销环境的反作用，认为企业与周围环境的关系，不仅有反应、适应的必要，还有积极创造和控制的可能。为此，企业市场营销人员要对营销环境进行分析，必须首先知道什么是市场营销环境；其次围绕营销目标，确定营销活动面临着什么样的环境；最后结合具体营销活动，确定这些环境中重要的影响因素，以便因势利导，趋利避害。

重要信息 2-1　市场营销环境的特点

市场营销环境具有以下一些特点：

（1）客观性　客观性是市场营销环境的首要特征。市场营销环境的存在不以营销者的意志为转移。主观地臆断某些环境因素及其发展趋势，往往会造成企业盲目决策，导致在市场竞争中惨败。

（2）动态性　动态性是市场营销环境的基本特征。任何环境因素都不是静止的、一成不变的。相反，它们始终处于变化甚至是急剧的变化之中。例如，消费者的消费需求偏好和行为特点在变化，宏观产业结构在调整等。企业必须密切关注市场营销环境的变化趋势，以便随时发现市场机会和监视可能受到的威胁。

（3）复杂性　市场营销环境包括影响企业市场营销能力的一切宏观和微观因素，这些因素涉及多方面、多层次，而且相互作用和联系，既蕴含着机会，又潜伏着威胁，共同作用于企业的营销决策。

（4）无法控制性　相对于企业内部管理机能，如企业对自身的人、财、物等资源的分配使用来说，市场营销环境是企业无法控制的外部影响力量。例如，无论是直接营销环境中的消费者需求特点，还是间接营销环境中的人口数量，都不可能由企业来决定。

事物都有两面性，我们日常也说，机遇与挑战并存。在营销环境分析中，分析人员一定要知道，环境的发展、变化会给营销活动带来两大方面的影响，即环境给营销活动带来的威胁与机会，简称环境威胁与市场机会。分析市场环境的目的，在于寻求营销机会和避免环境威胁，争取主动。无论市场竞争怎么激烈和白热化，机会和危机往往同时并存。经营者的任务就在于抓住机会、克服危机，使用各种策略措施，解决市场难题，占领市场。

当然，有时候，在企业实际面临的客观环境中，单纯的环境威胁与环境机会是比较少的。这时，多种环境因素交织在一起，需要进行综合环境分析。

2.3.1　营销环境威胁分析

1. 认识营销环境威胁

营销环境威胁是指由于环境的变化而出现的、对企业营销活动产生不利影响的各种因素的总和。其中，有些影响是共性的，有些影响对不同产业的影响程度不同。即使同处一个行业、同一环境中，由于不同的抗风险能力，企业所受的影响也不尽一致。

面对环境威胁，如果不采取相应措施，企业将面临不利的市场地位，甚至陷入困境。所以，营销人员一定要善于分析环境发展趋势，认识现实的环境威胁和潜在的环境威胁，科学评估威胁的可能性与严重程度，积极采取相应的措施。

◀ 课堂思辨

营销人员了解营销环境因素是为了服务于营销决策。（　　　）

2. 分析营销环境威胁

营销人员对营销环境威胁的分析一般从两个方面进行：一是分析威胁对企业的影响程度，二是分析威胁出现的概率，并将这两个方面结合在一起，如图2-4所示。

威胁出现的概率

	高	低
威胁影响程度　大	1	2
威胁影响程度　小	3	4

图2-4　营销环境威胁分析矩阵图

在运用图 2-4 进行营销环境分析时，营销人员应根据具体营销活动要求，讨论、分析宏观环境因素、微观环境因素，经比较，对应放入图 2-4 中各区域内。

第 1 区域，环境威胁出现概率最高，影响程度也最大。作为营销人员，必须严密监视其变化，并及时预测其发展趋势，以便尽快采取相应的对策。营销人员必须高度重视这一区域。

第 2 区域，环境威胁影响程度大，出现概率较低，但一旦出现，对企业营销活动也会带来较大的危害。

第 3 区域，环境威胁出现概率高，影响程度小，但由于出现概率较高，所以营销人员也应该提高警惕，随时准备应对。

第 4 区域，环境威胁出现概率较低，影响程度也较小。营销人员应注意观察，看其是否有向其他区域发展的可能，以便及时采取措施。

3. 环境威胁的对抗

通过环境分析，营销人员掌握了营销活动面临的确切威胁，这时就可以采取相应措施，来规避这些不利的环境因素带来的影响。

（1）反攻措施 通过各种手段，阻止或限制不利环境因素对企业营销活动的影响，或促使不利环境向有利环境转化。

（2）减轻措施 通过调整企业市场策略来适应环境或改善环境，以减轻环境威胁对营销活动的影响程度。

（3）合作措施 通过各种合作手段，组织更多的企业，运用多家资源，分散风险，共同保护自身利益。

（4）退出措施 对于既无法对抗、减轻，又无法通过多家企业联合来避免的威胁，企业应该采取退出战略，尽快转移到效益较高的经营领域或直接调整业务范围。

营销案例 2-2 绿色消费盛宴"双 11"

随着我国全力推进"双碳"战略，2021 年"双 11"最大的改变在于绿色低碳。数字交易背后，要降低能耗。阿里巴巴有关人士认为，一届技术意义上的低碳"双 11"必须解答好 3 个考题。第一，如何让数据中心变得更"绿"、更加节能；第二，如何通过算力共享，提升资源统一调度效率；第三，如何让单位算力的效率和价值最大化。

中国电子技术标准化研究院数据显示，2021 年全国数据中心能源消耗达到 2 166 亿千瓦时，占全社会用电量的 2.6% 左右；二氧化碳排放量约 1.35 亿 T，占全国二氧化碳排放量的 1.14% 左右，实现数据中心节能低碳发展刻不容缓。消费行为背后，要倡导绿色。消费是我国经济稳健运行的"压舱石"。作为绿色转型的试验，从消费端引导绿色产品的核心是要通过更多的绿色消费品和绿色订单来拉动节能产品、节水产品、环境友好产品的生产和销售，从生产到消费的整个链条来做绿色低碳转型。

从全产业链来看，电商平台具备推进绿色消费的地位优势，它直接面对供给端的商家和需求端的消费者，能基于产品全生命周期对商家实施绿色供应链管理和对消费者行为的绿色转化进行理念引导。2021 年天猫"双 11"首次上线绿色会场，首次为绿色认证商品打标，首次面向消费者发放总计 1 亿元人民币的绿色购物券，并成立绿色商家联盟。

中国物流与采购联合会绿色物流分会专业人士表示，在电商行业的快速发展下，快递行业随之蓬勃兴盛，在给广大居民带来便利的同时，也产生了巨大的能源消耗。电商要推进绿色物流主要涉及快件包装、仓储运输、加工处理、信息处理及管理规划等环节。

【评析】只要有可能，市场营销人员不仅要适应营销环境，还要设法对它进行超前引导。

2.3.2 市场机会分析

1. 认识市场机会

市场机会是指营销环境中对企业营销活动各种有利因素的总和。有效地捕捉和利用市场机会是企业营销成功和发展的前提。企业只要密切注视营销环境变化带来的市场机会，适时做出决策，并结合企业自身的资源和能力，及时将市场机会转化为企业机会，就能开拓市场、扩大销售、提高企业产品的市场占有率。

2. 分析市场机会

营销人员分析、评价市场机会一般从两个方面进行：一是考虑这一机会能给企业带来多大的潜在利益，二是考虑这一机会出现的概率，并将两者结合在一起，如图 2-5 所示。

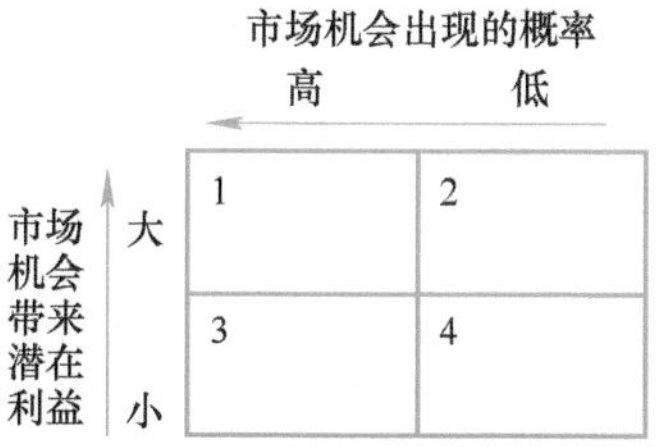

图 2-5 市场机会分析矩阵图

第 1 区域，市场机会带来潜在利益大和出现概率高，营销人员必须高度重视这一区域。

第 2 区域，虽然市场机会出现概率低，但一旦出现则会给企业带来很大的潜在利益，营销人员必须重视。

第 3 区域，虽然市场机会带来潜在利益不大，但出现的概率很高，营销人员必须重视。

第 4 区域，市场机会带来潜在利益小，出现概率也低，营销人员应观察其发展变化，并依据变化情况及时采取措施。

3. 市场机会的利用

企业市场营销人员发现市场机会后，一般会采取以下措施：

（1）及时利用市场机会 当市场营销环境机会与企业的营销目标一致，企业又具备利用这一机会的资源条件与能力时，营销人员应该当机立断，抓住有利时机，迅速制订并实施营销计划，争取最大的经济效益与社会效益。

（2）密切关注市场机会 有些市场机会相对稳定，但与企业的营销目标还有一定的距离，或企业暂时不具备利用这一市场机会的资源条件与能力时，营销人员应该密切关注这一市场，待时机成熟，再行利用。

（3）果断放弃市场机会　市场营销环境机会已经出现，但与企业的营销目标差距较大，企业也不具备利用这一市场机会的资源条件或能力，营销人员应该果断放弃，集中精力寻找其他市场机会。

2.3.3　营销环境 SWOT 分析法

在对企业的优势、劣势、机会和威胁的全面评估中，常常用到 SWOT 分析法，即从内因和外因两个方面来分析企业在竞争中的优势、劣势、机会、威胁以及竞争地位，这对于企业营销策略的制定有很大的帮助。SWOT 分析法是一种企业竞争态势分析方法，也是市场营销的基础分析方法之一。

1. SWOT 的含义

SWOT 由 4 个英文单词的首字母组成，分别是企业营销活动的优势（Strength）、劣势（Weakness）、机会（Opportunity）和威胁（Threat）的英文首字母。SWOT 分析法实际上是通过对企业内外部条件进行全面、系统和综合的概括，进而分析企业的一种方法。其中，S、W 是内部因素，O、T 是外部因素。SWOT 分析法如图 2-6 所示。

图 2-6　SWOT 分析法

（1）优势　优势是组织机构的内部因素，具体包括有利的竞争态势、充足的资金来源、良好的企业形象、技术力量、规模经济、产品质量、市场份额、成本优势、广告攻势等。

（2）劣势　劣势也是组织机构的内部因素，具体包括设备老化、管理混乱、缺少关键技术、研究开发落后、资金短缺、经营不善、产品积压、竞争力差等。

（3）机会　机会是组织机构的外部因素，具体包括新产品、新市场、新需求、外国市场壁垒解除、竞争对手失误等。

（4）威胁　威胁也是组织机构的外部因素，具体包括新的竞争对手、替代产品增多、市场紧缩、行业政策变化、经济衰退、客户偏好改变、突发事件等。

2. SWOT 分析

1）企业的内部优势、劣势，既可以是相对企业目标而言的，又可以是相对竞争对手而言的。

2）企业面临的外部机会与威胁，可能来自与竞争无关的外环境因素的变化，还可能来自竞争对手力量与因素的变化，或两者兼有，但关键性的外部机会与威胁应予以确认。

3）将外部机会和威胁与企业内部优势和弱点进行匹配，形成可行的战略。SWOT 分析法有 4 种不同类型的组合：优势—机会（SO）组合、劣势—机会（WO）组合、优势—威胁（ST）组合和劣势—威胁（WT）组合。

SWOT 分析法的优点在于考虑问题全面，是一种系统思维，而且可以把对问题的"诊断"和"开处方"紧密结合在一起，条理清楚，便于检验。在实际操作中，也可以通过建造矩阵，对各种影响因素做出分析。

重要信息 2-2 市场营销环境分析的意义

企业营销活动成败的关键，在于企业能否适应不断变化的市场营销环境。市场营销环境分析的重要性具体表现在以下几个方面。

1）市场营销环境分析是企业市场营销活动的立足点和根本前提。

开展市场营销活动，一方面是为了更好地满足人们不断增长的物质和文化生活需要，另一方面是为了使企业获得较好的经济效益和社会效益。要实现上述目标，立足点和根本前提就是要进行市场营销环境分析。只有深入细致地对企业市场营销环境进行调查研究和分析，才能准确而及时地把握消费者需求，才能认清本企业所处环境中的优势和劣势，扬长补短。否则，企业便不可能很好地实现其满足社会需求和创造好的经济效益和社会效益的目的，甚至陷入困境，从而被兼并或被淘汰。许多企业的实践充分证明，市场营销环境分析是企业市场营销活动的立足点和根本前提，成功的企业无一不是十分重视市场营销环境分析的。

2）市场营销环境分析是企业经营决策的基础，为科学决策提供了保证。

企业经营决策的前提是市场调查，市场调查的主要内容是对企业的市场营销环境进行调查、整理分类、研究和分析，并提出初步结论和建议，以作为决策者进行经营决策的依据。市场营销环境分析的正确与否，直接关系到企业决策层对企业的投资方向、投资规模、技术改造、产品组合、广告策略、公共关系等一系列生产经营活动的成败。

3）市场营销环境分析有利于企业发现新的市场机会，及时采取措施，科学把握未来。

新的经营机会可以使企业取得竞争优势和差别利益，有时也可以扭转所处的不利地位。当然，在现实生活中，往往是机会与威胁并存，并且可能相互转化。好的机会如果没有把握住，优势就可能变成包袱、劣势，而威胁即不利因素也可能转化为有利因素，从而使企业获得新生。这里，关键在于要善于细致地分析市场营销环境，善于抓住机会化解威胁，使企业在竞争中求生存、在变化中谋稳定、在经营中创效益，充分把握未来。

课堂测评

测评要素	表现要求	已达要求	未达要求
知识点	能掌握营销环境分析的含义		
技能点	能初步认识营销环境分析方法		
任务内容整体认识的程度	能概述营销环境分析的基本要领		
与职业实践相联系的程度	能描述营销环境分析的实践意义		
其他	能描述营销环境分析与其他课程、职业活动等的联系		

小结

任务 2 小结如图 2-7 所示。

图 2-7　任务 2 小结

教学做一体化训练

一、重要名词

营销环境　　营销微观环境　　营销环境威胁　　市场机会

二、课后自测

（一）单项选择题

1. 社会文化环境因素主要通过影响消费者的（　　），间接地影响企业的营销活动。

　　A. 思想与行为　　　　　　　　　　　B. 收入水平

　　C. 购买力　　　　　　　　　　　　　D. 购买潜力

2. 营销微观环境和营销宏观环境之间是（　　）。

　　A. 并列关系　　　B. 主从关系　　　C. 平行关系　　　D. 相关关系

3. 企业与供应商之间是一种（　　）。

　　A. 竞争关系　　　B. 协作关系　　　C. 主从关系　　　D. 平行关系

4. 营销环境的动态性主要是指营销环境是（　　）。

　　A. 静止的　　　　　　　　　　　　　B. 一成不变的

　　C. 始终处于变化之中　　　　　　　　D. 变化具有规律性

5. 营销环境的无法控制性是指（　　）。

　　A. 相对于企业自身人、财、物的分配使用来说，营销环境是企业无法控制的外部
　　　 影响力量

　　B. 企业对于营销环境的分析并不能给经营活动带来帮助

　　C. 通过分析，企业可以控制这些外部力量

　　D. 都不是

（二）多项选择题

1．营销环境（　　　　）。

A．是企业能够控制的因素　　　　　　B．是企业不可控制的因素

C．可能形成机会也可能造成威胁　　　D．是可以了解和预测的

E．通过企业的营销努力是可以在一定程度上去影响的

2．微观环境是指与企业紧密相连，直接影响企业营销能力的各种参与者，包括（　　　　）。

A．企业本身　　　　　　　　　　　　B．营销渠道

C．目标消费者　　　　　　　　　　　D．竞争者

E．社会公众

3．对环境威胁的分析，一般着眼于（　　　　）。

A．威胁是否存在　　　　　　　　　　B．威胁对企业的影响程度

C．威胁的征兆　　　　　　　　　　　D．预测威胁到来的时间

E．威胁出现的概率

4．企业市场营销人员发现市场机会后，应该采取的措施是（　　　　）。

A．及时利用市场机会　　　　　　　　B．密切关注市场机会

C．果断放弃市场机会　　　　　　　　D．采取对抗措施

（三）判断题

1．对环境威胁，企业只能采取对抗策略。　　　　　　　　　　　　　　　（　　　）

2．只有既想买，又买得起，才能产生购买行为。　　　　　　　　　　　　（　　　）

3．宏观环境一般以微观环境为媒介去影响和制约企业的营销活动，因而宏观环境也称为间接营销环境。　　　　　　　　　　　　　　　　　　　　　　　　　　　　（　　　）

4．营销微观环境与营销宏观环境之间是一种并列关系，营销微观环境并不受制于营销宏观环境，各自独立地影响企业的营销活动。　　　　　　　　　　　　　　　　　（　　　）

5．市场营销环境是一个动态系统，每一环境因素都随着社会经济的发展而不断变化。

（　　　）

6．面对市场疲软、经济不景气的环境威胁，企业只能等待国家政策的支持和经济形势的好转。　　　　　　　　　　　　　　　　　　　　　　　　　　　　　　　　（　　　）

7．我国南北方人民在食品口味上存在着很大的差异，导致对食品需求也不同，这是宏观环境中经济因素造成的。　　　　　　　　　　　　　　　　　　　　　　　　　（　　　）

（四）简答题

1．简述企业市场营销环境分析的主要目的。

2．简述市场营销环境的特征。

3．企业对环境威胁应采取哪些对策？

三、案例分析

2023 年年初，奈雪的茶联名国漫经典作品《葫芦兄弟》《中国奇谭》以及国民老字号东阿阿胶，以出色的产品研发、有趣的内容生产、年轻时尚的视觉表现，让这些充满东方气韵的产品更加生动可感。

奈雪的茶联名《中国奇谭》以"小猪妖的春天，翻过浪浪山"为主题，为消费者带来从产

品、设计到门店的全方位中式美学体验。联名产品"猪猪老白茶""雪顶猪猪老白茶"使用业内少见的福建茗茶、国家地理标识产品"五年福鼎老白茶"。经五年窖藏，茶性越温越陈越香，毫香鲜嫩，茶汤鲜甜，沿袭了奈雪一以贯之的高品质好茶标准。据悉，联名产品上线当天成为门店销冠，总销量突破 10 万杯。

奈雪的茶在"国潮"与"茶文化"融合表达的探索上从未停歇。2023 年 2 月，奈雪联名东方滋补品老字号东阿阿胶，推出阿胶奶茶传承养生文化，掀起国潮养生热潮。视觉设计也是本次联名的一大亮点，手提袋、杯套等周边均以中国红为底色，放大处理毛笔书法体"阿胶奶茶"，加入印章、棋盘、茶碗等中国元素，朴拙的设计颇有一种大道至简、重剑无锋的归真意趣，庄重大气，备受年轻人追捧。奈雪还在全国设置了百余家主题门店，举行"猜灯谜，胶好运"元宵庆贺活动，吸引众多消费者前来品茶猜灯谜。

从奈雪的茶在国风营销中的动作可以看到，新式茶饮正逐渐成为年轻人接触茶文化的窗口。透过奈雪的茶这扇窗，消费者领略到越来越多的茶风景。在品牌动作上，从奈雪过往的营销案例中，不难发现其对传统文化一以贯之的传承。

"国潮"渐成主流消费热潮和风尚。《百度 2021 国潮骄傲搜索大数据》显示，国潮在过去十年关注度上涨 528%。2021 年国货品牌关注度达到洋货品牌的 3 倍。根植于中国传统茶文化的奈雪，早在 2021 年就成为中国食品饮料行业关注度最高的国货品牌。

从联名《人民日报》到《中国奇谭》，奈雪的茶凭借内容优质、形式多元的国潮产品及活动，形成风雅与时尚兼具的国潮品牌记忆点，成为新茶饮国潮文化的引领者，从产品到文化全面继承东方美学，传承中式茶饮风雅修身的人文情怀，创新东方茶饮时尚，让新茶饮真正成为年轻人了解中国茶饮文化的窗口。

随着"民族自信""文化自信"力量的崛起，拥有强劲消费势头的年轻群体对于中国本土文化态度发生转变，古风与时尚产生碰撞融合，"国潮"应运而生。这股潮流在传播优秀中华民族文化的同时兼具时尚审美的活力元素，不仅符合当下的流行趋势，也契合消费群体对于中华文化的认知。

【问题】

（1）国潮兴起的市场营销环境因素有哪些？

（2）国民老品牌企业该怎样运用"国潮营销"？

同步实训

⟳ 实训 2-1：营销宏观环境认知

实训目的：认识营销宏观环境因素，理解其实际意义。

实训安排：

1. 根据不同地域，学生进行分组，讨论总结自己家乡的饮食习惯及著名菜品。

2. 分析这些饮食习惯的形成原因，以及这一习惯形成过程中受到哪些因素的影响。

3. 选择部分学生做 PPT 进行展示，并组织讨论与分析。

实训总结：学生小组交流不同的分析结果，教师根据分析（文案）报告、PPT 演示、讨论分享中的表现，分别给每组进行评价打分。

ⓒ 实训 2-2：营销微观环境认知

实训目的：认识营销微观环境因素，理解其实际意义。

实训安排：

1. 学生分组，讨论总结自己购买手机时的影响因素。

2. 分析这些影响因素出现的原因。

3. 选择部分学生做 PPT 进行展示，并组织讨论与分析。

实训总结：学生小组交流不同分析结果，教师根据分析（文案）报告、PPT 演示、讨论分享中的表现，分别给每组进行评价打分。

ⓒ 实训 2-3：营销环境分析

实训目的：认识企业营销环境分析工作的内容，理解其实际意义。

实训安排：

1. 教师与企业接洽，参观校企合作企业。

2. 学生分组，分赴营销岗位，了解营销环境对其工作的影响，并写出报告。（如受宏观因素影响的外贸、钢铁、煤炭行业）

3. 学生按小组做 PPT 展示参观成果。

实训总结：学生小组交流不同的走访结果，教师根据（文案）报告、PPT 演示、讨论分享中的表现，分别给每组进行评价打分。

素养提升园地

"我们既要绿水青山，也要金山银山。宁要绿水青山，不要金山银山，而且绿水青山就是金山银山。"这段话高度浓缩而又精准地概括出了"绿水青山就是金山银山"这一生态文明新理念的深刻内涵，也高屋建瓴地指明了我们今后的发展方向与价值次序，坚定了生态文明建设与生态文明发展的信心。

党的二十大报告指出，中国式现代化是人与自然和谐共生的现代化。人与自然是生命共同体。在社会经济发展中，既要绿水青山，又要金山银山。保护生态环境就是保护生产力，绿水青山和金山银山绝不是对立的，关键在人，关键在思路。天人合一，道法自然，"劝君莫打三春鸟，儿在巢中望母归"，人与自然环境和谐发展，共同繁荣，是我们民族既有的生态文明理念，也是一种在生产、生活实践中得到验证的生存智慧，在今天仍具有启发与实际意义，必须继承与发扬光大。

当然，建设生态文明，不是要放弃工业文明，回到原始的生产生活方式，但是必须要以资源环境承载能力为基础，以自然规律为准则，以可持续发展、人与自然和谐为目标，秉持绿色发展、和谐发展的科学发展理念，建设生产发展、生活富裕、生态良好的文明社会。

思考：

（1）应该如何理解"绿水青山就是金山银山"？

（2）在市场营销活动中，企业需要怎样平衡索取与投入、利用与建设之间的关系？

（3）作为营销人员，我们应该如何做到生态营销？

学生自我总结

通过完成任务2，我能够做如下总结。

一、主要知识

概括本任务的主要知识点：

1. ....

2. ....

二、主要技能

概括本任务的主要技能：

1. ....

2. ....

三、主要原理

你认为，进行市场营销环境分析的原因是：

1. ....

2. ....

四、相关知识与技能

你在完成本任务过程中得出：

1. 营销宏观环境构成因素有 ....

2. 营销微观环境构成因素有 ....

3. 营销环境分析的作用主要有 ....

五、成果检验

你完成本任务的成果：

1. 完成本任务的意义有 ....

2. 学到的知识或技能有 ....

3. 自悟的知识或技能有 ....

4. 市场营销工作与环境的关系是 ....

任务 3 >>

市场购买行为分析

学习目标

知识目标
- ○ 了解消费者市场的特点。
- ○ 了解消费者市场的影响因素。
- ○ 了解组织市场的特点。

市场购买行为
分析素养提升

能力目标
- ○ 能分析消费者市场。
- ○ 能理解组织市场。
- ○ 能理解消费者市场分析的意义。

市场购买行为
分析营销故事

素养要求
- ○ 客观认识我国消费市场。
- ○ 理性认识组织社会责任。
- ○ 坚定"四个自信"。

任务描述

　　市场营销离不开特定的消费者，营销人员从事市场营销职业的主要目的是提供产品或服务，以满足消费者的需求。这一过程的关键任务之一，就是在分析营销环境的基础上，对消费者进行分析。这里的消费者既包括自然人、家庭消费者，又包括组织消费者。营销人员通过分析消费者市场要素、购买动机，可以对市场形成较为完整的认识和结论，从而指导营销活动的开展。

任务解析

　　根据市场营销职业工作过程的活动顺序，这一任务可以分解为以下子任务，如图 3-1 所示。

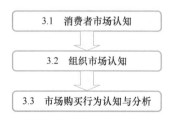

图 3-1　市场购买行为分析子任务

| 课前阅读 |

一位生产宠物食品的上海企业家到北京出差，在西单图书大厦买了一本关于市场调查方面的书。他希望通过系统学习，了解宠物食品消费市场，为新产品的推出做准备。

回到上海后，为了能够进一步了解消费市场，这位企业家根据书中的市场调查技术介绍，亲自进行了调研，并进行了市场营销策划。很快，新配方、新包装的狗粮产品上市了，短暂的旺销持续了一星期，随后就是全面萧条。过低的销量让企业高层不知所措，这位企业家更是惊讶："科学的市场营销为什么还不如以前我们凭感觉来得准确？"

新产品被迫从终端撤回，产品革新宣布失败。最终，这位企业家也明白了：宠物主人拒绝再次购买的原因是宠物不喜欢吃，产品的最终消费者并不是"人"，人只是购买者，错误的市场分析方向决定了营销结果的失败。

【问题】

（1）故事里关于市场调查方面的书是导致调查失败的主要原因吗？
（2）故事里的企业家究竟想干什么？
（3）故事里的企业家为什么说科学的市场营销还不如凭感觉来得准确？
（4）故事里的宠物食品市场的购买者是谁？
（5）你觉得应该怎样认识宠物食品市场？

3.1 消费者市场认知

消费者市场是指什么？对营销人员来说，认识消费者市场意味着什么？

管理大师彼得·德鲁克说："企业要想获得最大利润，它们需要去预期和满足消费者的需求。"企业进行市场营销活动的主要目的就是出售它们生产和经营的产品，而产品能否售出，关键在于是否适销对路，即是否获得了消费者（市场）的认可。所以，企业必须加大对市场的研究力度，把握消费者的所思、所想，才能促进营销目标的实现。

一般来说，我们面对的市场可分为消费者市场和组织市场。对高职学生来说，前者是重点。下面，我们首先来认识一下消费者市场。

3.1.1 消费者市场概述

1. 消费者市场的概念

消费者市场是指个人或家庭为满足生活消费需要而购买商品或服务所构成的市场。

生活消费是商品和服务流通的终点，因而消费者市场也被称作最终消费市场、消费品市场或生活资料市场。消费者市场是一切市场的基础，是最终起决定作用的市场。对市场营销人员来说，是否认真研究消费者市场购买行为的主要影响因素及其购买决策的整个过程，直接决定了开展市场营销活动的成败。

2. 消费者市场的特点

消费品是社会的最终产品，它不需要经过生产企业再生产和加工，可供人们直接消费。消费品市场广阔，购买人数多而分散，具有以下一些特点。

（1）多层次性与多样性　消费者需要在一定的购买能力和其他条件下形成。在同一时间、同一市场上，不同消费者群体由于社会地位、收入水平和文化教养等方面的差异，必然表现为多层次的需要，绝不会千篇一律。消费者人数众多、差异性极大，由于各种因素的影响和制约，对不同商品或同类商品的不同品种、规格、式样、价格、服务等方面的需要千差万别。而且，随着生产的发展、消费水平的提高和社会习俗的变化，消费者的需求在总量、结构和层次上也将日益多样化。

（2）少量性与多次购买　消费者市场以个人或家庭为购买和消费的基本单位，由于受到每个家庭人数、需要量、购买能力、存储条件、商品有效期等因素的制约影响，消费者一般购买的批量较小、批次较多，特别是对日常生活消费品的购买比较频繁、随机性较大。

（3）可替代性和相关性　可替代性是指消费者某一方面的需求可由多种商品来满足，如买不到面包，可以买方便面替代。相关性是指消费者对某一商品的需求会引起对相关商品的需求，如消费者购买了牙刷，就会附带购买牙膏等。

（4）可引导性与伸缩性　消费者的需求有些是本能的、生而有之的，但大部分是在外界刺激引导下产生的。新商品和新服务的出现，社会文化的发展，宏观经济的波动，企业营销活动的影响，社会交往、人际沟通的启发，以及政府的政策导向等，都可使消费者需求发生变化和转移。伸缩性是指消费者购买商品和服务的数量、品种，往往随购买力的变化和价格的高低而变化。

3.1.2　消费者市场的影响因素

消费者市场深受不同文化、社会、个人和心理因素组合的影响，如图3-2所示。

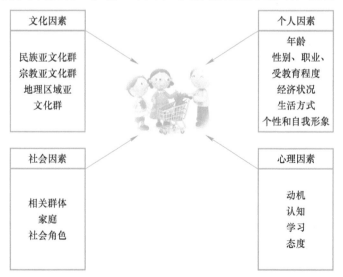

图 3-2　消费者市场的影响因素

1. 文化因素

文化通常是指人类在长期生活实践中形成的价值观念、道德观念，以及其他行为准则和生活习俗。它作为一种观念，看不见、摸不着，但人们能够感觉到它的存在，如东西方文化之间的差异。文化又附着在有形事物之上，体现在所在地的建筑、城市风貌、文学艺术、衣着甚至饮食上。一般来说，文化还包含一些较小的群体或所谓的亚文化群，它们以特定的认同感和影响力将各成员联系在一起，使之持有特定的价值观念、生活格调与行为方式。

我国主要有以下 3 种亚文化群。

课堂思辨

你所在地区的文化特点有（　　　　），文化因素对你的消费活动有哪些影响？请举例说明。

（1）民族亚文化群　我国是个多民族的国家，各民族经过长期发展，形成了各自的语言、风俗、习惯和爱好，在饮食、服饰、居住、婚丧、节日、礼仪等物质和文化生活方面各有特点，这都会影响他们的购买欲望和购买行为模式。

（2）宗教亚文化群　在现阶段，我国有不少信奉佛教、道教、伊斯兰教和天主教等宗教的群体，在一定范围内形成了鲜明的宗教文化。这些宗教的文化偏好和禁忌会影响信仰不同宗教的人们的购买行为和消费方式。

例 3-1　民族亚文化影响消费

我国不同的少数民族形成了不同的民族亚文化群。这些亚文化群在饮食、服饰、建筑、宗教信仰等方面表现出明显的不同。

（3）地理区域亚文化群　我国幅员辽阔，在南方和北方、城市和乡村、沿海和内地、山区和平原等不同地区，由于地理环境、风俗习惯和经济发展水平的不同，人们具有不同的生活方式、兴趣和爱好，这也会影响他们的购买行为。

例 3-2　地域亚文化影响生活方式

我国的汉族人口众多，汉族人都讲汉语，但各地都有各自的方言。我国北方的汉语比较统一，但到了南方，方言十分复杂。江南人讲吴语，广东人讲粤语，闽南人讲闽南话。我国各地的饮食文化也有明显差异。西南人喜欢吃辣，江南人偏爱甜，广东人对食品特别讲究新鲜。北方人以面食为主食，南方人则以米饭为主食等。

此外，在现代社会，依据职业的社会威望、收入水平、财产数量、受教育程度、居住区域等因素，将人们分为不同的社会阶层。同一阶层的人生活习惯、消费水平、消费内容、性质和行为相近；不同阶层的人则对产品和品牌有着不同的需求和偏好。

营销人员应该注意，一个企业只能集中力量满足某一阶层的需求，不可能面面俱到。

营销案例 3-1　老北京的早餐

老北京文化厚重，老北京的早餐故事也是引人入胜的。老北京早餐种类不仅丰富得令人目不暇接，味道也是让人心动。刚出炉的热烧饼；现炸的外焦里嫩的油条；像小金鱼般在碗中飘逸的馄饨；味道独特的豆汁，搭配酥脆的焦圈、有滋味的咸菜；还有各种花样的历史上号称从宫廷流入民间的糕点……如果把每一样都取一小份放到桌上，估计立刻就成为一桌个人的早餐宴席，更有旧时大户人家吃早餐既讲究又豪华的感觉。这就是京味儿！

【评析】民以食为天，餐饮是最能体现地域文化的载体，而这种地域文化给了市场营销人员一试身手的机会。

2. 社会因素

社会因素主要包括相关群体、家庭和社会角色。

（1）相关群体　相关群体是指对消费者的态度和购买行为具有直接或间接影响的组织、团体和人群等。消费者作为社会的一员，在日常生活中要经常与家庭、学校、工作单位、左邻右舍、社会团体等进行各种各样的联系，这种联系就形成了对其个人的态度、偏好和行为有直接或间接影响的群体。

◀ 课堂思辨

　　文化能够影响一个人的消费。在社会因素中，哪些因素曾经影响过你的消费？请列举几个例子。

相关群体有 3 个基本层次：

第一层次是接触型相关群体。这是对消费者影响最大的群体，如家庭、亲朋好友、邻居和同事等。

第二层次是成员资格型相关群体。这是对消费者影响较次一级的群体，如个人所参加的各种社会团体：职业协会、各种爱好者组织等。

第三层次是向往型群体。这是指消费者个人并不直接参加，但受其影响也很显著的群体，如社会知名人士、影视明星、体育明星等公众人物或意见领袖。这一群体又被称为崇拜性群体。这种崇拜性群体往往会成为人们模仿的对象。

群体促使人们在消费上做出相近的选择，因为人们从相关群体中获得大量的经验和知识，也受群体成员观点和行为准则的巨大影响。

◈ 例 3-3　不同群体的着装

　　一般来说，军人要求穿着军装，有严肃的纪律。文艺工作者的穿着艺术性比较强，比一般人更注重个性与丰富多彩。

（2）家庭　家庭是消费者最基本的相关群体，因而家庭成员对消费者购买行为的影响最大。一般来说，在一个家庭中，夫妻购买的参与程度大多因产品的不同而有所区别。家庭主妇通常是一家的采购者，特别是在食物、家常衣着和日用品方面，传统上主要由妻子承担。但随着知识女性事业心的增强，男士参与家庭事务和家务劳动逐步兴起，男士也成为基本生活消费品的主要购买者。当然，在家庭购买活动中，其决策并不总是由丈夫或妻子单方面做出，实际上有些价值昂贵或是不常购买的产品，往往是由夫妻双方包括已长大的孩子共同做出决定购买的。

◈ 例 3-4　家庭构成影响消费

　　随着我国"全面二孩""鼓励三孩"政策出台，家居、汽车消费领域又迎来一波新行情。有汽车制造商断言我国家庭将爱上 MPV（集轿车、旅行车和厢式货车功能于一身的多用途汽车）。业内人士认为，中国人喜欢一大家子人生活在同一屋檐下，对大空间车型有强烈的需求，中国或许会成为继美国之后最大的 MPV 市场。广汽乘用车总经理说："全面放开三孩政策出台后，我相信 7 座 SUV 和 7 座 MPV 将成为未来的热销车型。"可以看出，家庭规模的变化会对整个汽车市场带来很大的影响。

国外学者研究认为，一个家庭也有生命周期。在不同时间段，家庭特征与消费倾向也有较大的不同。家庭生命周期划分见表 3-1。

表 3-1　家庭生命周期划分表

序号	家庭生命周期阶段	特征
1	单身期	离开父母独居的青年，穿戴比较时髦，参与许多体育、娱乐活动
2	新婚期	新婚的年轻夫妻，无子女，需要购买汽车、家具、电冰箱等耐用消费品，并时常支出一定的旅游费用
3	"满巢" Ⅰ期	有 6 岁以下婴幼儿的年轻夫妻，需要购买洗衣机、婴儿食品、玩具及支付保育费用等
4	"满巢" Ⅱ期	子女大于 6 岁，已入学，需要购买大量食品、清洁用品、自行车，以及支付教育和娱乐费用
5	"满巢" Ⅲ期	结婚已久，子女已长大，但尚未独立，夫妻已不太年轻，经济实力尚好，不易受广告影响，在孩子用品和教育等方面支出较多，需要更新耐用消费品
6	"空巢" 期	结婚很久，子女已独立居住，夫妻仍有工作能力，对旅游、家庭改善、医用护理保健产品感兴趣
7	鳏寡期	独居老人，需要购买特殊食品和保健用品，需要被关注

（3）社会角色　一个人往往在不同群体中担当着不同的社会角色，具有不同的社会地位，因而会有不同的需要，购买不同的商品，体现在衣、食、住、行等方面有不同的需要，表现出不同的消费行为。许多产品和品牌已经成为人们社会地位的标志。例如，瑞士名牌手表、欧美豪华汽车等，成为事业有成的标志。

需要营销人员特别注意的是，产品从上市到退市的不同时间段，相关群体的影响作用是不一样的。在产品刚刚进入市场时，相关群体的推荐会对消费者产生影响；而在产品已经开始旺销时，消费者则在品牌选择方面更多地受到相关群体的影响；产品进入成熟阶段，激烈的竞争会使消费者更加关注产品的品牌。

3. 个人因素

因为年龄、性别、职业、受教育程度等个人情况的不同，消费者的行为也会有很大的差异。不同年龄的消费者有不同的需要和偏好，他们购买和消费商品的种类和式样也有区别。不同年龄的消费者的购买方式各有特点。

📖 例 3-5　不同年龄人群的消费

儿童是糖果和玩具的主要消费者，青少年是文体用品和时装的主要消费者，成年人是家具的主要购买者和使用者，老年人是保健用品的主要购买者和使用者。

（1）年龄　不同年龄段的消费者的购物兴趣、选购商品的品种和式样也不同。

（2）性别、职业、受教育程度　由于生理、心理和社会角色的差异，不同性别的消费者在购买商品的品种、审美情趣、购买习惯方面有所不同。职业不同、受教育程度不同，也导致人们需求和兴趣的差异。

（3）经济状况　经济状况直接影响消费者的消费水平，并决定个人的购买能力和消费模式。

（4）生活方式　生活方式是人们生活、花费时间和金钱的方式的统称，它反映了人们的个人活动、兴趣和态度。生活方式不同的人，日常活动内容、兴趣和见解也大相径庭。

📖 **例3-6　"80后"的生活方式**

某知名调查公司经过社会调查后，总结出我国"80后"群体的特征：喜欢玩手机、刷微信；喜欢明星，但很少追星；遇到问题更喜欢查百度；可以没有电视，但不能没有计算机。

（5）个性和自我形象　个性是个人的性格特征，根据个性不同，可将购买者分为不同类型，即习惯型、理智型、冲动型、经济型、感情型和不定型。自我形象，即人们怎样看待自己。人们希望保持或增强自我形象，而购买有助于改善或加强自我形象的商品和服务就是一条途径。

4. 心理因素

消费者行为还受到消费者心理因素的影响，这些因素包括动机、认知、学习和态度等心理过程。

（1）动机　根据马斯洛需求层次理论，人的需求由低到高可分为5个层次，即生理需求、安全需求、社交需求、尊重需求和自我实现需求。消费者需求的满足也是由低到高的，待低层次的需求得到满足后，才会设法满足高层次的需求。这一理论可以帮助企业营销人员了解各种商品和服务怎样才能适合潜在消费者的生活水平、目标和计划。

（2）认知　消费者对外界的认识从感觉开始，通过眼、鼻、耳、舌等感觉器官，对事物的外形、色彩、气味、粗糙程度等个别属性做出反应。人在感觉的基础上，形成知觉。知觉是人脑对刺激物各种属性和各个部分的整体反应，它是对感觉信息加工和解释的过程。在市场活动中，消费者通过感觉和知觉认识企业、认识商品，不同消费者具有不同的感觉和知觉，因而形成了对商品的不同认知。

◀ **课堂思辨**

正是注意到消费者的感觉与知觉，企业才有体验营销。请举例说明。

（3）学习　人类的有些行为（包括消费行为）是通过学习、实践得来的。消费者在市场上购买某产品后非常满意，于是就会增强对该品牌的信任，往往会重复购买，这就是一个学习的过程。

（4）态度　态度是人们长期保持的对于某种事物和观念的评价和反应。例如，消费者对名牌产品争相选购，而对不熟悉的新产品则犹豫观望、疑虑重重，很难做出决策。消费者的态度一旦形成很难改变，企业应适应消费者的态度，而不要勉强去改变消费者的态度，因为改变产品设计和推销方法要比改变消费者的态度容易得多。

课堂测评

测评要素	表现要求	已达要求	未达要求
知识点	能掌握消费者市场的含义		
技能点	能初步认识消费者市场的影响因素		
任务内容整体认识的程度	能概述整体消费者市场的特征		
与职业实践相联系的程度	能描述日常生活中的消费者市场活动		
其他	能描述消费者市场与其他课程、职业活动等的联系		

3.2　组织市场认知

组织市场是指什么？对营销人员来说，认识组织市场意味着什么？

企业在把大量的产品和服务出售给个人消费者的同时，也会把大量的原材料、机器设备、办公用品，以及相应的服务提供给其他企业、社会团体、政府机关等组织。这些组织用户构成了整个市场体系中一个庞大的市场，这就是组织市场。

3.2.1　组织市场概述

1. 组织市场的概念

组织市场（Organizational Market）是由各类工商企业为从事生产销售等业务活动，以及政府部门和非营利组织为履行职责而购买产品或服务所构成的市场。简言之，就是各类组织机构形成的对企业产品和服务需求的总和。从卖方的角度来看，消费者市场是个人市场，组织市场则是法人市场。组织市场既是企业所面临的市场的重要组成部分，又是企业的重要营销对象。

2. 组织市场的特点

组织市场同消费者市场有着本质的区别，它与消费者市场购买行为相比存在以下几个特点：

1）组织市场的需求是一种派生需求。组织机构购买产品是为了满足消费者的需要，也就是说，组织机构对产品的需求，归根结底是从消费者对消费品的需求中派生出来的。例如，皮鞋制造商之所以购买皮革，是因为消费者要到鞋店去买鞋。

2）购买者少，但规模庞大，过程复杂，多为专家购买。与消费者市场相比，组织市场的购买者主要是企业、团体，其数量自然要比消费者市场主体——个人或家庭的数量少得多。但组织市场的购买金额较大，购买批量大，一张订单的金额就可能上亿元。如果产品技术性能较为复杂，必须有专业人员出面，即专家购买。这样，组织购买行为过程将会持续较长一段时间，几个月甚至几年都是可能的。

3）购买者的地理位置相对集中。经济发展到一定阶段之后，某些产业会在地域分布上趋于集中，即便是那些规模分散的产业，也比消费者市场在地域分布上更为集中，如深圳聚集了大量高新技术企业。

4）供需双方关系密切。由于购买人数较少，供应商对大客户的依赖比较强，在产业市场上的客户与销售者关系非常密切。供应商要按客户的要求提供产品，因而那些在技术规格和交货要求方面与购买者密切合作的供应商更容易达成交易。组织购买者经常选择那些也从他们那儿购物的供应商，从而达到互惠和增进合作的目的。

5）需求波动大，缺乏弹性。在组织市场上，人们对产业用品和服务的需求要比对消费品及服务的需求更易产生波动，对新工厂和新设备的需求更是如此。消费品需求增加一定的比例，为满足这一额外需求，工厂和设备的需求将上升很大的比例。经济学家把这种现象称为加速原理。在需求出现波动时，企业不能对生产方式立即做出反应。所以，需求在短期内缺乏弹性，许多产业用品和服务的总需求受价格变化的影响较小。

6）直接采购。组织购买者常直接从生产厂商那里购买产品，而非经过中间商环节，尤其是那些技术复杂和贵重的产品更是如此（如大型计算机或飞机）。

3.2.2　组织市场分类

组织市场包括 3 类，即产业市场、转卖者市场和非营利组织市场。

1. 产业市场

产业市场又叫生产者市场或企业市场，是指一切购买产品和服务并将之用于生产其他产品或劳务，以供销售、出租或供应给他人的个人和组织所组成的市场。产业市场主要由以下产业构成：农业、林业、渔业、牧业、采矿业、制造业、建筑业、运输业、通信业、公用事业、银行金融保险业、服务业等。

（1）产业市场的影响因素　产业市场同样也有许多影响因素，见表 3-2。

表 3-2　产业市场的影响因素

因素名称	作用原理
环境因素	在经济不景气时，生产者会压缩投资，营销人员只能在增加或维护生产者需求方面努力，力争将问题变成机遇
组织因素	生产者所在组织内部的规定、政策会给营销人员的活动带来困扰
人际因素	生产者的采购人员职权、地位会给营销人员造成困难
个人因素	生产者的采购决策者的个性、偏好会影响营销人员的活动效果

（2）产业市场购买决策的参与者　除了专职的企业采购人员，还有一些其他人员也参与购买过程，可分为以下 5 种角色：①使用者，是指公司中具体使用欲购买的某种产业用品的人员，往往是购买产业用品的最初提出者。②影响者，是指企业内部和外部直接或间接影响购买决策的人员。③决策者，是指企业里有权决定购买产品或服务的人员。④采购者，是指被赋予权力按照采购方案选择供应商并商谈采购条款的人员。⑤信息控制者，是指采购单位有权阻止推销员或信息与采购部门成员接触的人。

2. 转卖者市场

转卖者市场也称中间商市场，是指通过购买产品或服务用于转售或租赁给个人或组织的单位或个人所组成的市场，如批发商市场和零售商市场。要了解批发商市场和零售商市场，就要了解批发商和零售商。

（1）批发商　批发商是指为了转卖而进行大宗商品买卖的组织购买者。它们向生产企业购买商品（有的批发商也向其他批发商进货），再把这些商品转售给零售商、生产者或其他批发商。批发商分为两大类：取得商品所有权的被称为经销批发商或批发商，未取得商品所有权的被称为代理批发商或代理商。在市场产品流转过程中，批发商具有下列一些功能：购买、销售、分配、运输、储存、资金调配、风险负担，以及提供宣传、广告、定价、业务指导和商情咨询等服务。

（2）零售商　零售商是指通过批量购进、零星售出，向最终消费者（包括个人消费者和组织消费者）提供商品以获取零售商业利润的个人或组织。零售商具有下列功能：充分满足消费者的需求、拆整卖零方便消费者小量购买、承担一定的售后风险、运输商品、为消费者代言等。

重要信息 3-1　转卖者市场的特点

1）转卖者市场的购买是为了再出售。转卖者市场的购买是一种派生需求，受最终消费者购买的影响。由于离最终消费者更近，对派生需求的反应较直接。

2）转卖者不对产品进行再加工。在转卖市场上，中间商主要是买进卖出产品，基本上不对其再加工，购进价的变化往往直接影响最终消费者的购买量，而不同的进货渠道形成了不同的价格。转卖者只赚取销售利润，单位产品增值率低，因此必须大量购进和大量出售。由于财力有限且不专销一家企业的产品，往往需要生产厂商协助做产品广告，扩大影响。

3）时间性强，对时间要求苛刻。由于中间商本身是"转手买卖"，决定了他们对选购时间要求苛刻，这是因为产品在消费者市场具有很强的时间性和时尚性，因此中间商购买、出售商品必须赶在时尚的前沿，否则就会造成大量产品积压。

4）供货方需提供服务。转卖者不擅长技术，在销售产品的过程中，会遇到许多与产品有关的问题，所以需要供货方提供客户服务、技术服务和返修商品服务。

3. 非营利组织市场

非营利组织市场是指国家机关、事业单位和团体组织，使用财政性资金采购依法制定的集中采购目录以内的，或者采购限额标准以上的货物、工程和服务的行为所形成的市场。

（1）非营利组织市场表现　①采购经费受到预算限制。非营利组织市场采购活动的经费来源主要是政府财政拨款或社会捐助，经费预算与支持受到严格控制。②价廉物美是采购决策的重要因素。因为经费受到限制，绝大多数采购人员倾向于选择报价更低的供应商。③采购程序规范、复杂。由于其非营利性和资金来源的特殊性，采购过程的公开性和公平性就显得非常重要。一般会规定规范的采购程序，严格按照规定的条件购买。因而，采购程序更加复杂。

课堂思辨

你所在的学校，许多物资的购买就受到很多限制，如（　　　　）。

（2）非营利组织市场中的政府采购　在许多国家，政府是商品和服务的主要购买者。政府采购是组织市场中比较特殊的市场，也是十分重要的市场。中国政府采购网发布的数据显示，2021 年全国政府采购规模 36 399 亿元，同比下降 1.6%。

我国政府采购因总量大、涉及范围广、涉足行业多而备受关注。我国政府采购的采购方式通常分为两种，即公开招标和协议合同。

课堂测评

测评要素	表现要求	已达要求	未达要求
知识点	能掌握组织市场的含义		
技能点	能初步认识组织市场的影响因素		
任务内容整体认识的程度	能概述整体组织市场的特征		
与职业实践相联系的程度	能描述日常生活中的组织市场活动		
其他	能描述组织市场与其他课程、职业活动等的联系		

3.3　市场购买行为认知与分析

市场购买行为主要是指消费者市场购买行为与组织市场购买行为。对市场营销人员来说，市场购买行为认识与分析工作主要包括什么？

3.3.1　消费者市场购买行为认知与分析

1. 购买决策的参与者

购买决策的参与者是指参与和影响购买决策的有关人员构成的群体。在某些产品的购买决策过程中，参与者扮演着以下 5 类角色：

（1）发起者　发起者是首先提议购买某种产品或服务的人。

（2）影响者　影响者是其观点或建议对决策有影响的人。

（3）决定者　决定者是最后决定整个购买意向的人。

（4）购买者　购买者是实际执行购买决策的人。

（5）使用者　使用者是实际消费产品或服务的人。

只有了解每一参与者在购买决策中扮演的角色，并针对其角色地位与特性，采取有效的营销策略，才能较好地实现营销目标。

例 3-7　购买决策的参与者

一个家庭要购买一台计算机，发起者可能是孩子；影响者可能是爷爷，表示赞成；决定者可能是母亲，她认为孩子确实需要；购买者可能是父亲，他到商店去选购、付款；使用者主要是孩子。

2. 消费者市场购买行为的类型

消费者所处的环境各不相同，自身情况千差万别。在市场上，消费者的心理及行为是否有一个基本模式呢？

心理学研究认为，人的行为是大脑对刺激物的反应。在这个过程中，人的心理活动支配着人的行为。显然，消费行为也会受到心理的影响，形成不同的模式。

一般来说，根据消费者在购买过程中对产品的熟悉程度，以及购买决策风险高低，将消费者市场购买行为分为以下 4 类，如图 3-3 所示。

对产品的熟悉程度 →

购买决策风险 ↑

类型	低	高
高	复杂性购买行为	选择性购买行为
低	简单性购买行为	习惯性购买行为

图 3-3　消费者市场购买行为的类型

（1）复杂性购买行为　当消费者要选购价格昂贵、不常买的、风险较大而又非常有意义的商品时，就会投入全部身心，进行购买。具体表现是消费者对这类产品的性能不了解，需要一个学习的过程。

为慎重起见，首先要广泛收集有关信息，并经过认真学习，产生对这一产品的信任，形成对品牌的忠诚，最后才会做出购买决策。

对于这种购买行为，营销人员应利用一切渠道帮助消费者了解与该产品有关的知识，并让其知道企业产品在比较重要的性能方面的特征及优势，使其树立对企业产品的信任感。

（2）选择性购买行为　消费者选购的产品品牌区别不大、不常购买，在购买时，就会有一定的风险性。对于这类产品，消费者一般先会去几家商店观察，进行比较。由于品牌之间差别较小，消费者的注意力更多地集中在品牌价格是否优惠、购买时间和地点是否便利等问题上，因而能够很迅速地做出购买决定。

> **课堂思辨**
>
> 回顾家人购买稍贵一点的商品时的表现，一般有（　　　　）。

在购买之后，消费者也许会产生不满意感，即消费者购买某一产品后，或对产品自身的某些方面不满意，或得到了其他产品更好的信息，从而产生不该购买这一产品的后悔心理。为了化解这种心理，消费者会了解更多信息，以证明自己购买决定的正确性，寻找理由说服自己，以求得心理平衡。

对于这种购买行为，营销人员应利用多种方式向消费者提供有利的信息，帮助消费者消除不平衡心理，坚定其对所购产品的信心。

（3）简单性购买行为　当消费者购买的商品品牌之间有明显差别，但可供选择的品牌很多时，他们不会花太多的时间选择品牌，也不专注于某一产品，而是经常变换品种。例如，购买点心之类的商品，消费者可能更多考虑的是换换口味。这样做不代表对商品不满意，而是为了追求多样化的消费。

> **课堂思辨**
>
> 你习惯购买的日用品品牌有（　　　　）。

对于这种购买行为，营销人员应该充分运用营业推广，以充足的货源占据货架的有利位置，并通过提醒广告促进消费者建立习惯性购买行为，鼓励消费者进行多品种选择和新产品试用。

（4）习惯性购买行为　当消费者购买价格低廉、经常需要的商品时，购买行为是最简单的。这类商品品牌差异更小，消费者对此也非常熟悉。有时购买某一商品，并不是因为特别偏爱某一品牌，而是出于习惯。例如，食用盐是一种价格低、品牌差异不大的商品，消费者购买时大多不会关心品牌，而是靠多次购买和多次使用形成的习惯去选择某一品牌。

对于这种购买行为，营销人员要特别注意给消费者留下深刻印象，企业的广告要强调产品的主要特点，要以鲜明的视觉标志、巧妙的形象构思赢得消费者对产品的青睐。为此，企业的广告要加强重复性、反复性，以加深消费者对产品的熟悉程度。

重要信息 3-2　消费者心理需求

一般来说，消费者往往具有以下一些心理需求。

（1）方便　在一些社区便利店，消费者往往出于省时、便利的购买心理来购买商品。在这种心理支配下，消费者对时间、效率特别重视，对商品本身则不甚挑剔。他们特别关心能否快速方便地买到商品，不愿过长时间地等候。

（2）价廉　有的消费者有以追求商品或服务的价格低为主的购买心理，他们对商品的质量、花色、款式、包装、品牌等不是十分挑剔，而对降价、折扣等促销活动有较大的兴趣。

（3）标新立异　有的消费者追求商品、服务的时尚、新颖、奇特，在选择产品时特别注重商品的款式、色泽、流行性、独特性与新颖性，相对而言，产品的耐用性、价格等则成为次要的考虑因素。一般而言，在收入水平较高的人群及年轻人中，求新的购买心理比较常见。

（4）美观　有的消费者有以追求商品欣赏价值和艺术价值为主的购买心理，在选购商品时特别重视商品的颜色、造型、外观、包装等，讲究商品的造型美、装潢美和艺术美。求美心理的核心是讲究赏心悦目，注重商品的美化作用和美化效果。在受教育程度较高的群体及从事文化、教育等工作的人群中，求美的购买心理比较常见。

（5）追求名牌　有的消费者常常追求名牌、高档商品，以显示或提高自己的身份、地位。当然，追求名牌商品还隐含着出于对名牌的信任、减少购买风险、简化决策程序和节省购买时间等多方面的考虑因素。

（6）模仿　有的消费者购买行为易受他人的影响，在购买商品时不自觉地模仿他人的购买行为。一般而言，普通消费者的模仿对象多是社会名流或其崇拜、仰慕的偶像。于是，企业经常聘请一些歌星、影星、体育明星代言产品，目的之一就是激发消费者的模仿心理，促进产品销售。

3. 消费者市场购买行为的决策过程

消费者市场购买行为是一个解决需求问题的过程，一般要经过一个决策过程，包括认识需求、搜集信息、选择评价、决定购买和购后感受，如图 3-4 所示。营销人员应该了解这一过程中每一个阶段消费者的所思所想，分析哪些因素在起影响作用。这样就可以制订针对目标市场的行之有效的营销计划。

图 3-4　消费者市场购买行为的决策过程

（1）认识需求　所谓认识需求，就是消费者发现目前现实情况与自己的预期有一定的差距，产生了相应的解决问题的需求。消费者有需求，才可能产生购买行为。需求可能由内部刺激引起，也可能由外部刺激引起。所以，营销人员应该注意识别引起消费者某种需求或兴趣的内部环境和外部环境，及时发现他们的问题和需要。

（2）搜集信息　消费者在做出购买决策之前，一般会搜集一些信息，如产品或服务的内容、价格、市场情况、购买时机、购买方式、购买地点等。消费者购买决策信息通常有以下 4 个方面的来源，见表 3-3。

表 3-3 消费者购买决策信息的来源

来源	信息
经历	从产品或服务的操作、使用或体验中得到的经验、教训或阅历。这类信息比较直接、真实、可靠，是消费者做出购买决策的直接支撑点
个人	从家庭成员、亲朋好友、其他熟人等途径得到的信息。这类信息影响较大，由于来自第三方，因此具有评价作用
商业信息	从公司广告、宣传、中间商、销售人员、展示会、商品陈列等途径得到的信息。这类信息比较广泛，信息量充足，一般起到通知、提醒、强化品牌印象等作用
大众	从大众传播媒介如电视、电台、报纸、杂志、网络新媒体等途径得到的信息。这类信息大多具有引导及树立品牌形象等作用

以手机商品信息搜集为例，消费者搜集信息的过程，如图 3-5 所示。

图 3-5 消费者搜集手机商品信息的过程

消费者最终的购买行为一般需要相关信息的支持。认识到需要的消费者，如果目标清晰、动机强烈，购买对象符合要求，购买条件允许，又能买到，那么一般会立即采取购买行动。

（3）选择评价 通过搜集信息，消费者熟悉了市场上的竞争品牌，接下来将利用这些信息来评价确定最后可选择的品牌。

例如，某一想要购买笔记本电脑的消费者通过搜集信息，熟悉了市场上一部分笔记本电脑品牌，而在熟悉的品牌中，又只有个别品牌符合该消费者最初的购买标准，在有目的地搜集了这些品牌的大量信息后，只有其中的个别品牌被作为该消费者重点选择的对象。

选择评价这个环节是消费者购买决策过程的重要环节，作为营销人员要非常清楚潜在的消费者对产品或服务会从哪些方面来进行选择评价。

（4）决定购买 通过选择评价，消费者会在选定的各种品牌之间形成一种偏好，也可能形成某种购买意图而偏向购买他们喜爱的品牌。但是，在购买意图与购买决策之间，有两种因素还会产生影响作用：一是其他人的态度，二是意外情况。前者是指他人对消费者购买行为的影响程度。一般来说，他人的态度越强烈、与消费者的关系越密切，其影响就越大。后者是指一些意外情况，如消费者预期收入突然大起大落，预期价格、利益出现较大变化等，都会使他改变或放弃原有的购买意图。

决定购买是消费者购买决策过程中最重要、最关键的环节。作为优秀的营销人员，要非常重视消费者的决定购买这一环节。实际上，在消费者付款之前放弃交易的例子不胜枚举。究其原因大多追溯到销售人员在消费者实施购买环节中的一些细节问题，如销售人员态度的细微转变、辅助的积极性等。

营销案例 3-2 某品牌汽车购买决策

一位同学家里准备购买一辆汽车，尝试做了购买决策。

分析：每一个购买决策都包括相关内容与构成要素，如购买动机、购买对象、数量、地点、实践与方式等。

决策：根据相关内容，列出购买决策过程，见表 3-4。

表 3-4 购买决策过程

购买原因	原车廉价、已经老旧，新车主要代步、偶尔自驾游
购买什么	品牌、配置、类型、款式、颜色、安全性、价格
购买方式	亲自购买、托人购买、贷款、全款
购买地点	本地 4S 店、外地 4S 店、本地二级专营店
购买时间	周末、节假日
购买频率	不定时，需要时购买

【评析】家庭购买汽车这样的大宗消费品具有一定的代表性，我们从中可以看出，对特定的消费者来说，完成一次购买，特别是复杂性购买，需要考虑多个方面的内容。

（5）购后感受 消费者购买商品之后的感受关系到消费者的再购买行为。此时，营销人员的工作并没有结束。消费者购买商品后，通过自己的使用和他人的评价，会对自己购买的商品产生某种程度的满意或不满意评价，如电商平台设置的用户评价系统。如果对产品满意，则在下一次购买时可能继续购买该产品，并向其他人宣传该产品的优点。当他们感到非常不满意时，肯定不会再买这种产品，更有可能退货，劝阻他人也不要购买这种产品，甚至向消费者协会投诉、请媒体曝光，直至诉诸法律。

营销人员应采取有效措施尽量降低消费者购买后不满意的程度，并通过加强售后服务、与消费者保持联系、提供使他们从积极方面认识产品的特性等方式，提升消费者的满意度。

研究和了解消费者的需求及其购买决策过程，是市场营销成功的基础。营销人员通过了解这一过程，就可以获得许多有助于满足消费者需求的有用线索；通过了解购买过程的各种参与者及其对购买行为的影响，就可以为其目标市场设计有效的市场营销计划。

重要信息 3-3 消费者购买决策的特点

（1）购买决策的目的性 消费者进行决策，就是要促进一个或若干个消费目标的实现，这本身就带有目的性。

（2）购买决策的过程性 消费者购买决策是指消费者受到内部、外部因素的刺激，产生需求，形成购买动机，做决策和实施购买方案，购后经验又会反馈回去影响下一次消费者购买决策，从而形成一个完整的循环过程。

（3）购买决策主体的需求个性 由于购买商品的行为是消费者主观需求、意愿的外在体现，因此受许多客观因素的影响。除集体消费之外，个体消费者的购买决策一般都是由消费者个人单独进行的。随着消费者支付水平的提高，购买行为中独立决策的趋势将越来越明显。

（4）购买决策的复杂性 消费者在做决策时不仅要开展感觉、知觉、注意、记忆等一系列心理活动，还必须进行分析、推理、判断等一系列思维活动，并且要计算费用支出与可能带来的各种利益。

（5）购买决策的情境性 消费者的具体决策方式因所处情境不同而不同。由于消费者的收入水平、购买传统、消费心理、家庭环境等影响因素存在着差异性，因此不同的消费者对于同一种商品的购买决策也可能存在着差异。

3.3.2　组织市场购买行为认知与分析

1. 组织市场购买行为的类型

和个人消费者一样，组织购买者在进行一项采购时面临着一系列决策。这些决策的数量取决于购买情况的类型，购买情况分为3类。

（1）直接再采购　直接再采购是指采购部门根据惯例再订购产品的购买情况。购买者根据以往购买的满意程度从以往的供应商中选择。被选中的供应商将尽力保持产品质量和服务质量。未被选中的供应商会试图提供新产品或开展某种令人满意的服务，以便使购买者考虑从他们那里购买产品。这些供应商会首先设法以少量订单入门，然后再逐步扩大购买者的"采购份额"。

（2）修正再采购　修正再采购是指购买者希望在产品规格、价格、其他条件等方面加以调整再购买的情况。修正再采购通常扩大了决策参与者的人数，对原来选中的供应商压力很大，它必须尽全力保住客户。原来未被选中的供应商则把修正再采购看成是一次较好的机会，以得到一些新客户。

（3）全新采购　全新采购是指组织购买者首次购买某种产品或服务。由于是第一次采购，对所购产品不是十分了解，成本和风险增大，需要投入较多的人力和时间收集相关信息。因此，此类购买的决策过程会更复杂，决策时间会更长。全新采购对营销人员来说是一次全新的挑战，同时也是最好的营销机会。

2. 组织市场购买行为的影响因素

组织用户在做出购买决策时会受到许多因素的影响，归结起来主要有环境因素、组织因素、人际因素和个人因素，如图3-6所示。

环境因素	组织因素	人际因素	个人因素
经济前景 资金成本 需求水平 技术进步 政治法律 竞争态势	采购目标 采购政策 采购程序 组织结构 规章制度	身份 地位 职权 态度 说服力	年龄、收入 受教育程度、 个性、对风 险的态度

图 3-6　影响组织用户市场购买行为的因素

（1）环境因素　经济前景对组织的发展影响较大，从而必然影响组织用户的采购计划。例如，当经济前景欠佳、风险较大时，组织用户必然要减缩投资，减少采购量。这时供应者只有降价到一定程度，才有足够的刺激力度，使客户愿意购买并承担一定的风险。原材料的供给是否紧张，也是影响组织用户采购的重要环境因素之一。一般企业都愿购买并储存较多紧缺物资，因为保证供应不中断是采购部门的主要职责。此外，技术进步、政治法律、竞争态势等环境因素的变化也都会影响组织用户的采购，营销者应密切注意，设法将环境威胁转化成营销机会。

（2）组织因素　组织因素是指用户的采购目标、采购政策、采购程序、组织结构和规章制度等。例如，有的地方规定只许采购本地区的原材料；有的地方规定只许买本国货，不许买进口货，或者相反；有的购买金额超过一定限度就需要上级主管部门审批等。

（3）人际因素　组织用户的采购决策往往受到非正式组织的各种人际关系的影响，采购中心的各个成员在身份、地位、职权、态度、说服力等方面各有特点，供应者如果能够掌握这些特点并施加影响，将有助于获得订单。

（4）个人因素　组织购买者的行为是组织行为，但最终还是要由若干人做出决策并付诸实施。参与采购决策的成员难免受个人因素的影响，而这种影响又因个人年龄、收入、受教育程度、个性和对风险的态度而有所不同。因此，供应者应了解客户采购决策人员的个人特点，并处理好个人之间的关系。这将有利于营销业务的开展。

3. 组织市场购买行为的决策过程

参照消费者市场购买行为的决策过程，可以将组织市场购买行为的决策过程划分为5个阶段，如图3-7所示。在直接再采购与修正再采购时，可能会越过某些阶段，而在全新采购时则会经历比较完整的阶段。组织市场购买行为的决策过程，要比消费者市场购买行为的决策过程复杂得多。企业营销人员应该针对各阶段的具体情况开展营销活动。

图 3-7　组织市场购买行为的决策过程

（1）确认需求　组织用户需求的产生，可由内在刺激和外在刺激引起。例如，为了提高管理效率，降低生产成本，企业认识到需要购买计算机及相关软件，这就是内在刺激。企业还可能会受到广告、商品展销会或推销员的影响，这就是外在刺激。

在确认需求品种及其规格、数量的问题上，标准化产品较容易确认，非标准化产品则要由采购员、工程师、使用者乃至高层管理人员共同协商确认。

（2）搜集信息　同类产品的供应商很多，企业的采购人员通常要按照具体的采购要求寻找最佳的供应商。搜集到的供应商信息很多，按其重要性大致可以做这样的排列：内部信息，如采购档案、部门信息和采购指南、推销员的电话访问和亲自访问；外部信息，如卖方的产品质量调查、其他公司的采购信息、新闻报道、广告、产品目录、电话簿、商品展览等。

（3）评估供应商　评估供应商的内容包括供应商的信誉、品牌形象，高层领导的素质，产品的质量、性能、技术、价格，服务态度，交货能力等。组织用户通常会同时选择两家或更多的供应商，保持几条供应渠道。这样做的好处是既保证有充足的货源，又会使几家供应商互相竞争，使自己处于有利的地位。作为供应商，要及时了解竞争对手的动向，采取适当的应对措施。

（4）签订合同　选择好供应商后，组织用户根据所购产品的技术说明书、需要量、交货时间与地点、退货条件、担保书、售后服务等内容与供应商签订合同。双方一般都愿意建立长期合作的稳定伙伴关系，互惠互利。

（5）购后评估　购买以后，组织用户也会像个人消费者一样，评估产品和供应商是否达到了自己预想的要求，如调查使用者对产品及安装、送货、维修等服务的满意度。评估的结果可能导致继续购买、修正购买或中止供货关系。

课堂测评			
测评要素	表现要求	已达要求	未达要求
知识点	能掌握市场购买行为的含义		
技能点	能初步认识市场购买行为的影响因素		
任务内容整体认识的程度	能概述消费者市场购买行为和组织市场购买行为，并提出对策		
与职业实践相联系的程度	能描述日常生活中的市场购买决策活动		
其他	能描述市场购买行为与其他课程、职业活动等的联系		

小结

任务 3 小结如图 3-8 所示。

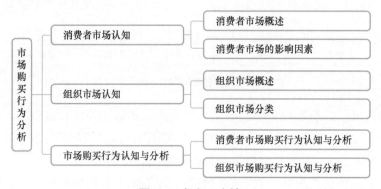

图 3-8　任务 3 小结

教学做一体化训练

一、重要名词

消费者市场　　组织市场

二、课后自测

（一）单项选择题

1．体育明星和电影明星是其崇拜者的（　　）。

　　A．成员群体　　　　　B．直接参照群体　　　C．厌恶群体　　　　D．向往型群体

2．影响消费者购买行为的主要因素不包括（　　）。

　　A．文化因素　　　　　B．社会因素　　　　　C．自然因素　　　　D．个人因素

3．小王看到同事小张买了一款手机，觉得很好，于是准备星期天也去选购一款。这时，小王处于购买决策的（　　）阶段。

　　A．认识需要　　　　　B．搜集信息　　　　　C．决定购买　　　　D．选择评价

4．组织市场的购买人员一般是（　　　）。

    A．专业人员　　　　　　　　　　　　B．非专业人员

    C．没有特殊要求　　　　　　　　　　D．只对董事会负责

5．消费者购买决策过程中最为关键的环节是（　　　）。

    A．认识需求　　　　B．搜集信息　　　　C．选择评价　　　　D．决定购买

    E．购后感受

（二）**多项选择题**

1．消费者市场的主要特点有（　　　）。

    A．多样性　　　　　B．低层次性　　　　C．可替代性　　　　D．可引导性

    E．固定性

2．我国亚文化群主要有（　　　）。

    A．语言亚文化群　　　　　　　　　　B．宗教亚文化群

    C．民族亚文化群　　　　　　　　　　D．种族亚文化群

    E．地理区域亚文化群

3．在消费者市场影响因素中，社会因素的相关群体有 3 个基本层次，即（　　　）。

    A．接触型相关群体　　　　　　　　　B．成员资格型相关群体

    C．向往型群体　　　　　　　　　　　D．社会群体

4．组织市场可以分为（　　　）。

    A．产业市场　　　　　　　　　　　　B．转卖者市场

    C．非营利组织市场　　　　　　　　　D．公共市场

5．政府采购方式有（　　　）。

    A．公开招标　　　　B．协议合同　　　　C．直接购买　　　　D．日常性采购

    E．专家购买

6．消费者市场购买行为的类型包括（　　　）。

    A．复杂性购买行为　　　　　　　　　B．选择性购买行为

    C．简单性购买行为　　　　　　　　　D．习惯性购买行为

7．组织市场购买行为分为 3 类，即（　　　）。

    A．直接再采购　　　　B．修正再采购　　　　C．全新采购　　　　D．政府采购

（三）**判断题**

1．就卖主而言，消费者市场是法人市场。　　　　　　　　　　　　　　　（　　　）

2．家人、亲属、朋友和伙伴等是最典型的、主要的非正式群体。　　　　　（　　　）

3．一般而言，人类的需求由低层次向高层次发展。　　　　　　　　　　　（　　　）

4．消费者复杂性购买行为是指消费者购买时介入程度低且没法弄清品牌之间差异的购买行为。　　　　　　　　　　　　　　　　　　　　　　　　　　　　　　　　（　　　）

5．在价格不变的条件下，一个产品有更多的性能会吸引更多的顾客购买。　（　　　）

6．顾客的购买动机是多种多样的。　　　　　　　　　　　　　　　　　　（　　　）

7. 一定时期内，人们有许多种需求，只有其中一种比较迫切的需求才能发展成为动机。

（　　）

8. 消费者市场购买行为的决策过程主要包括认识需求、信息搜集、判断选择、购买决策和购后评价，任何消费者都不能省去其中的某些阶段或者颠倒它们的顺序。　（　　）

9. 组织市场的需求是派生需求。（　　）

（四）简答题

1. 简述消费者市场的特点。

2. 消费者市场的主要影响因素有哪些？

3. 消费者心理需求有哪些？

4. 消费者市场购买行为的决策过程需要经过哪些阶段？

5. 消费者如何评价对其购买活动的满意度？

三、案例分析

京东数据统计，2022 年京东"6.18"期间，广东消费者凭借强大的消费能力稳居国内购买力榜首，同时上行金额也实力惊艳全国。

"6.18"期间，包括深圳、中山、东莞在内的多地联合京东小时购、京东到家发放同城消费券，带动超 5 000 家线下商家门店参与。自 2022 年 5 月 1 日起，深圳市商务局、深圳市工业和信息化局已通过京东启动"乐购深圳"促消费活动，通过京东智能城市消费促进平台，分批向深圳市民发放总价值 4 亿元的消费券。其中，第三批消费券于 2022 年 5 月 28 日至 6 月 20 日发放。在此期间，消费者在京东平台领券后下单，不仅可以享受到消费券的优惠，还有机会享受到京东"6.18"跨店每满 299 元减 50 元等叠加优惠。"6.18"期间，广东省各地购买力表现强劲，消购比排名前 3 位的城市为：茂名市、潮州市和韶关市；成交额同比增长最快城市为中山市。从成交额来看，广东省成交额排名前 5 位的城市分别为：深圳市、广州市、东莞市、佛山市和惠州市。购买力总量最强的地区为：博罗县、长安镇、虎门镇、普宁市和寮步镇。在消费特色维度中，广东省高质量农产品上行前 5 位的城市分别为：茂名市、潮州市、韶关市、清远市和云浮市。独具特色的广东省农产品，成功博得众多国民的喜爱。在用户特征上，广东省新用户趋于年轻化，工人同比增长最快，男性用户占比比均值高 4%，35 岁以下年轻用户占比 58%，而高中及以下学历人群渗透率提升 0.9%。更多年轻新用户在影响着广东省的消费市场。京东"6.18"期间，广东 Z 世代人群在购物中更偏好摩托车、电动车、母婴、酒类。与此同时，该地三方商铺数量增长达到了三成左右。在众多本地品牌中，广东省本地知名品牌、老字号成交金额同比增长前 5 位分别为：美的、华为、格力、维达和华帝。增速前 5 位则分别为：广汽、白云山、维达、华帝和格力。众多知名老字号品牌，成为许多国民消费者的心头好。从商品来看，广东热销商品成交额前 5 位分别为：紫金黄金、格力大 1 匹空调、博滴洗发水、赫莲娜明星套装礼盒和翠绿黄金。与此同时，热销商品销量前 5 位分别为：思高百洁布、诺华缬沙坦胶囊、尚岛宜家垃圾袋、苏菲超长夜用卫生巾和苏菲棉感超长夜用卫生巾。"6.18"期间，该地用户消费金额较多的品类是家电数码、计算机、手机、食品饮料等，同时根据其与全国平均消费结构的对比可见，该地消费者更偏好的品类是珠宝首饰、手机通信、宠物生活、酒类和母婴。在消费升级浪潮下，社会消费出现个性化、多元化的特征。用户的消费需求并不只停留在产品的购买与使用环节，而是贯穿了售前、售中、售后的全链路、全生命周期的消费体验，更加关注相关服务并乐意为保障性、提升性服务付费。数据显示，该地用户偏向购买汽车服务、手机服务、家电服务、安装/调试服务、游戏/视频服务等。

【问题】

（1）广东省在 2022 年京东"6.18"期间购买力排名第一的原因有哪些？

（2）试运用消费者决策影响因素解释案例中出现的这些现象。

同步实训

实训 3-1：消费者市场认知

实训目的：认识消费者市场的特点及影响因素，理解其实际意义。

实训安排：

1. 学生分组，讨论总结一种全组相对熟悉的日用消费品。

2. 尝试分析这一消费品购买过程的影响因素，并分析购买结果满足了自己的哪些心理需求。

3. 选择部分学生做 PPT 进行展示，并组织讨论与分析。

实训总结：学生小组交流不同的分析结果，教师根据分析（文案）报告、PPT 演示、讨论分享中的表现，分别给每组进行评价打分。

实训 3-2：组织市场认知

实训目的：认识组织市场的特点及影响因素，理解其实际意义。

实训安排：

1. 学生分组，讨论总结产业市场购买行为的特点，尝试与消费者市场做比较，写出比较内容。

2. 如果条件允许，可以组织访问合作企业的设备、物资的采购情况。

3. 选择部分学生做 PPT 进行展示，并组织讨论与分析。

实训总结：学生小组交流不同分析结果，教师根据分析（文案）报告、PPT 演示、讨论分享中的表现，分别给每组进行评价打分。

实训 3-3：消费者市场购买行为决策过程认知

实训目的：认识消费者市场购买行为模式与决策过程，理解其实际意义。

实训安排：

1. 学生分组，讨论总结一种全组相对熟悉的商品购买决策过程。

2. 尝试分析这一消费者购买决策过程的模式，并分析购买信息来源与搜集情况。

3. 选择部分学生做 PPT 进行展示，并组织讨论与分析。

实训总结：学生小组交流不同的分析结果，教师根据分析（文案）报告、PPT 演示、讨论分享中的表现，分别给每组进行评价打分。

素养提升园地

中国汽车行业协会发布的数据显示，2021年，国内汽车销量2 627.5万辆，同比增长3.8%，结束了自2018年以来连续三年的下滑态势。数据显示，2021年，豪华品牌乘用车销售347.2万辆，同比增长20.7%，高于乘用车增速14.2个百分点，占乘用车销售总量的16.2%，刷新历史销量新高。

或许是良好的市场表现给豪华品牌发展注入了信心，2021年多家豪华品牌率先披露了销量成绩。特别值得一提的是，作为自主品牌豪华阵营的代表，近年红旗已悄然跻身至第二梯队。据悉，2021年红旗销量超30万辆，同比增长超五成。

党的二十大报告指出，要坚持以推动高质量发展为主题，把实施扩大内需战略同深化供给侧结构性改革有机结合起来，增强国内大循环内生动力和可靠性。在国内车市重拾正增长的同时，国内汽车消费升级趋势明显。"无论是在车市调整阶段还是增长期，近年我国汽车市场呈现出明显的消费升级趋势，以及消费市场需求层面的变化，这会在很大程度上改变汽车市场格局。相比于某个细分市场的突出表现，这个变化则更加令人感到欣喜。"在销量数据披露的第一时间，中国汽车行业协会副秘书长在接受《中国消费者报》记者采访时表达了他的看法。他认为，已进入发展通道的国内汽车消费升级趋势会在未来一段时间内保持相当的稳定性。

思考：

（1）我国汽车营销环境怎么样？

（2）我国汽车消费升级的原因有哪些？

（3）汽车生产厂家应该做好哪些应对？

（4）我们应该怎样增强品牌自信？

学生自我总结

通过完成任务3，我能够做如下总结。

一、主要知识

概括本任务的主要知识点：

1. ....

2. ....

二、主要技能

概括本任务的主要技能：

1. ....

2. ....

三、主要原理

你认为，进行消费者购买决策的意义是：

1. ....

2. ....

四、相关知识与技能

你在完成本任务的过程中得出：

1. 消费者市场的主要表现有 ....

2. 组织市场的主要表现有 ....

3. 消费者市场购买行为的决策过程包括 ....

五、成果检验

你完成本任务的成果：

1. 完成本任务的意义有 ....

2. 学到的知识或技能有 ....

3. 自悟的知识或技能有 ....

4. 你对我国消费市场长期发展的看法是 ....

任务 4 >>
市场竞争状况分析

学习目标

知识目标
- 了解市场竞争者。
- 了解竞争者的影响。
- 了解竞争策略。

能力目标
- 能举例评价竞争者的优势与劣势。
- 能对竞争者策略做出分析。
- 能够完整表述竞争态势分析的意义。

素养要求
- 激发学生的竞争意识。
- 树立正确的竞争观念。
- 具备正确的义利观。

市场竞争状况
分析素养提升

市场竞争状况
分析课前阅读

任务描述

作为一项社会性的经济管理活动，企业市场营销活动总是面临着竞争，主要竞争对象是经营本企业同类产品的其他企业，竞争的目的是与同行争夺消费者，吸引消费者购买本企业的产品。为此，营销人员必须首先识别出竞争者，在分析竞争者营销策略的基础上，有针对性地设计出应对策略。营销人员通过分析市场竞争态势，可以对市场形成较为完整的认识和结论，从而指导营销活动的开展。

任务解析

根据市场营销职业工作过程的活动顺序，可以将这一学习任务分解为以下子任务，如图 4-1 所示。

图 4-1 市场竞争状况分析的子任务

| 课前阅读 |

一位动物学家对生活在非洲大草原奥兰治河两岸的羚羊进行过研究。他发现东岸羚羊群的繁殖能力比西岸的强，奔跑速度也不一样。对这些差别，那位动物学家曾百思不得其解。

有一年，他在动物保护协会的协助下，在东西两岸各捉了 10 只羚羊，把它们送往对岸。结果，一年后运到西岸的 10 只羚羊繁殖到了 14 只，运到东岸的 10 只羚羊仅剩下 3 只，另外 7 只全被狼吃了。这位动物学家终于明白了，东岸的羚羊之所以强健，是因为在它们附近生活着一个狼群；西岸的羚羊之所以弱小，正是因为缺少这么一群天敌。

没有天敌的动物往往最先灭绝，有天敌的动物则会逐步繁衍壮大。大自然中的这一现象在人类社会中也同样存在。营销如果没有竞争对手就不会发展。

哪里有市场，哪里就有竞争，市场与竞争互相依存，不可分割。我们知道，市场上既有无数的消费者，也有无数的生产者——企业。企业数量众多往往意味着竞争。为了在竞争中立于不败之地，企业必须明确自己在同行竞争中所处的位置，识别自己的竞争者。当了解自己的竞争对手时，就可以轻易地找到有效的营销手段了。这也正应了古语："知己知彼，百战不殆。"

【问题】

（1）企业之间的市场竞争会出现在哪些方面？

（2）"知己知彼，百战不殆"讲到了哪些关于竞争的策略？

（3）材料告诉我们，竞争能够促进企业经营活动的哪些方面？

（4）只有同行才是竞争者吗？

4.1　市场竞争者认知

市场上的企业形形色色、多种多样。从一个企业的角度看，哪些企业可以定位为自己的竞争者？从技术的角度看，营销人员应该怎样去识别这些竞争者呢？

和非洲大草原的羚羊一样，市场竞争是残酷的，每天都有一些企业把另外一些企业作为"美餐"来享用。

企业在日常经营活动中，不但要了解消费者及其购买行为，而且要清晰地识别谁是自己的竞争对手。从表面上看，识别竞争者是一项非常简单的工作，但由于市场需求的复杂性、层次性、易变性，生产技术的快速发展和演进，产业的发展，使企业面临复杂的竞争形势。一个企业可能会被新出现的竞争对手打败，或者由于新技术的出现和需求的变化而被淘汰。企业必须密切关注竞争环境的变化，了解自己的竞争地位及彼此的优劣势，只有知己知彼，方能百战不殆。

4.1.1　竞争者的类型

在经营活动中，企业的竞争者很多，大致可以分为现实竞争者和潜在竞争者。一个企业很可能不是被现实竞争者击败，而是被潜在竞争者吞噬。因此，企业全面认识竞争者具有十分重要的意义。

重要名词 4-1　市场竞争者

对一个企业来说，广义的竞争者是来自多方面的。企业与自己的顾客、供应商之间，都存在着某种意义上的竞争关系。狭义的竞争者是那些与本企业提供的产品或服务类似，并且所服务的目标顾客也相似的其他企业。

在现实经营活动中，一些企业由于认识的限制，对竞争者的定位不准确、全面，往往只注意到最接近的、提供相同产品或服务给消费者，并且价格相当的同业者。其实，企业还应该注意广泛的竞争者，即与本企业在同一目标市场满足相同需求的企业，甚至还包括那些满足消费者的不同需求的企业。例如，我们常用到的中性笔多种多样，生产这些笔的厂家之间必然存在竞争关系。但从更广的角度来看，钢笔、圆珠笔等书写用具也对中性笔生产厂家构成了威胁。

1. 现实竞争者

现实竞争者是指生产经营同品类、同品种产品或服务，与本企业角逐共同目标市场，与企业构成直接竞争关系的企业。这种竞争关系的竞争者主要来自同行企业，表现为全方位的正面竞争势态，竞争者的强弱不仅直接影响市场的需求情况，还直接影响本企业的市场占有率。

营销案例 4-1　电商商标里的竞争

一家著名研究机构针对国际知名品牌标志色彩进行了统计分析，结果显示，蓝、红、黄是知名商标使用最多的 3 种颜色。"电商大战"的主角们苏宁、京东和国美的商标颜色也钟情于这 3 种"广告流行色"。广告界人士表示，从电商商标色彩的异同里，也能读出这个行业的竞争故事。从视觉的角度来说，企业商标的颜色和公司的观念、宗旨、产品都有很大的关系。而且更重要的是，商标颜色可以让受众最快地感受到企业的某些特点。

【评析】企业商标的颜色和公司的观念、宗旨、产品都有很大的关系。红色是非常具有关注力的颜色，黄色给人带来的心理暗示是开朗、明快和阳光，蓝色能让人联想到理性、沉稳和冷静。3 种颜色的搭配，使电商的现实竞争从商标颜色就开始了。

2. 潜在竞争者

潜在竞争者是指暂时对企业不构成威胁，但具有潜在威胁的竞争对手。潜在竞争者的可能威胁，取决于进入本行业的障碍，以及行业内部现有企业的反应程度。进入障碍主要存在于 6 个方面，即规模经济、品牌忠诚、资金要求、分销渠道、政府限制及其他方面的障碍（如专利等）。

企业一般只关注现实竞争者，而忽略了潜在竞争者。为了能够在激烈的市场竞争中生存下来，企业还应该具备识别潜在竞争者的能力，随时准备迎战新的对手。因为当潜在竞争者突然转变成现实竞争者时，往往会给本企业带来极大的冲击。

但是，识别潜在竞争者比识别现实竞争者困难得多。如果漫无目的地从浩如烟海的市场信号中搜寻潜在竞争者，往往会无功而返。然而，这并不意味着企业会束手无策。潜在竞争者只有在获得目标市场的大量信息后，才能决定是否进入。因此，企业通过信息传播渠道，可以发现那些具有潜在竞争特质的企业。

重要信息 4-1　潜在竞争者的发现

一般可以从下述各类企业中将潜在竞争者识别出来。

1）不在本行业，但能够轻易克服行业限制的企业。当提供互补或替代产品的企业对另一方的市场情况比较了解时，进入对方市场的限制就比较少。如果企业进入互补或替代的市场能显著地提高原有产品的销量和竞争能力，那么它进入的可能性就非常大。例如，报社与杂志社都非常熟悉对方的业务和市场，为了争夺同一个客户群，它们之间的竞争往往很激烈。一旦有合适的机会，它们就有可能进入替代品的行业，在同一市场中展开激烈竞争。

2）进入本行业可产生明显协同效应的企业。企业进行整体协调后整体功能增强，称为协同效应。正是这种企业整体功能的增强带来了竞争优势。因此，如果本行业成为某企业的一种产业后能够使该企业产生明显的协同效应，那么该企业进入本行业的可能性就很大。

3）产业的延伸必将导致加入本行业竞争的企业。例如，2023 年开年以来，在特斯拉降价的消息冲击下，小鹏汽车、零跑汽车等新能源汽车也分别加入了降价大潮，之后，曾稳如泰山的燃油车加入战局。

4）可能前向整合或后向整合的客户或供应商。从企业关系的层次来看，有从制造商向批发商和分销商再到最终用户的前向整合，也有从制造商向供应商的后向整合。某些政策上的优惠会导致企业之间的前向整合或后向整合，如当采取按最终产品征税时，就会促使许多企业纵向兼并。这些经过整合后产生的新企业，往往具有很强的竞争力。

5）可能发生兼并或收购行为的企业。为了追求规模经济效益，加强生产经营的稳定性，促进企业的快速发展或减少竞争对手，扩大或垄断市场，有一定实力的企业很可能会兼并或收购一些相关企业。一些有实力的企业通过兼并或收购其他企业的方式进入新市场，会激化企业之间的竞争。

4.1.2　竞争者的识别

企业营销人员在研究市场时，必须首先认识同行。如果同行提供的产品或服务，以及满足的消费者与自己有较大的相似性，便可以认定同行为本企业的主要竞争对手。这也是识别竞争者的基本策略。当然，在市场营销活动中，竞争者的范围绝不仅限于此，营销人员应该以更广阔的视野去识别多种多样的竞争者。

1. 从行业角度识别竞争者

行业一般是指按生产同类产品或具有相同工艺过程或提供同类劳动服务划分的经济活动类别，如饮食行业、服装行业、机械行业、金融行业、移动互联网行业等。俗话说"同行是冤家"，从行业结构角度识别竞争者是一种非常有效的手段。从本行业角度，营销人员可以从现有同行厂家、潜在加入者和替代品厂家等几个方面去识别竞争者。

（1）现有同行厂家　现有同行厂家是指本行业内现有的与企业生产同样产品的其他厂家。显然，这些厂家是企业的直接竞争者。

（2）潜在加入者　潜在加入者是指当某一行业前景乐观、有利可图时，会引来新的竞争企业，使该行业增加新的生产能力，并要求重新瓜分市场份额和主要资源。另外，某些多元化经营的大型企业，还经常利用其资源优势从一个行业侵入另一个行业。新企业的加入，可能导致产品价格下降，利润减少。

（3）替代品厂家　替代品厂家是指生产与某一产品具有相同功能、能满足同一需求的不同性质的其他产品的厂家。随着科学技术的发展，替代品将越来越多，某一行业的所有企业都将面临与生产替代品的其他行业的企业进行竞争。

由于竞争者首先存在于本行业之中，企业先要从本行业出发来发现竞争者。提供同一类产品或服务的企业，或者提供可相互替代产品的企业，共同构成一个行业，如家具行业、服装行业、食品行业等。由于同行业企业产品的相似性和可替代性，彼此形成了竞争关系。在同行业内部，一种产品的价格发生变化，就会引起相关产品的需求量的变化。

> **例 4-1　冰箱消费中的替代性**
>
> 某冰箱生产厂家调查发现，三门冰箱的价格上涨，就可能使消费者转向购买其竞争产品——两门冰箱。这样，两门冰箱的需求量就可能增加。反之，如果三门冰箱的价格下降，消费者就会转向购买三门冰箱，使两门冰箱的需求量减少。因此，企业需要全面了解本行业的竞争情况，制定针对行业竞争者的战略。

2. 从市场消费需求角度识别竞争者

凡是满足相同的市场需求或者服务于同一目标市场的企业，无论是否属于同一行业，都可能是企业的潜在竞争者。从这一角度出发，竞争者分品牌竞争者、行业竞争者、需求竞争者和消费竞争者。

（1）品牌竞争者　品牌竞争者是指同一行业中以相似的价格向相同的消费者提供类似产品或服务的其他企业。

> **例 4-2　品牌竞争者**
>
> 在学生手机市场中，OPPO、荣耀、vivo 等厂家之间就是品牌竞争者的关系。这些厂家的产品相互替代性较高，因而竞争非常激烈，各厂家均以培养消费者品牌忠诚度作为争夺市场的重要手段。

（2）行业竞争者　行业竞争者是指提供同种或同类产品，但规格、型号、款式不同的企业。所有同行业的企业之间存在争夺市场的竞争关系，如家用计算机与商用计算机的厂家、生产高档汽车与生产中档汽车的厂家之间的关系。

（3）需求竞争者　需求竞争者是指提供不同种类的产品，但满足和实现消费者同种需求的企业，如航空公司、铁路客运、长途客运汽车公司都可以满足消费者外出旅行的需求。

> **例 4-3　需求竞争者**
>
> 2017 年 12 月 6 日，"西成高铁"正式开通，给民航方面带来了巨大的压力。从 12 月 16 日起，成都直飞西安航班将从每天 12 班锐减到 3～4 班，并将持续到 2018 年冬春换季。不只是班次减少，票价也大幅跳水，直飞航班最低价为 340 元，比"西成高铁"一等座的价格都便宜。

（4）消费竞争者 消费竞争者是指提供不同产品，满足消费者的不同愿望，但目标消费者相同的企业。例如，很多消费者收入水平提高后，可以把钱用于购买汽车，或购置房产，也可以用于旅游，因而这些企业之间存在相互争夺市场的竞争关系。消费支出结构的变化，对企业的竞争有很大的影响。

3. 从市场竞争地位角度识别竞争者

从企业所处的竞争地位来看，企业面临的竞争者一般有以下层次。

（1）市场领导者 市场领导者也称行业龙头，是指在某一行业的产品市场上占有最大市场份额的企业。例如，联想是国内家用计算机市场的领导者，海尔是国内日用家电市场的领导者，可口可乐公司是世界上软饮料市场的领导者等。这些市场领导者通常在产品开发、价格调整、渠道建设、促销力量等方面处于支配地位。

> **⌗ 例4-4 海尔白电产业"三连冠"**
>
> 2022年7月，《2022年凯度BrandZ中国全球化品牌50强》榜单正式发布，小米、华为、OPPO、一加等手机厂商挤进前10位，成为中国出口品牌的佼佼者。在日渐严峻的大环境下，中国企业依然能够在海外跑马圈地、成果丰硕，离不开国力的整体提升，尤其是手机企业，越来越多的品牌挤进50强，意味着其在国际上的地位和竞争力也在不断提升。

（2）市场挑战者 市场挑战者也称行业中的第二梯队，是指在行业中处于次要地位（第二、第三甚至更低地位）的企业。例如，方正、清华是国内家用计算机市场的挑战者，格力、海信是国内日用家电市场的挑战者，百事可乐是软饮料市场的挑战者等。这些挑战者常常通过主动竞争扩大市场份额，提高自己的市场地位。

（3）市场追随者 市场追随者也称安于现状者，是指在行业中居于次要地位，并安于次要地位，在发展路线上紧跟市场领导者的企业。市场追随者的主要特点是跟随，因而在技术方面不做新技术的开拓者和率先使用者，而是做学习者和改进者；在营销活动中，不做市场培育的开路者，而是搭便车，以减少风险和降低成本。市场追随者通过观察、学习、借鉴、模仿市场领导者的行为，不断提高自身竞争力。有人把这种做法称作"后发优势"。

（4）市场补缺者 市场补缺者也称"小市场中的游动哨"，是指行业中相对弱小的一些中小企业，它们对市场上被大企业忽略的某些细小部分比较敏感。在这些小市场上，这些企业通过专业化经营来获取最大的收益，在大企业的夹缝中求得生存和发展。市场补缺者通过生产和提供某种具有特色的产品和服务，赢得发展的空间，甚至可能发展成为"小市场中的巨人"。

美国有一个著名的营销战略研究认为，由于这些中小企业集中力量致力于市场中被大企业忽略的某些细分市场，在这些小市场上专业化经营，因而获取了最大限度的收益。这些可以为中小企业带来利润的有利市场位置称为"利基"（Niche），因而市场补缺者又被称为市场利基者。

当然，在实践中，为了更好地发现竞争者，营销人员应该同时从行业和市场这两个方面，结合产品细分和市场细分来进行分析。从细分市场出发发现竞争者，可以更具体、更明确地制定相应的竞争战略。

课堂测评			
测评要素	表现要求	已达要求	未达要求
知识点	能掌握市场竞争者的含义		
技能点	能初步认识市场竞争者的类型		
任务内容整体认识的程度	能概述识别竞争者的要领		
与职业实践相联系的程度	能描述日常生活中的市场竞争者的表现		
其他	能描述竞争者的识别与其他课程、职业活动等的联系		

4.2 市场竞争策略认知

市场竞争者在想什么？他们在做什么？他们有着什么样的经营策略？他们有哪些独家秘籍？下一步，他们将干什么？这都是营销人员需要思考的问题。的确，在明确了自己的竞争者之后，市场营销人员还应该进一步研究这些竞争对手，如竞争对手的经营目标、市场策略及特点、经营中的优势与劣势、对市场的反应速度等。

4.2.1 竞争者策略分析

在明确了企业的竞争者之后，营销人员就可以进一步分析每一个竞争者的市场目标、竞争策略特点，并根据分析结果来制定本企业的竞争策略。

重要名词 4-2　市场竞争者分析

市场竞争者分析是指企业营销人员通过某种分析方法识别出竞争对手，并对它们的目标、资源、市场力量和当前战略等要素进行评价。其目的是准确判断竞争对手的战略定位和发展方向，以便做出有针对性的营销决策。

1. 竞争者市场目标分析

在识别了主要竞争者之后，接下来营销人员必须回答两个问题：每个竞争者在市场上的目标是什么？什么是竞争者行动的动力？这两个问题的解答有助于营销人员看清竞争对手的市场目标。

一般来说，竞争者的目标可能是单一的，也可能是综合的。单一目标一般是指所有的竞争者都追求利润最大化，并以此为出发点制定竞争策略。当然，在今天，更多的竞争者更趋向于追求综合目标，即有较高的盈利水平、市场份额的增长、充裕的资金流动、领先于其他企业的技术和服务等。

营销人员进行竞争者综合市场目标分析可以采取以下措施。

1）寻找竞争者市场目标中的侧重点。尽管可能每个竞争者都追求综合市场目标，但综合目标中都有侧重点。这些侧重点可能是获利能力、市场占有率、现金流量、成本控制、技术领先、服务领先等。营销人员必须了解每个竞争者的目标重点，才能对其竞争行为的反应做出正确的估价。例如，一个以"服务领先"为主要目标的竞争者，将对其他企业在售后与客户管理方面的进展做出强烈的反应，而对广告投放方面的变化相对不那么敏感。

2）观察竞争者市场行为。在明确了竞争对手市场目标侧重点的基础上，营销人员还应该通过密切观察和分析竞争者目标，积极跟踪竞争者的行为。这样做可以为企业的竞争决策提供方向。例如，当发现竞争者拓展了一个新的细分市场时，就意味着本企业也拥有了一个新的市场机会；当发现竞争者试图进入本企业原有的市场时，就需要及时采取相应的竞争对策。

营销案例 4-2　奥克斯的竞争策略

我国主流空调市场竞争十分激烈，每家企业都在利用互联网红利进行渠道变革。奥克斯以"互联网直卖空调"的全新定位和商业模式，打响空调市场的第一场战役。奥克斯空调通过举办全新品牌战略定位发布会，首次推出"互联网直卖"模式，依托自身具备的互联网优势优化渠道层级，将"厂家直供到终端，没有层层代理加价"的理念传达给广大消费者。其核心并不只是去除了中间代理商，而是将互联网时代的智能制造、智慧零售、智能产品与智能服务进行全面打通，实现全渠道优化，更大让利消费者，构建从工厂到家庭的高效便捷服务。

【评析】相比之下，奥克斯"互联网直卖"模式通过互联网避免了代理层级多、层层加价的弊端，也实现了品牌和用户的信息透明、对称，进一步拉近了品牌和用户的距离；同时，奥克斯也能在第一时间听到用户的反馈，反向促进和推动奥克斯空调的更新迭代，令产品更加契合消费者的精细化使用需求。

2. 竞争者策略分类

竞争者策略可以分为市场领导者策略、市场挑战者策略、市场追随者策略和市场补缺者策略。

（1）市场领导者策略　市场领导者通常采取各种措施吸引顾客，扩大市场需求总量，保护现有市场占有率和设法在现有市场的基础上提高市场占有率。具体措施主要表现为：寻找新用户、开辟新用途、增加使用量；阵地防御、攻防结合；在国家政策允许的前提下，竭力提高市场占有率等。

（2）市场挑战者策略　市场挑战者通常采取主动、直接的竞争策略，或者在保护自己已有市场的基础上，寻找竞争对手的薄弱环节，集中力量，发动降价或促销等，来获取自己的竞争利益。

（3）市场追随者策略　市场追随者通常会采取一些不至于引起报复性竞争的跟随策略，主要表现为在各个细分市场和市场营销组合中，尽可能仿效领导者，但仍与其保持差异，以拉开明显的距离。同时，在一些不引人注意的方面又能进行创新。跟随策略还可细分为紧密跟随、距离跟随、选择跟随。

（4）市场补缺者策略　市场补缺者通常从自己的优势或长处出发，发挥"船小好调头"的特点，根据不同的分类标准进行专业化营销。最常见的是根据顾客的分类进行专业化营销。例如，最终用户专业化、顾客规模专业化、特殊顾客专业化等。此外，还可以根据服务项目、配送渠道、地理方位乃至根据顾客的订单进行专业化、个性化营销。

重要信息 4-2　竞争对手的信息来源

对竞争对手的信息进行细致的、公开的收集是非常重要的基础工作。竞争信息的主要来源包括以下一些内容：

（1）年度报告、竞争产品的文献资料、内部报纸和杂志　这些通常是非常有用的，因为它们记载了许多详细信息，如重大任命、员工背景、业务单位描述、理念和宗旨的陈述、新产品和服务，以及重大战略行动等。

（2）竞争对手的历史　这对了解竞争对手的文化、现有战略定位的基本原理，以及内部系统和政策的详细信息是有用的。

（3）广告　企业借广告可以了解主题、媒体选择、费用高低和特定战略的时间安排。

（4）行业出版物　这对了解财务和战略公告、产品数据等信息是有用的。

（5）公司高管的论文和演讲　这对获得内部程序细节、组织的高级管理理念和战略意图是有用的。

（6）销售人员的报告　虽然这些经常带有偏见性，但地区经理的信息报告提供了有关竞争对手、消费者、价格、产品、服务、质量、配送等方面的第一手资料。

（7）顾客的报告　来自顾客的报告可向内部积极索要获得，也可从外部市场调研专家处获得。

（8）供应商的报告　来自供应商的报告对评价竞争对手投资计划、行动水平和效率等是非常有用的。

（9）专家意见　许多公司通过外部咨询来评价和调整它们的战略。对这些外部专家的了解是有用的，因为他们在解决问题时通常采用一种特定的模式。

4.2.2　竞争者优势与劣势分析

1. 认识竞争者优势与劣势指标

竞争者优势与劣势是指竞争者在营销活动中体现出来的，比其他竞争对手更优越或更不利的竞争资源和能力的组合，主要体现为以下一些指标。

（1）产品　竞争企业的产品在市场上的地位、适销性，以及产品系列的宽度与长度。

（2）价格　竞争企业的产品定价策略及价格高低。

（3）销售渠道　竞争企业的销售渠道的广度与长度、效率与实力、服务能力。

（4）生产与经营能力　竞争企业的生产规模与生产成本水平、设施与设备的技术先进性与灵活性、专利与专有技术、质量控制与成本控制、区位优势、员工情况、原材料的来源与成本。

（5）研究与开发能力　竞争企业内部在产品、工艺、基础研究、仿制等方面所具有的研究与开发能力，研究与开发人员的创造性、可靠性、简化能力等方面的素质与技能。

（6）资金实力　竞争企业的资金结构、筹资能力、现金流量、资信度和财务管理能力。

（7）管理水平　竞争企业的管理者的领导素质与激励能力、协调能力。管理者的专业知识，管理决策的灵活性、适应性和前瞻性。

2. 比较竞争者优势与劣势

知道从哪些方面去分析竞争者优势与劣势后，营销人员还必须通过一些特定的途径，运用专门的方法进行竞争者优势与劣势分析。首先，可以通过二手资料、个人经历了解有关竞争者的优势和劣势。例如，搜集有关竞争者过去几年经营活动的重要数据，包括竞争者的目标、策略与所取得的业绩。其次，可通过向客户、供应商和中间商进行第一手营销调研来增加对竞争者的了解。最后，组织专门的顾客调研，即要求顾客按不同的属性及其重要程度来评价本企业与竞争者提供的产品或服务的价值，从中可以看到竞争者的弱点，同时也能发现本企业的薄弱环节。

需要指出的是，在寻找竞争者的弱点时，营销人员应保持客观态度，不能盲目相信自己的假定。企业只有根据市场变化不断对竞争形势进行新的分析，才能做出较为准确的判断，而不至于盲目乐观。

具体分析方法有以下两种。

（1）SWOT 分析法　在分析竞争者优势与劣势时，最常用的方法就是 SWOT 分析法。企业的优势是指制定并执行策略、完成计划，以及达到经营目标时，可以利用的能力、资源及技术力量；企业的劣势是指能力、资源等方面的欠缺。

从整体看，SWOT 分析法可以分为两个部分：SW 用来分析内部条件，OT 用来分析外部条件。这是一种系统思维，而且可以把对问题的"诊断"和"开处方"紧密结合在一起，条理清楚，便于检验。

（2）数据比较分析法　在分析竞争者优势与劣势时，营销人员可以将搜集到的数据资料整理分析，运用表格的形式列示竞争者分析结果，见表 4-1。

表 4-1　竞争者优势与劣势分析

企业	产品知名度	价格	技术水平	售后服务
甲				
乙				
丙				
丁				

注：根据搜集到的数据资料，设计出评价量表，各项内容可以按照优、良、中、差来填写。

4.2.3　竞争者市场反应分析

在竞争中，不同企业对竞争的态度和行为即反应模式是不同的。营销人员应辨别竞争者的心理状态，甄别他们的反应，以便能够针对不同的竞争者设计出不同的应对措施。

1. 从容型

从容型竞争者认为，顾客对自己品牌的忠诚度高，不会因为竞争对手的攻击而改变品牌选择。因此，对竞争对手的行动没有反应或没有强烈的反应。但是，有时候，竞争对手没有反应也可能有其他原因，营销人员一定要弄清楚真正原因。

2. 选择型

有的企业不是对竞争对手的所有攻击行为都有反应，而是有选择性地进行回应。这类竞争者属于选择型竞争者。营销人员要分析竞争对手在哪些方面会有强烈的反应,然后选择相应的攻击手段。

3. 强烈型

这种类型的竞争者会对向其业务范围发起的任何形式的进攻都做出强烈的反应。

4. 随机型

这种类型的竞争者反应模式不确定,对某一攻击行动可能采取反击,也可能不采取任何行动,往往使对手难以判断。

重要信息 4-3 市场竞争分析报告的主要内容

1. 产品市场分析

1)产品市场容量。

2)行业分析(主要品牌市场占有率、销售量年增长率、行业发展方向)。

3)市场发展历程及产品生命周期。

2. 市场竞争情况分析

1)市场竞争情况。

2)竞争者地位分布。

3)竞争者类型(产品销售特征、主要销售渠道、主要销售手段)。

4)产品地位分布及策略比较。

5)行业竞争者分析(主要生产企业的基本资料、主要品牌经营策略、竞争品牌近3年的发展情况、竞争者未来的发展预测)。

3. 市场特点

目标人群数量、收入水平、分布情况、年龄结构等。

4. 消费情况

不同渠道消费规模、频次等,以及消费影响因素分析。

5. 主要品牌产品零售价格市场调查

主要品牌有哪些,其零售价是多少。

6. 国内(国际)市场发展历程

国内市场发展历程、国际市场发展历程。

	课堂测评		
测评要素	表现要求	已达要求	未达要求
知识点	能掌握市场竞争者策略的含义		
技能点	能初步分析市场竞争者策略		
任务内容整体认识的程度	能概述市场竞争者分析工作的意义		
与职业实践相联系的程度	能描述日常生活中的企业市场竞争策略		
其他	能描述与市场竞争策略认知其他课程、职业活动等的联系		

4.3　市场竞争策略制定

了解了竞争对手之后，采取何种市场竞争策略？怎样制定出相应的营销策略呢？这一过程包括哪些环节？

营销人员分析了竞争对手的市场目标、市场策略及特点，经营中的优势与劣势，对市场的反应速度后，接下来就要结合实际，为自己的企业设计出有针对性的竞争对策。

4.3.1　分析自身市场竞争定位

在分析并明确了竞争对手的相关情况后，营销人员应该根据所在企业的目标、具备的资源、所处的环境等因素来确定自己的定位。只有明确了自己在目标市场上的竞争地位，才能制定出有针对性的竞争策略。

重要名词 4-3　竞争定位

竞争定位是指突出本企业产品与竞争者同档产品的不同特点，通过评估选择，确定对本企业最有利的竞争优势并加以开发，最终在消费者心目中树立有别于竞争者形象的过程。

1. 分析自身市场份额

通常情况下，营销人员可以通过分析自己的企业在目标市场中占有的份额和起的作用来确定其市场竞争地位。假设某一市场被一些企业占有，其中 40%～60% 的市场掌握在市场领导者手中，它们享有最大的市场份额；20%～40% 的市场掌握在市场挑战者手中，它们正奋力争取扩大市场份额；10%～20% 的市场被市场追随者占有，它们居于第三位并想维持其市场份额；10% 以下的市场由市场补缺者分享，这些企业专门为大企业不屑一顾的细分小市场提供服务，见表 4-2。

表 4-2　市场结构假设表

市场地位	市场领导者	市场挑战者	市场追随者	市场补缺者
市场份额	40%～60%	20%～40%	10%～20%	10% 以下

注：表 4-2 是为了方便表述"市场竞争定位"而设计的，具体的市场份额数据会因行业、产品的不同而不同，在市场竞争分析工作中不能机械地套用。

2. 突出自身竞争定位

竞争定位的目的在于能够在消费者脑海中建立起企业自身有别于竞争者的形象，即让消费者感受到相对于竞争者的形象。竞争定位最重要的前提是差异化，定位的结果是以消费者的主观认知来判断，并且定位并非一成不变，当环境改变时可能需要重新定位。

4.3.2　选择市场竞争策略

确立了自己的市场竞争地位后，营销人员就可以为企业制定相应的竞争策略了。市场竞争策略分基本竞争策略和不同地位的企业竞争策略。

1. 基本竞争策略

（1）成本领先策略　成本领先策略也叫低成本战略，是指企业通过有效降低产品的生产和销售成本，在保证产品和服务质量的前提下，使自己的产品价格低于竞争对手的价格，以迅速扩大产品销售量、提高市场占有率的竞争策略。

（2）产品差异化策略　产品差异化策略是指企业凭借自己的专有技术或特长，在产品或服务等方面具备了一定的独特性或差异化，生产一些全产业范围中具有独特性的产品，使消费者产生兴趣而消除价格的可比性，以差异优势产生竞争力的竞争策略。

（3）集中策略　集中策略是指企业从自身拥有的特长和优势出发，扬长避短，紧紧抓住某一领域进行高度的专业化经营的竞争策略。

2. 不同地位的企业竞争策略

（1）市场领导者竞争策略　处于市场领导地位的企业，往往有着行业内比较大的市场占有率，在产品价格变动、新产品开发、市场覆盖率的变化、销售方式的选择等许多方面起着相对支配或者领先的作用。同时，市场领导者面临着众多其他企业的竞争威胁。因此，市场领导者必须保持高度警惕，采取适当的竞争策略，以维护自己的竞争优势。

一般而言，市场领导者要维护竞争优势，通常采取以下两种竞争策略。

1）扩大市场需求。当一种产品的市场需求总是在扩大时，受益最大的往往是处于领导者地位的企业。所以，市场领导者可以通过吸引新的消费对象、开发产品新的用途和刺激消费者群体增加消费量，来促进产品总需求量不断增长，扩大整个市场容量。

2）维护并扩大市场占有率。在市场领导者的竞争对手中，相对来说，总有一个或几个实力雄厚者。所以，市场领导者还必须防止和抵御其他企业的强攻，维护并扩大自己现有的市场占有率。可以采取的措施有两个：①进攻措施，即在降低成本、提高销售效益、产品创新、服务水平等方面争取能够处于行业领先地位，同时针对竞争对手的薄弱环节主动出击；②防御措施，即根据竞争的实际情况，在企业现有"阵地"周围建立不同的防线。

（2）市场挑战者竞争策略　处于市场挑战者地位的企业，一般都具有较大的规模和实力，在竞争策略上有较大的主动性，它们随时可以向市场领导者或其他企业发动"进攻"。市场挑战者可以采取以下进攻策略。

1）确定挑战目标。挑战目标是指企业的竞争对手和主攻方向。一般有3种挑战目标可供市场挑战者选择，即处于领导者地位的企业、与自己实力相当的企业和进攻力量薄弱的企业。

2）选择挑战竞争策略。市场挑战者可以选择的进攻方向及具体运用的营销策略有3个：①正面进攻。当市场挑战者实力明显高于对方企业时，可以采用正面或全面进攻的策略。②迂回进攻。当竞争对手的实力较强，正面防御阵线非常严密时，市场挑战者可以采用迂回进攻的策略。③游击进攻。当市场挑战者暂时规模较小、力量较弱时，可以采用游击进攻的策略，根据自己的力量针对竞争对手的不同侧面，进行小规模的、时断时续的进攻。

营销案例 4-3 农夫山泉的竞争策略

国内瓶装饮用水市场竞争日益激烈，每年都有新品牌涌现，但真正能成功打开市场，树立起自己品牌形象的产品寥寥无几。

　　农夫山泉坚持纯天然理念，从不使用一滴城市自来水。用"我们不生产水，我们只是大自然的搬运工"这句广告语向人们介绍了农夫山泉饮用水是健康安全的。这句广告语简洁有力而富有内涵，突出了农夫山泉天然的产品属性，真正了解了消费者的内心，很容易与消费者产生共鸣。用"水的质量决定生命的质量"的说法进一步引导消费者，而避开"天然水（弱碱性）与纯净水（微酸性）在质量上的区别"的话题。既能打动消费者，又避免了行业争论，短时间内强化和确立了农夫山泉独特的销售主张和形象，也迅速建立了品牌，从而确立了市场地位。

　　【评析】 农夫山泉采取了差异化的竞争策略，推出了新产品，提升了市场认可度。

　　（3）市场追随者竞争策略　市场追随者有 3 种可供选择的追随策略。

　　1）紧密追随。市场追随者在进行营销活动的所有市场范围内，都尽可能仿效市场领导者，借助先行者的优势打开市场，并跟着获得一定的市场份额。但要注意，所谓的紧密追随并不等于直接侵犯市场领导者的市场，那样会遭到被追随者的反击。

　　2）保持距离追随。市场追随者在营销策略的主要方面紧跟市场领导者，如选择同样的目标市场、提供类似的产品、紧随其价格水平、模仿其分销渠道等。但在企业营销策略的其他方面则发展自己的特色，争取和市场领导者保持一定的差异。

　　3）有选择追随。市场追随者根据自身的具体条件，部分地仿效市场领导者，择优追随。同时，在其他方面坚持独创。例如，主动地细分和集中市场，有效地研究和开发等，尽量在别的企业想不到或者做不到的地方争取一席之地。

　　（4）市场补缺者竞争策略　处于市场补缺地位的企业，目的在于利用自身特长寻找市场中的空隙并努力去满足，可以采取以下策略。

　　1）识别"补缺基点"。市场补缺者首先要找到对主要的市场竞争者不具有吸引力，或者是大部分市场竞争者不屑一顾而又有利可图的市场缝隙，并具备满足这一市场需求的能力，能够与竞争者抗衡。

　　2）发挥专业特长，满足市场需求。在找到市场的某些细小部分后，充分发挥自己专业化的特长，来获取最大限度的收益。

课堂测评

测评要素	表现要求	已达要求	未达要求
知识点	能掌握市场竞争定位的含义		
技能点	能初步分析市场竞争定位策略		
任务内容整体认识的程度	能概述市场竞争策略制定的意义		
与职业实践相联系的程度	能描述日常生活中的企业市场竞争定位		
其他	能描述市场竞争策略的制定与其他课程、职业活动等的联系		

小结

　　任务 4 小结如图 4-2 所示。

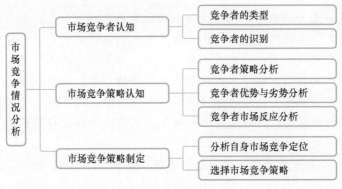

图 4-2　任务 4 小结

教学做一体化训练

一、重要名词

市场竞争者　　市场竞争者分析

二、课后自测

（一）单项选择题

1. 生产经营同品类、同品种产品或服务，与企业构成直接竞争关系的企业是指（　　　）。

    A. 现实竞争者 　　　　　　　　　　B. 潜在竞争者

    C. 行业竞争者 　　　　　　　　　　D. 替代品厂家

2. 俗话说"同行是冤家"，是指可以从（　　　）角度去识别竞争者。

    A. 行业结构 　　　　　　　　　　　B. 品牌竞争者

    C. 消费竞争者 　　　　　　　　　　D. 市场追随者

3. 在市场竞争者策略分析中，（　　　）通常采取主动、直接竞争策略。

    A. 市场挑战者 　　　　　　　　　　B. 市场领导者

    C. 市场追随者 　　　　　　　　　　D. 市场补缺者

4. 通过降低产品成本，使自己的产品价格低于竞争对手的策略是（　　　）。

    A. 成本领先策略 　　　　　　　　　B. 产品差异策略

    C. 集中策略 　　　　　　　　　　　D. 无差异策略

5. 关于"补缺基点"说法正确的是（　　　）。

    A. 往往对主要竞争者不具有吸引力

    B. 大部分市场竞争者竭力争取

    C. 无利可图的市场缝隙

    D. 即使进入这一市场，也无法与竞争者抗衡

（二）多项选择题

1. 市场领导者的竞争策略包括（　　　）。

    A. 开辟产品的新用途 　　　　　　　B. 维护并扩大市场占有率

  C．季节折扣　　　　　　　　　　　　D．扩大市场需求

2．从本行业角度，营销人员可以从（　　　　）等几个方面去识别竞争者。

  A．现有同行厂家　　　　　　　　　　B．潜在加入者

  C．替代品厂家　　　　　　　　　　　D．消费竞争者

3．企业从市场和消费者需求的角度出发，竞争者包括（　　　　）。

  A．品牌竞争者　　　　　　　　　　　B．行业竞争者

  C．需求竞争者　　　　　　　　　　　D．消费竞争者

4．市场竞争者的反应类型包括（　　　　）。

  A．从容型　　　　　B．选择型　　　　　C．强烈型　　　　　D．随机型

5．市场追随者有 3 种可供选择的追随策略，包括（　　　　）。

  A．紧密追随　　　　　　　　　　　　B．保持距离追随

  C．创新追随　　　　　　　　　　　　D．有选择追随

6．市场挑战者可以选择的进攻方向及具体运用的营销策略有（　　　　）。

  A．正面进攻　　　　B．迂回进攻　　　　C．游击进攻　　　　D．阵地防守

（三）判断题

1．选择型竞争者不对竞争者的任何攻击行为进行反击。　　　　　　　　　（　　　）

2．市场领导者战略的核心是进攻。　　　　　　　　　　　　　　　　　　（　　　）

3．市场挑战者集中全力向对手的主要市场阵地发动进攻，这就是正面进攻。（　　　）

4．市场补缺者取胜的关键在于专业化的生产和经营。　　　　　　　　　　（　　　）

5．攻击弱势竞争者能更大幅度地扩大市场占有率和利润水平。　　　　　　（　　　）

6．通过扩大总需求，市场领导者往往受益最多。　　　　　　　　　　　　（　　　）

7．对市场挑战者来说，防御性策略是其最理想的选择。　　　　　　　　　（　　　）

8．采用追随策略的缺点在于风险很大。　　　　　　　　　　　　　　　　（　　　）

（四）简答题

1．企业分析自己的竞争者需要哪些步骤？

2．竞争者的市场反应可分为哪几种类型？

3．在具体的竞争策略选择中，通常需要考虑哪些因素？

4．简述市场领导者、市场挑战者、市场追随者、市场补缺者的主要竞争策略。

5．简述补缺基点的特征。

三、案例分析

  广东格兰仕企业（集团）公司成立于 1992 年 6 月，其前身是一个从事羽绒制品的乡镇企业。经过几年的发展，格兰仕集团一举成为中国微波炉产品的垄断性企业，市场份额在许多地区占到 80% 以上。值得称道的是，格兰仕并不是微波炉市场的先行者，之所以能在市场上百战不殆，靠的是其独特的"制造中心"概念和"低价策略"营销手段。多年来，格兰仕挥舞着"低价之剑"向竞争对手发起一轮又一轮进攻，在中国的家电市场上谱写了一个又一个经典的价格战案例，被业内称为"价格屠夫""大白鲨"等。2000 年年底格兰仕进入空调行业。

1．微波炉经营的特点

  （1）价格下调幅度大　格兰仕的降价策略是，要么不降价，要降就大幅度地降。格兰

仕每次降价，幅度都在20%以上，有时甚至达到40%。如此高的降价幅度，在消费者心中产生了震撼效果，这是格兰仕降价策略较为成功的重要因素之一。

（2）降价策略多样化　格兰仕的降价策略每次都有所不同，有时是全面降价，有时是只调低一个规格，有时是调低一个系列。

（3）促销攻势强　格兰仕的价格调整力度大、变化多，同时配合强大的促销攻势，使其降价活动获得最大效果。

2．空调产品经营策略

正如业内人士所言，价格战正是老品牌心中永远的"痛"：一是滞销积压的巨大库存，二是居高不下的经营成本（而非生产成本），三是"吞金吃银"的网络建设，四是狂轰滥炸的广告费用。这四大包袱构成了老品牌无法治愈的致命伤，导致了价格战中的"五类分子"：一是偷工减料类（质量有问题），二是资源消耗类（亏损），三是短期行为类（特价机），四是暗度陈仓类（抛库存），五是让利于民类（上规模降成本）。

在认真分析了业内的这些特点后，格兰仕在携巨资进军空调行业前，甩开了四大包袱，轻装上阵，制定了正确的营销战略。

1）在制造方面，定位"全球制造"中心。通过与跨国公司在全球产业链上实现强强合作，低成本地引进领先国际的高水平生产线、装备、技术、管理等，起步即实现了"高档空调中档价"。

2）在网络通路方面，采取的是"简单就是力量"的运作模式：只做中间，不做终端。采用区域多家代理制，少走弯路。这一整合社会资源的做法降低了营销成本和经营风险。格兰仕高层认为，企业的核心能力在于其规模化的制造能力，企业应该集中精力做好自己最擅长的事情，赚取制造业利润而非商业利润；否则，就会"种了别人的承包田，荒了自己的现任地"。同时，格兰仕宣称，不搞分销网络及终端建设，让商家"经营零风险"，这种方法让经销商吃了一颗"定心丸"，减少了厂商之间的猜疑，有助于建立一种稳固的利益共同体。因此，厂商之间形成了"精心开拓市场，齐心捍卫市场，开心分享市场"的良性循环。

3）在价格方面，格兰仕坚持"打土豪，分田地"，将企图永远分享空调暴利的"土豪"彻底打倒，摧毁行业的暴利，让价格回归到百姓能接受的水平，实现"努力，让顾客感动"。

格兰仕进军空调行业不到两年的时间，年生产能力迅速达到设计产能，还利用自己的全球营销网络优势积极推动产品出口，并探索将格兰仕微波炉发展模式移植到空调行业。

从格兰仕运作市场的风格来看，称其为"家电大鳄"可谓名副其实。企业战略通常分为3种：一是成本领先；二是差别化；三是集中于一点。这3种战略在企业家的武器库中都属"常规兵器"，并不特别神秘，然而能把这3种"常规兵器"用到极致的企业却并不多。格兰仕在自觉或不自觉中，领会了这3种看似简单的战略，并加以灵活运用：当有其他竞争对手试图进入格兰仕的微波炉"王国"时，格兰仕就迅速挥起价格"屠刀"，让"入侵者"无利而图，无功而返，从而牢牢控制了企业安全的主动权；当别的企业都在拼命搞多元化时，格兰仕集中于一点，只做微波炉；当别的企业不惜一切代价，做品牌、建网络时，格兰仕放弃两头，咬住一点，只做制造，做大做强；当别的企业又是上市又是迁址，忙得不亦乐乎之时，格兰仕稳如泰山，不上市、不迁址，并搬来海外生产线，进一步强化自己的制造能力。格兰仕的厚积薄发，异军突起，靠的就是稳健和简单。

2019 年 9 月 28 日，格兰仕发布全球首款物联网家电芯片 "BF- 细滘"，成为第一家实现反向定制专属芯片的家电企业。2020 年 12 月 8 日，格兰仕扶贫计划入选《人民日报》2020 年中国扶贫企业优秀案例。

【问题】

（1）分析格兰仕的市场竞争策略。

（2）总结该案例对家电业的借鉴意义。

同步实训

实训 4-1：市场竞争者认知

实训目的：认识市场竞争者的类型，理解其实际意义。

实训安排：

1. 学生分组，讨论总结一种全组相对熟悉的商品，如方便面、瓶装水等。

2. 尝试分析这一商品的生产厂家之间是什么样的竞争关系。

3. 选择部分学生做 PPT 进行展示，并组织讨论与分析。

实训总结：学生小组交流不同的分析结果，教师根据分析（文案）报告、PPT 演示、讨论分享中的表现，分别给每组进行评价打分。

实训 4-2：市场竞争策略认知

实训目的：认识市场竞争策略的类型，理解其实际意义。

实训安排：

1. 学生分组，讨论分析一种全组相对熟悉的商品的市场竞争策略，如牛奶、饮料或方便面等日用消费品。

2. 尝试用 SWOT 分析法分析这一商品生产厂家的竞争策略。

3. 选择部分学生做 PPT 进行展示，并组织讨论与分析。

实训总结：学生小组交流不同的分析结果，教师根据分析（文案）报告、PPT 演示、讨论分享中的表现，分别给每组进行评价打分。

实训 4-3：市场竞争策略制定

实训目的：认识市场竞争策略的选择，理解其实际意义。

实训安排：

1. 学生分组，选定 3 个不同品牌的日用品，分析厂家的竞争策略。

2. 从消费者的角度，为某一品牌提出竞争策略建议。

3. 选择部分学生做 PPT 进行展示，并组织讨论与分析。

实训总结：学生小组交流不同的分析结果，教师根据分析（文案）报告、PPT 演示、讨论分享中的表现，分别给每组进行评价打分。

素养提升园地

2018 年，瓜子二手车曾因"遥遥领先"四个字，支付了 1 250 万元的罚单，平均每个字 312.5 万元。

北京市工商行政管理局海淀分局向"瓜子二手车"的经营主体——金瓜子科技发展（北京）有限公司下达行政处罚决定书，认定其二手车广告宣传中使用的"创办一年，成交量就已遥遥领先"的广告语缺乏事实依据，与实际情况不符，违反了我国《广告法》第四条、第二十八条规定，罚款 1 250 万元。

行政处罚决定显示：2016 年 12 月 3 日，金瓜子科技发展（北京）有限公司与乐视网信息技术（北京）股份有限公司签订《乐视网广告交易平台网络广告发布协议》，广告类型为体育前贴片，广告发布期限为 2016 年 9 月 7 日—2016 年 12 月 28 日，广告费总额为 1 250 万元。

20 多年前，海尔集团张瑞敏带领员工含泪用铁锤砸坏所有不合格的冰箱，对刚刚重新起步而且处于困境中的企业来讲尽管损失不小，但用诚信的"义"赢得了品牌、信誉，赢得了市场和大"利"。对现代企业来说，正确的义利观应该是：主动承担社会责任，全面考虑企业对政府、客户、股东、供应商、分销商、员工、社区、环境等所有利益相关方的影响，并处理好彼此的利益分配关系，营造企业内部与外部的和谐环境，致力于追求企业价值、员工价值、股东价值和社会价值的和谐发展。

思考：

（1）瓜子二手车为什么被罚款？

（2）企业应该具备怎样的价值观、利益观？

（3）在市场营销活动中，为什么要强调良性竞争？

学生自我总结

通过完成任务 4，我能够做如下总结。

一、主要知识点

概括本任务的主要知识点：

1. _____

2. _____

二、主要技能

概括本任务的主要技能：

1. _____

2. _____

三、主要原理

你认为，认识市场竞争者的意义是：

1. _____

2. ....

四、相关知识与技能

你在完成本任务的过程中得出：

1. 市场竞争者的主要类型有 ....

2. 市场竞争策略主要有 ....

3. 市场竞争策略的主要内容包括 ....

五、成果检验

你完成本任务的成果：

1. 完成本任务的意义有 ....

2. 学到的知识或技能有 ....

3. 自悟的知识或技能有 ....

4. 你对良性市场竞争的看法是 ....

任务 5 >>
市场营销信息处理

学习目标

知识目标
○ 了解营销信息的含义。
○ 了解市场调查的含义。
○ 了解市场调查的意义。

能力目标
○ 能组织市场调查活动。
○ 能说明市场调查方案的要点。
○ 能够完整编写市场调查报告。

素养要求
○ 树立分析问题的意识。
○ 培养专业分析技能。
○ 发扬工匠精神。

市场信息
处理素养提升

市场信息
收集课前阅读

任务描述

市场调查是企业营销活动的起点。通过市场调查，识别和确定市场机会，选择目标市场，设计营销组合，对营销计划的执行情况进行监控和信息反馈。企业管理部门和有关人员在制定产品策略、价格策略、分销策略、广告和促销策略时，都需要市场调查为其提供相关信息。市场营销信息处理主要包括营销信息认知、市场调查认知与市场调查的组织。

任务解析

根据市场营销职业工作过程的活动顺序，可以将这一学习任务分解为以下子任务，如图 5-1 所示。

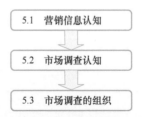

图 5-1　市场营销信息处理的子任务

| 课前阅读 |

　　北京市一家宠物食品厂采用电话访问的形式做了一场市场调查。调查人员精心准备好调查问卷后，根据家庭固定电话号码簿随机抽取样本。调查人员满怀信心地打通了第一个电话，不巧，接电话的是一个小孩。调查人员问道："小朋友，你家里有没有养小狗、小猫、小兔子，或是小鸟？"小家伙干脆利落地回答道："没有，我妈就生了我一个！"

　　这样的对答简直让人啼笑皆非。调查人员是按照预先设计好的问卷进行提问的，问卷信息也毫无疑问地指向了城市家庭大量饲养的宠物，但结果事与愿违。

【问题】

（1）故事里的调查人员想了解什么信息？

（2）故事中的小孩能够提供调查人员想了解的信息吗？

（3）调查人员应该怎样做？

5.1　营销信息认知

　　营销信息是指哪些信息？它和我们日常生活中经常提及的市场信息是什么关系？营销信息与我们前面学习的营销环境、购买行为、竞争情况有什么关系？营销人员应该从哪些方面去认识并捕捉这些信息呢？

5.1.1　营销信息概述

　　企业的市场营销活动必须建立在充分的信息搜集基础之上。只有这样，才能预测市场发展趋势，满足目标消费者需求，降低经营风险，提高竞争力。前文进行的营销环境分析、购买行为分析、竞争情况分析，是希望从中搜集多方面的信息。那么，营销信息是指什么呢？它与市场信息的关系是怎样的呢？

　　市场是市场信息的发源地，而市场信息是指对市场上各种经济关系和各种经济活动现状、经济活动的变化情况，以及与市场营销有关的各种消息、情报、图表、数据资料的总称。市场信息一般通过文字、语言、数据、凭证、报表、符号、广告、商情等进行表现和传递，对企业的经营活动具有重要意义。显然，市场信息是一个大概念，而营销信息则是其重要组成部分之一。

1. 营销信息的概念

　　所有的市场营销活动都以营销信息为基础，企业经营者进行决策也是基于各种信息，而且经营决策水平越高，信息的利用程度与重要性就越高。那么，营销信息究竟是指什么呢？

　　重要名词 5-1　营销信息

　　营销信息即市场营销信息，是指一定时间和条件下，与企业的市场营销活动，以及与之相联系的生产与服务有关的各种消息、情报、数据、资料的总称，是商品流通运行中物流、商流运动变化状态及其对接收者效用的综合反映。它一般通过语言、文字、数据、符号等表现出来。

我们可以这样理解营销信息的含义：营销信息有狭义与广义之分，狭义的营销信息是指有关市场商品或服务销售的信息，如商品或服务销售情况、消费者情况、销售渠道与销售技术、产品的评价等。广义的营销信息包括多方面反映市场活动的相关信息，如社会营销环境情况、需求情况、流通渠道情况、产品情况、竞争者情况、原材料和能源供应情况、科技研究与应用情况及动向等。

由此，我们也应该理解，只有在进行市场营销环境分析、购买行为分析、竞争情况分析的基础上，广泛进行营销活动相关信息的搜集，才能为后续的市场营销活动奠定坚实的基础。

2. 营销信息的特点

（1）信息源的多样性和信息量的膨胀性　在今天，许多企业市场营销的空间是全球性的，非常广阔，而市场因素是多元化的，有产品市场，又有服务市场，营销信息来自四面八方，形形色色。由于市场不断扩大、技术进步速度加快、市场竞争日益加剧，使信息量与日俱增。特别是大数据时代的来临，营销信息量呈几何级数增长。

（2）信息的时效性　一定的市场营销信息只有在一定的时期内，在特定的环境和条件下，才能对经营管理活动产生影响。随着时间的推移，企业面临的经营环境和拥有的经营条件必然有不同程度的变化，信息的准确性、有效性也必然发生不同程度的变化。

（3）信息的非共享性　由于市场容量的有限性与自然资源的有限性，企业在市场需求、市场供给、制造技术等方面会排斥别的企业与其共享相关信息，即营销信息具有明显的非共享性、排他性、竞争性和保密性。例如，美国可口可乐公司将其产品的配方视为巨额财富，一旦可口可乐的配方公布于众，并失去知识产权保护，其市场地位就会受到威胁。

（4）信息的经济性　信息的经济性表现为它可以为人们带来不同程度的效益，或是经济效益，或是社会效益，或是同时带来两种效益——有了信息的参与，产品的成本得以下降，效率得以提高，风险得以降低，这正是营销信息的经济性或价值性的体现。

5.1.2　营销信息的类型

一般来说，营销信息包含以下几种类型。

1. 产品信息

产品信息是市场营销信息的基础，因为一切竞争均源于产品。产品信息不仅包括行业内的，还包括一些与行业相关的内容，具体有产品品名、形状、包装、规格、价格体系、产品特点及独特性、未来发展趋势等。例如，手机生产企业需要了解的产品信息有：目前市场上主要的手机产品有多少个品牌，有多少个品种，有多少种操作系统，大体都是什么价位，不同的产品种类有什么特点，每个品种有哪些独特方面。只有掌握了上述的信息，决策者才能够做出准确判断，决定未来的产品策略。

2. 渠道信息

营销渠道就是商品和服务从生产者向消费者转移过程的具体通道或路径。渠道信息具体包括行业的渠道构成、渠道成员的特点、利益如何分配、如何避免渠道冲突、渠道进入成本等。以矿泉水为例，渠道覆盖范围极其广泛，不仅适用于传统的批发、零售、连锁店，还适用于大型超市、专卖店，甚至还有集团采购等。

3. 消费者信息

由于我国地域广阔，城乡差异大，从而导致了消费者的差异巨大，很多消费者由于缺乏对产品的理性认知，受广告、口碑等方面的影响显著。这就需要企业对各区域消费者的构成和购买心理、消费心理及消费行为进行调查和分析。一般来说，消费者信息搜集是企业非常看重的。以宝洁公司为例，在进行洗发液消费者调查时，针对不同女性的洗发需求进行分析，依次确定了舒爽洗发的飘柔、去头屑的海飞丝、营养滋润的潘婷等。无论从功能确定，还是从名称确定，均是对消费行为和心理的准确判断和定位。

4. 策略信息

策略信息主要是针对竞争对手的，即通过对竞争对手的市场行为判断，分析其所使用的市场策略。这适用"知己知彼，百战不殆"的战争法则，只有深入了解竞争对手的想法和行为，才能制定准确的市场策略。策略信息往往是通过分析得来的，所以作为市场竞争本身就是"兵无常式，水无常形"，只要企业能够正确地选择竞争对手、评估竞争对手、定位自己、出奇制胜，就会"立于不败之地"。

5. 战略信息

战略信息主要是指行业大环境，可分为以下 3 个方面：一是国家的政策法律调整给整个行业带来变化，如有关环境保护、禁止污染的法律的颁布等，对化工或造纸行业的影响巨大；二是行业内企业重大战略变化，如破产、兼并、重组、上市等；三是行业危机及机会把握，如现阶段我国钢铁产能过剩，导致许多地方钢铁企业被限产、关停。

以上只是市场营销信息涉及的主要方面，市场营销信息内容较多，很多边缘信息也起到了重要的作用。由于目前市场营销信息高度发达，如何在浩瀚的信息大海里甄别有效信息已成为至关重要的问题。

重要信息 5-1　营销信息的作用

1）营销信息是营销活动的起点。企业营销必须根据客户需要，从产品定价、促销、分销渠道等方面全方位开展。市场营销的这些活动，无疑都是以市场信息为起点的。观察市场、了解市场、确定目标市场、选择目标市场策略、掌握市场动态，是企业进行有效市场营销的必要活动，也是掌握信息的重要手段。

2）营销信息是营销决策的前提。"运筹帷幄，决胜千里"，企业不依靠大量准确的市场信息，就无法进行正确有效的营销决策。为此，决策的科学化要求企业建立现代化的信息处理系统，并以此作为指导企业营销决策活动的前提。

3）营销信息是营销管理的基础。管理离不开市场信息。企业不仅要及时掌握市场供求的信息，还要系统搜集有关科技、工艺、设备、质量、财务等方面的信息。没有这些信息作为基础，营销管理无从下手，就成了无本之木。

4）营销信息是营销沟通的工具。企业必须使自身的营销活动与市场营销环境相协调，在协调中求生存，谋发展。为此，企业必须与外界环境进行营销沟通，市场信息是企业营销沟通的重要手段。只有通过大量的信息交流，才能有效地了解、掌握市场环境，改善企业与外界环境的各种关系，使之统筹兼顾，相互协调。

5.1.3 营销信息的来源

对企业来说，营销信息可以概括为内部信息与外部信息。外部信息的来源主要有以下几个途径。

1．市场营销人员的日常积累与客户反馈

市场营销人员的日常积累及客户反馈是信息来源的首要途径。在市场营销活动中，市场营销信息的搜集也是市场或销售人员的主要职责。在长期的市场实践中，市场营销人员能够通过自己的学识、经验获取许多市场第一手资料。同时，在与客户交流中，市场营销人员也能随时听到客户的意见、建议，甚至是抱怨。对于企业来说，这些都是非常可贵的营销信息。

2．公共媒体

相关报纸、电视等公共媒体能够最大限度地提供行业内的有效信息，而且由于其接触层面高，更多的是对策略及战略信息的一些传播，多半是宣传性的公共信息，不涉及商业机密。

3．权威部门的信息披露

国家主管部门及行业协会组织披露的信息，主要是行业规划、政策约束及相关行业发展前景展望和数据。

4．互联网数据发布

互联网作为新兴媒体，其作用不可小觑，而且时效性强，但其信息泛滥。随着大数据时代的来临，营销信息更加纷繁复杂。在引用时，要对其信息的真实性进行印证和甄别。

5．行业专家

由于行业专家了解内情，传播的信息往往比较真实。行业专家、资深人士的观点、发言及交流，也是非常重要的信息来源之一。

课堂测评			
测评要素	表现要求	已达要求	未达要求
知识点	能掌握营销信息的含义		
技能点	能初步认识营销信息的来源		
任务内容整体认识的程度	能概述营销信息的特征		
与职业实践相联系的程度	能描述日常生活中的营销信息表现		
其他	能描述营销信息与其他课程、职业活动等的联系		

5.2 市场调查认知

企业营销人员认识了市场营销信息及其来源，在实际工作中，就会按照计划有目的地进行调查、搜集相关信息。那么，什么是市场调查？市场调查的类型和方法有哪些呢？

5.2.1 市场调查概述

在竞争激烈的市场上，企业的任何决策都存在着不确定性和风险，只有通过有效的市

场调查，掌握足够的市场信息，才能顺应市场需求变化趋势，了解企业生存、发展和竞争环境的变化，增强企业的应变能力，把握经营的主动权，创新营销组合，识别新的市场机会，实现预期的经营目标。

1. 市场调查的概念

市场调查是现代企业一项重要的基础工作，也是企业营销管理的重要组成部分，常常事关企业的生存与发展。那么，什么是市场调查呢？

重要名词 5-2　市场调查

市场调查是指为了形成特定的市场营销决策，采用科学的方法和客观的态度，对市场营销有关问题需要的信息，进行系统地搜集、记录、整理和分析，以了解市场活动的现状和预测发展趋势的一系列活动过程。

在国外，通常将市场调查活动统称为市场调研或营销调研。国际商会及欧洲民意和市场营销调查学会在《市场营销和社会调查业务国际准则》中将市场调查表述为："营销调查（Marketing Research）是指个人和组织对有关其经济、社会、政治和日常活动范围内的行动、需要、态度、意见、动机等情况的系统收集、客观记录、分类、分析和提出数据资料的活动。"

2. 市场调查的特点

我们可以从以下 4 个特点来进一步理解市场调查的含义。

（1）目的的针对性　市场调查的目的是了解、分析和判断企业市场营销管理中是否存在问题，或解决已经存在的问题，预测发展趋势，从而为企业制定特定的营销策略服务，并非对市场营销的所有问题笼统、盲目地进行调查。

（2）方法的科学性　市场调查必须采用科学的方法，如市场信息范围的确定方法、信息搜集方法的选择、流程的设计、执行的技巧与严谨度，以及对采集数据的处理方法和分析方法等。市场调查只有运用科学的方法进行组织、实施和管理，才能获取可信度较高的调查结果，也才能做出比较正确的市场决策。

（3）过程的关联性　市场调查是一个系统化的工作，包括调查活动的设计与组织，所需信息资料的搜集、整理和分析，调查报告的出具等。一系列工作环环相扣、紧密联系，互相依存又互相影响，共同构建了市场调查的全过程。

（4）活动的社会性　市场是社会经济活动的缩影，具有社会特性。市场调查的内容涉及社会经济生活的方方面面，因而具有社会性。例如，信息资料搜集阶段，需要调查人员与被访问者进行有效沟通、交流。

重要信息 5-2　市场调研在市场营销中的角色

市场调研在市场营销中扮演着两种重要角色。首先，它是市场信息反馈过程的一部分，向决策者提供关于当前营销组合有效性的信息和进行必要变革的线索。其次，它是探索新的市场机会的基本工具。市场细分调研和产品调研都有助于营销经理识别有利可图的市场机会。（资料来源：迈克丹尼尔. 等. 当代市场调研：第 4 版 [M]. 范秀成，等译. 北京：机械工业出版社，2000. ）

5.2.2 市场调查的内容与方法

市场调查的内容大致与前述的市场营销信息相对应，涉及市场营销活动的整个过程。市场调查方法则根据市场营销信息内容、来源的不同，有相对应的方法。

1. 市场调查的内容

（1）市场环境调查 市场环境调查主要包括经济环境、政治环境、社会文化环境、科学环境和自然地理环境等。具体的调查内容可以是市场的购买力水平，经济结构，国家的方针、政策和法律法规，风俗习惯，科技发展动态，气候等各种影响市场营销的因素。

（2）市场需求调查 市场需求调查主要包括消费者需求调查、消费者收入调查、消费结构调查、消费者行为调查，具体包括消费者为什么购买、购买什么、购买数量、购买频率、购买时间、购买方式、购买习惯、购买偏好和购买后的评价等。

营销案例 5-1　成功的快餐店

一家知名快餐企业分店开到哪里火到哪里，令餐饮界人士既羡慕，又嫉妒，可又有谁看到了它前期认真细致的市场调研工作呢？这家企业开店之前，连续多年做跟踪调查，了解消费者的经济收入情况和消费习惯；提前几年分别在东北和北京郊区试种餐饮原料；与此同时，根据消费者的身高、形体特征，确定并制作好最佳尺寸的柜台、桌椅样品，还进行了多次口味试验和分析；在开第一家分店时，在一个城市就选了 5 个地点进行反复比较、论证。

【评析】市场需求调查是这家企业取胜的关键所在。其市场调查内容全面，调查过程严谨，结论分析可靠。

（3）市场供给调查 市场供给调查主要包括产品生产能力调查、产品实体调查等，具体为某一产品市场可以提供的产品数量、质量、功能、型号、品牌，以及生产供应企业的情况等。

（4）营销实务调查 营销实务调查主要包括产品、价格、渠道和促销的调查。产品调查主要包括了解市场上新产品开发的情况、设计的情况、消费者使用的情况、消费者的评价、产品生命周期阶段、产品的组合情况等。价格调查主要包括了解消费者对价格的接受情况以及对价格策略的反应等。渠道调查主要包括了解渠道的结构、中间商的情况、消费者对中间商的满意情况等。促销调查主要包括各种促销活动的效果，如广告实施的效果、人员推销的效果、营业推广的效果和对外宣传的市场反应等。

（5）竞争情况调查 竞争情况调查主要包括对竞争企业的调查和分析，了解同类企业的产品、价格等方面的情况，以及它们采取的竞争手段和策略。

2. 市场调查的方法

市场调查的方法主要有观察法、实验法、访问法和问卷法。

（1）观察法 观察法是社会调查和市场调查研究的基本方法。它是由调查人员根据调查研究的对象，利用眼睛、耳朵等感官以直接观察的方式对其进行考察并搜集资料。例如，市场调查人员到销售场所去观察商品的品牌及包装情况。

营销案例 5-2　观察的效力

　　某市场调查公司的一名员工是个有心人，一天他走进了一所学校附近的文具体育用品店，出于职业习惯，开始观察这家店铺的商品陈设与客流情况。很快他就发现了一些问题，如有很多中小学生光顾店铺，但由于多层货架排列，身材矮小的孩子们往往拿不到放置在最高层的商品，从而影响了销售。于是，他给商家提出建议，把商品货架降低，结果销售量大大增加。

　　他还发现商店后半部分的商品销售额远远低于其他部分。他通过观察现场解开了这个谜：在销售高峰期，收银台前顾客排着长长的队伍，一直延伸到商店的另一端，妨碍了顾客从商店的前面走到后面。针对这种情况，商店专门安排了结账区，结果商店后半部分的商品销售额迅速增长。

　　【评析】观察法是市场调查的重要方法之一，是有目的、有计划地通过对被调查者言语和行为的观察、记录来判断其心理特点的心理学基本研究方法之一。

　　（2）实验法　实验法是指调查人员根据调查的要求，用实验的方式，将调查的对象控制在特定的环境条件下，然后对其进行观察以获得相应的信息。调查对象可以是产品的价格、品质、包装等。在可控制的条件下观察市场现象，揭示在自然条件下不易发现的市场规律，这种方法主要用于市场销售实验和消费者使用实验。

营销案例 5-3　新皮鞋的定价

　　一家皮鞋制造公司推出了一款新产品，在确定价格时却犯了难，定价高怕消费者不接受，定价低怕研发成本回收时间过长。该公司为了了解消费者的心理，采取了欲取先予的策略：先把 100 双鞋子无偿送给 100 位顾客试穿 8 周。8 周后，公司通知顾客收回鞋子。如果谁想留下鞋子，每双请付款 225 元。其实，公司并非真想收回鞋子，而是想进行一次调研，看 225 元一双的皮鞋是否有人愿意买？

　　结果，绝大多数人把鞋子留下了。得到这个有利的信息，该公司便大张旗鼓地进行批量生产。最终，公司将鞋子的价格定为 255 元一双，很快销售了几万双。

　　【评析】市场调查方法设计巧妙，市场信息反馈及时，使得制鞋公司能够迅速适应市场需要，做出有针对性的营销决策。

　　（3）访问法　访问法可以分为结构式访问、无结构式访问和集体访问。①结构式访问是事先设计好的、有一定结构的调查表访问。调查人员要按照事先设计好的调查表或访问提纲进行访问，要以相同的提问方式和记录方式进行访问。提问的语气和态度也要尽可能地保持一致。②无结构式访问是没有统一调查表、由调查人员与被访问者自由交谈的访问。它可以根据调查的内容，进行广泛的交流，如对商品的价格进行交谈、了解被调查者对价格的看法。③集体访问是通过集体座谈的方式听取被访问者的想法，收集信息资料，可以分为专家集体访问和消费者集体访问。

　　（4）问卷法　问卷法是指通过设计调查问卷，以让被调查者填写调查表的方式获得所调查对象的信息。在调查中将调查的资料设计成问卷后，让接受调查的对象将自己的意见或答案填入问卷中。在实地调查中，以问答卷采用最为广泛；同时问卷调查法在目前网络调查中运用得较为普遍。

5.2.3 市场调查的类型

按照不同分类标准，市场调查可以分为以下类型。

1. 按调查的范围分类

（1）全面市场调查　全面市场调查又称为普查，是对市场调查对象总体的全部单位进行的调查，其调查结果虽比较准确，但不易进行，需要大量的人力、物力。

（2）非全面市场调查　非全面市场调查是指对总体中的部分单位进行的调查，又分为典型调查、重点调查和抽样调查。典型调查是从总体中选择具有代表性的部分单位作为典型进行的调查，其目的是通过典型单位的调查来认识同类市场现象总体的规律性及其本质。重点调查是从调查对象总体中选择少数重点单位进行调查，其目的是通过对这些重点单位的调查，反映市场的基本情况。抽样调查是根据概率原则抽出适当样本进行的调查，其结果可以控制，在市场调查中应用较广。

2. 按调查资料收集方法分类

（1）文案调查　文案调查也称二手资料调查或桌面调查，是指通过收集各种历史和现实的动态统计资料，从中摘取与市场调查课题有关的信息。文案调查具有简单、快速、节省调查经费等特点，尤其适用于对历史资料和现状的了解，它既可以作为一种独立方法来运用，也可作为实地调查的补充。

（2）实地调查　实地调查是指调查者自身收集第一手市场资料的方法，包括观察法、实验法和访问法。实地调查在借助科学研究方法的基础上，能够得到比较真实的资料和信息。

> **课堂思辨**
>
> 全面市场调查结果要比非全面市场调查准确，但受条件限制，一般都采用非全面市场调查。（　　　）

3. 按调查目的和深度分类

（1）探索性调查　探索性调查是为了界定调查问题的性质，以及更好地理解问题的环境而进行的小规模调查活动。在调查初期，调查者通常对问题缺乏足够的了解，或尚未形成一个具体的假设，对某个调查问题的切入点难以确定，这时需要进行探索性市场调查的设计。

（2）描述性调查　描述性调查是指进行第一手资料的收集、整理，把市场情况如实加以描述和反映，主要解决"谁""什么""什么时间""什么地点"和"怎样"的问题，如消费者的收入情况、年龄层、购买特性的调查等。

（3）因果性调查　因果性调查是指通过指出各个市场因素之间的相互关系，进一步分析何为因、何为果的调查方法。

（4）预测性调查　预测性调查是指对未来可能出现的市场行情的变动趋势进行的调查，它是在描述性调查和因果性调查的基础上，对市场的潜在需求进行的估算、预测和推断。

课堂测评

测评要素	表现要求	已达要求	未达要求
知识点	能掌握市场调查的含义		
技能点	能初步认识市场调查的内容		
任务内容整体认识的程度	能概述市场调查的意义		
与职业实践相联系的程度	能描述日常生活中的市场调查活动		
其他	能描述市场调查与其他课程、职业活动等的联系		

5.3　市场调查的组织

市场调查是一项系统化的活动，整个工作过程必须进行有序安排。那么，市场调查过程包括哪些环节？这些环节又具体包括哪些工作呢？

市场调查可以由社会上专业的市场调查公司进行，也可以由企业内部的市场调查人员实施。在调查实施之前，调查人员应依据调查研究的目的和调查对象的实际情况，对调查工作的各个方面和全部过程做出总体安排，以提出具体的调查步骤，制定合理的工作流程，从而使整个调查活动有序进行。

市场调查一般包括准备阶段、设计阶段、实施阶段和总结阶段。

5.3.1　市场调查的准备

准备阶段是市场调查工作的开始。准备工作是否充分，对后续的实际调查工作的开展和调查质量的好坏影响很大。

1．确定市场调查目标

市场调查目标的确定是一个从抽象到具体、从一般到特殊的过程。调查者首先应限定调查的范围，找出企业最需要了解和解决的问题，然后分析现有的与调查问题有关的资料，如企业销售记录、市场价格变化等。在此基础上明确本次调查需要重点收集的资料，最后再写出市场调查目标和问题的说明。

确定市场调查目标应该有一个科学的操作过程。首先，通过与企业管理层、行业专家进行访谈，初步了解企业面临的问题是什么；其次，可以通过查阅二手资料，进一步从另一角度去认识企业可能面临的问题；最后，组织一些座谈会，了解管理层以外的人士对营销问题的看法。这样，一个较为清晰的市场调查目标就会呈现在我们面前。

课堂思辨

调查目标的确定不能闭门造车，可以从多个方面去努力，最终将其描述出来。（　　　）

2．建立调查项目组

为了保证市场调查项目顺利实施，需要先建立项目领导小组，主要负责管理控制项目的实施，在此基础上抽调各职能部门人员和外聘人员组成市场调查人员。

（1）市场调查项目领导组　如果调查项目规模较大，涉及多个方面的工作，除了营销人员外，还需要企业内部的产品研究开发部、调查部、统计部、资料室等多个部门指派相关人员，一起组成市场调查项目领导组，以保证调查工作的顺利实施。

（2）选择市场调查人员　通常情况下，一家企业一般不可能拥有太多的专职市场调查人员，一旦有调查项目，常常要组织调查人员的招聘。招聘市场调查人员，可以采取书面形式，也可以采取面试形式。在招聘过程中，对调查人员主要考虑其责任感和沟通能力。

5.3.2　市场调查的设计

市场调查设计阶段的主要工作是设计市场调查方案和市场调查问卷。

重要名词 5-3　市场调查方案

市场调查方案是指在正式调查之前，根据市场调查的目的和要求，对调查的各个方面和各个阶段所做的通盘考虑和安排。市场调查总体方案是否科学、可行，关系到整个市场调查工作的成败。

1. 设计市场调查方案

这一阶段的主要工作包括以下内容。

（1）确定调查项目　调查项目是将要向调查单位调查的内容。调查项目的确定取决于调查的目的和任务，表明调查对象的特点与数据资料搜集的可能性。

（2）确定调查方法　市场调查方法的确定应根据调查资料搜集的难易程度、调查对象的特点、数据取得的源头、数据的质量要求等做出选择。

（3）确定抽样设计　抽样设计包括样本的数量、抽样方法、调查地点、调查对象的确定等。

（4）确定调查人员　为了确保调查工作的顺利实施而制订的具体的人力资源配置计划，主要包括调查的组织领导、调查机构的设置、调查员的选择与培训、课题负责人及成员、各项调研工作的分工等。企业在委托外部市场调查机构进行市场调查时，还应对双方的责任人、联系人、联系方式做出规定。

（5）确定调查费用　在进行调查预算时，要将可能需要的费用尽可能考虑全面，以免将来出现一些麻烦而影响调查的进度。同时，费用也要合理估算，切不可随意多报乱报。

（6）确定工作计划　调查工作计划主要包括工作日程、工作进度监督、对调查人员的考核等。

2. 设计市场调查问卷和调查表

作为搜集市场调查资料的工具，调查表或问卷既可作为书面调查的记载工具，又可以作为口头询问的提纲。调查表是用纵横交叉的表格按一定顺序排列调查项目的形式；问卷是根据调查项目设计的测试卷，用于向被调查者进行调查、询问，并记录调查结果，是市场调查搜集资料的常用工具。

课堂思辨

有的书里将问卷称作调查表，其实，调查过程中用到的表格才属于调查表；问卷是一系列问题组成的测试卷。（　　　）

5.3.3　市场调查的实施

实施市场调查就是按照市场调查方案规划的程序或步骤，进行市场信息的搜集，并对搜集到的资料进行有效性检查后，专门对其进行分析。

1. 文案调查的组织

根据调查目的要求，需要搜集二手资料的，可以按照人员分工，通过查找书籍或其他文献资料，在整理分析的基础上，初步了解调查对象的性质、范围、内容和重点，为正式调查创造条件。

营销案例 5-4　留心处处皆商机

一位久居城市的商人看到许多媒体报道，城市居民经常饱受噪声干扰之苦，却又无法摆脱。在一次休假旅游中，小瀑布的水声激发了他的灵感。他想重复利用水声，于是他带上录音设备，录下了小溪、小河流水和鸟鸣等声音，然后回到城里复制出录音制品高价出售，想不到生意十分兴隆。这种奇妙的商品，能把人带入大自然的美妙境界，使那些久居闹市的人暂时忘却噪声，还可以帮助失眠者尽快进入梦乡。

【评析】留心处处皆商机。在我们抱怨生意难做时，通过一些二手资料调查，也可以发掘新商机。谁是新商机的发现者，谁就是市场的独占者。

2. 实地调查的组织

（1）落实计划工作　要按照事先划定的调查区域确定每个区域调查样本的数量、访问员的人数、每位访问员应访问样本的数量及访问路线，每个调查区域配备一名督导人员；明确调查人员及访问人员的工作任务和工作职责，做到工作任务落实到位，工作目标责任明确。

（2）做好过程管理　调查人员要及时掌握实地调查的工作进度和完成情况，协调好每名访问员之间的工作进度；要及时了解访问员在访问中遇到的问题，帮助解决，对于调查中遇到的共性问题，提出统一的解决办法。要做到每天访问调查结束后，访问员首先对填写的问卷进行自查，然后由督导员对问卷进行检查，找出存在的问题，以便在后面的调查中及时改进。

3. 调查资料的整理

调查资料整理与分析是一个去伪存真、由此及彼、由表及里、综合提高的过程，它能大大提高市场信息的浓缩度、清晰度和准确性，从而大大提高信息资料的价值。

（1）调查资料的整理　在市场调查资料搜集活动结束后，要对所搜集的资料进行相应的整理，它与进行调查同样重要，也是保证资料完整与真实的必要步骤。作为调查工作者，就应当在调查活动结束后，对当天的资料进行复核和整理。这样才能及时发现问题，并在下次调查或回访中，不断追问事实，弥补不足。

（2）调查资料的分析　调查资料分析是市场信息处理的重要内容。它是指对市场调查过程中搜集到的各种原始数据进行适当的处理，使其显示一定的含义，进而反映不同数据之间及汇总数据之间的联系，并通过分析得出某些结论。数据分析所采用的主要是一些统计技术。大量事实证明，仅有搜集到的数据资料，而无正确的分析技术，是不能正确了解和认识市场的。

课堂思辨

调查资料搜集回来后，必须通过整理分析，才能揭示数据背后隐含的意思。（　　　）

5.3.4 市场调查的总结

市场调查总结阶段的主要工作包括编写市场调查报告和提供信息咨询服务。

1. 编写市场调查报告

市场调查报告是市场调查人员以书面形式，反映市场调查内容及工作过程，并提供调查结论和建议的报告。市场调查报告是市场调查研究成果的集中体现，其撰写质量将直接影响整个市场调查研究工作的质量。一份好的市场调查报告，能给企业的市场经营活动提供有效的导向，能为企业的决策提供客观依据。

（1）明确市场调查的目的　这是撰写市场调查报告的基本准备工作。每一个市场调查报告都有明确的撰写目的和针对性，即反映情况、指出原因、提出建议，从而为企业的决策部门制定或调整某项决策服务。撰写市场调查报告的依据就是市场调查的目的，两者具有一致性。

（2）落实写作材料　这是撰写市场调查报告的基础和中心准备工作。市场调查报告是否具有较高的决策参考价值，很大程度上取决于它在写作时所用材料的数量及质量。准备写作材料时，必须注意以下两个方面。

1）不能忽视反面材料的搜集。在各类调查尤其是产业调查、销售渠道调查及消费者调查中，不注意听取反面意见而导致决策失误的教训是很多的。据此可以这样说，对于客观存在的反面意见，如果不注意听取，这种市场调查所取得的材料，不仅是不全面的，而且是虚假的，其危害程度比不进行调查还要严重。

2）重视微观材料，忽视宏观材料。市场调查一般是围绕一类或一种产品或某一市场营销活动进行的微观调查。通过微观调查得出的结论是对产品市场或对该营销活动的预测性意见，如果不根据宏观经济背景材料进行检验或校正，往往会出现偏差。

（3）确定报告类型及阅读对象　调查报告有多种类型，一般性调查报告要求内容简单明了，对调查方法、资料分析整理过程、资料目录等做简单说明，结论和建议可适当多一些。专题性报告要求报告详细明确，中心突出，对调查任务中所提出的问题做出回答。调查报告还必须明确阅读对象。阅读对象不同，要求和所关心的问题的侧重点也不同。

（4）构思报告　撰写市场调查报告前必须有一个构思过程，也就是凭借调查搜集的资料，初步认识调查对象，经过判断推理，提炼出报告主题。在此基础上，确立观点，列出论点和论据，考虑报告的内容与结构层次，拟定提纲。

2. 提供信息咨询服务

市场调查人员将调查结果以用户需求的形式提供给用户，并为用户做必要的辅导、讲解，可为其营销决策提供科学依据，或者企业内部的市场调查人员将调查结果提交管理层，也需要做出一些解释。这一阶段既是对本次市场调查活动的总结、评估，也是为今后的市场调查工作提供经验、方法与教训。

> **重要信息 5-3　市场调查报告的内容**
>
> （1）报告的封面　封面包括报告的题目、报告的使用者、报告的编写者及提交报告的日期等内容。作为一种习惯做法，调查报告题目的下方应注明报告人或单位、通信地址、电话、报告日期，然后另起一行注明报告呈交的对象。
>
> （2）报告的目录　目录是整个报告的检索部分，便于读者了解报告结构，有利于读

者阅读某一部分内容。如果可能，目录应当非常详细。

（3）报告的摘要　报告的摘要具体包括4个方面的内容：①简要说明调查目的；②介绍调查对象和调查内容，包括调查时间、地点、对象、范围、调查要点及所要解答的问题；③简要介绍调查研究的方法；④简要说明调查结论与建议。

（4）报告的正文　正文是调查报告的核心部分，主要包括整个市场调查的详细内容，含调查使用方法、调查程序和调查结果。对调查方法的描述要尽量讲清是使用何种方法，并提供选择此种方法的原因。

（5）结论与建议　结论与建议的几种表现形式：概括全文，综合说明调查报告的主要观点，深化文章的主题；形成结论，在对真实资料进行深入细致的科学分析的基础上，得出报告结论；提出看法和建议，通过分析形成对事物的看法，在此基础上提出建议或可行性方案。

（6）报告的附件　附件中包括的主要内容有：项目策划书；抽样方案，包括样本点的分布和样本量的分配情况等；调查问卷；主要质量控制数据等。

课堂测评

测评要素	表现要求	已达要求	未达要求
知识点	能掌握市场调查的阶段		
技能点	能初步认识市场调查各阶段的具体工作内容		
任务内容整体认识的程度	能概述市场调查的意义		
与职业实践相联系的程度	能描述日常生活中的市场调查过程		
其他	能描述市场调查与其他课程、职业活动等的联系		

小结

任务5小结如图5-2所示。

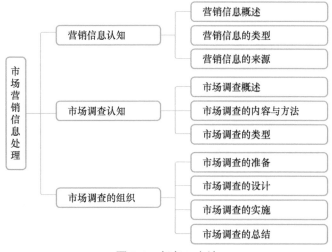

图5-2　任务5小结

教学做一体化训练

一、重要名词

营销信息　　市场调查　　市场调查方案

二、课后自测

（一）单项选择题

1. 所有的市场营销活动，特别是经营决策，必须建立在充分的（　　）基础之上。
   A. 资金　　　　　　　　B. 信息搜集　　　　　C. 物资　　　　　　　D. 人力资源

2. 关于全面市场调查说法正确的是（　　）。
   A. 又称为抽查
   B. 是对市场调查对象总体的部分单位进行的调查
   C. 其调查结果不太准确
   D. 不易进行，需要大量的人力、物力

3. 实地调查获取的资料是（　　）。
   A. 一手资料　　　　　　B. 二手资料　　　　　C. 文案资料　　　　　D. 影像资料

4. 与市场调查方案没有关系的是（　　）。
   A. 调查抽样的方法　　　　　　　　　　　B. 调查工作的计划安排
   C. 市场调查的费用　　　　　　　　　　　D. 调查报告的篇幅

5. 问卷是根据调查项目设计的（　　）。
   A. 测试卷　　　　　　　B. 文案资料　　　　　C. 二手资料　　　　　D. 无序资料

6. 二手资料是指（　　）。
   A. 陈旧的资料　　　　　　　　　　　　　B. 别人已经收集整理过的资料
   C. 不能直接收集的资料　　　　　　　　　D. 无用的资料

（二）多项选择题

1. 营销信息包括（　　）。
   A. 产品信息　　　　　　B. 渠道信息　　　　　C. 消费者信息　　　　D. 策略信息
   E. 战略信息

2. 市场调查过程一般包括（　　）。
   A. 准备阶段　　　　　　B. 设计阶段　　　　　C. 实施阶段　　　　　D. 总结阶段

3. 按照调查目的深度，市场调查主要包括（　　）。
   A. 探索性调查　　　　　　　　　　　　　B. 描述性调查
   C. 因果性调查　　　　　　　　　　　　　D. 预测性调查

4. 由于市场容量的有限性与自然资源的有限性，企业在市场需求、市场供给、制造技术等方面会排斥别的企业与其共享相关信息，即营销信息具有明显的（　　）。
   A. 非共享性　　　　　　B. 排他性　　　　　　C. 竞争性　　　　　　D. 保密性

5. 市场调查的特点有（　　）。
   A. 目的的针对性　　　　　　　　　　　　B. 方法的科学性
   C. 过程的关联性　　　　　　　　　　　　D. 活动的社会性

（三）判断题

1．营销信息是营销沟通的工具。 （ ）

2．简单来说，文案调查法就是我们可能在足不出户的情况下，通过一些文案工作获取的已有信息就可以用来佐证我们的调查项目，支持我们的决策活动。 （ ）

3．实地调查是搜集二手资料的方法之一。 （ ）

4．根据营销信息内容、来源的不同，也有相对应的市场调查方法。 （ ）

5．通常情况下，一家企业一般都拥有大量的专职市场调查人员。 （ ）

6．市场调查工作只能由企业内部的市场调查人员实施。 （ ）

（四）简答题

1．市场调查工作过程包括哪些环节？

2．市场调查方案设计工作包括哪些内容？

3．市场调查的实施主要包括哪些内容？

4．怎样编写市场调查报告？

三、案例分析

小红书是一款内容电商类产品，主要有笔记内容和电商两个模块，内容是生活笔记，电商部分以自营为主，第三方入驻商家为辅。

1．用户画像

小红书的用户以女性居多，男女比例3:7左右。女性用户对购物、美食、时尚这类话题无法抗拒，她们更愿意分享这类生活内容，比较容易形成传播效应。用户年龄分布主要集中在18～35岁，约占70%。其中18～23岁用户是最大的使用人群，说明小红书越来越受年轻人欢迎。在关于大学生群体App行为观察报告中可以看出，大学生人群网络购物App偏好指数（指数与目标用户应用渗透率正相关）排行榜中，小红书的偏好指数最高。现在的大学生群体，正值18～23岁这个年龄段。可以看出，小红书上涌入的越来越多的年轻人还爱上了在小红书上购物。在地域分布上，小红书的用户主要集中在经济比较发达的地区，其中广东省的用户最多。从消费能力上看，小红书用户中，中等消费者占比达36.49%，环比增加5.31%；高消费者占比29.38%，环比增加16.91%；中高消费者占比23.05%，环比减少19.71%。小红书的受众更多是中等消费及以上人群，该类人群总和近90%。这可能与社区早期内容主要以出境购物有关。出境购物消费用户，经济水平相对来说偏高，出境购买的奢侈品等高价商品偏多。出境购物之后，通过把购物体验以及商品评价等通过笔记的形式分享在社区里，这些笔记内容又吸引更多相似消费水平的用户前来。

2．用户使用场景及用户类型

1）某女，21岁，在广州上大学。平时喜欢在网上购物，日常生活中需要购买某款新的洗面奶，会先去小红书上搜索该款洗面奶的笔记，看看其他人是如何评价该洗面奶的，判断自己是否适合，另外再看下福利社是否可以购买该洗面奶。

2）某女，27岁，在上海工作，兼职主播。平时上班内容枯燥，喜欢在网上晒自己平时的穿搭打扮，通过网络社区中他人的认可获得满足感，并积攒粉丝。下班后，她会在小红书上更新自己的一些穿搭打扮笔记，笔记以图文形式为主。另外，她还会与小红书上的粉丝互动留言，回复其他用户的一些问题。她还通过高质量的笔记累积收藏数，获取更多粉丝，吸引商家注意，进行合作接广告。

3）某女，25岁，在杭州工作，白领。她闲暇时喜欢在小红书上看其他博主推荐分享的笔记。她通过笔记，学着化妆，自制健康营养，查看去东南亚旅游的攻略等。

4）某女，23岁，在北京工作。她平时喜欢追星，在小红书上关注一些明星，购物喜好比较偏向相信明星口碑，根据明星的推荐购买产品。

【问题】

（1）小红书为什么能够对用户进行画像？

（2）企业通过用户观察分析，可以获得哪些市场机会？

同步实训

实训 5-1：市场调查认知

实训目的：认识市场调查的含义与特征，理解其实际意义。

实训安排：

1. 学生分组，列举自己日常生活中经历过的市场调查活动，讨论分析其过程。

2. 在讨论的基础上，归纳出市场调查活动的结果，并说明其意义。由此推及企业的市场调查活动。

3. 选择部分学生做 PPT 进行展示，并组织讨论与分析。

实训总结：学生小组交流不同的分析结果，教师根据分析（文案）报告、PPT 演示、讨论分享中的表现，分别给每组进行评价打分。

实训 5-2：市场调查工作认知

实训目的：认识市场调查的主要工作，理解其实际意义。

实训安排：

1. 学生分组，讨论"购买商品房"应经历的市场调查过程，并分析其原因。

2. 根据分析结果，概括主要的市场调查过程。

3. 选择部分学生做 PPT 进行展示，并组织讨论与分析。

实训总结：学生小组交流不同的分析结果，教师根据分析（文案）报告、PPT 演示、讨论分享中的表现，分别给每组进行评价打分。

实训 5-3：市场调查报告编写认知

实训目的：认识市场调查报告的编写，理解其实际意义。

实训安排：

1. 学生分组，根据实训 5-2 中购买商品房调查示例中形成的调查结论，写成模拟市场调查报告。

2. 学生分组，讨论这一报告形成中的技巧与要求，判断是否能够根据市场调查结论购买商品房。

3. 选择部分学生做 PPT 进行展示，并组织讨论与分析。

实训总结：学生小组交流不同的分析结果，教师根据分析（文案）报告、PPT 演示、讨论分享中的表现，分别给每组进行评价打分。

素养提升园地

广大科技工作者在中国航天事业中迎难而上、接续奋斗。"两弹一星"精神、载人航天精神、探月精神、新时代北斗精神，成为第一批纳入中国共产党人精神谱系的伟大精神，激励着科技工作者不断攀登新的高峰。这一个个骄人的成绩背后，是无数航天工作者经历了无数的挫折，不断进行仔细的调查研究，以科学的精神，不放过任何一丝可能的风险，勇于探索、协同攻坚、合作共赢的结果。

2020 年 3 月 16 日和 4 月 9 日，中国运载火箭发射连续两次失利，这也再次显示航天事业的高风险。型号队伍和航天专家同舟共济、夜以继日、集中会战，深入开展问题复盘、原因分析、试验验证等归零工作，两次失利的故障定位和机理基本明确。与此同时，有关部门在航天全线组织开展了全面质量整顿和复核复查，对原定执行的火箭发射计划进行了适度的调整。

中国载人航天工程办公室主任助理表示，作为系统最复杂、安全要求最高的一项航天工程，载人航天始终坚持质量第一、安全至上。长征五号 B 运载火箭担负着发射空间站舱段的重要使命，关系到载人航天工程"三步走"战略目标能否实现，容不得任何闪失。在前期开展的大量质量安全与可靠性工作基础上，针对两次发射失利，长征五号 B 运载火箭和任务相关系统迅即开展了故障剥离和举一反三，进行技术状态和产品质量的再复查、再复核、再确认，全面排查风险和薄弱环节，进一步完善方案预案，努力使失利的教训变成宝贵的财富。

思考：

（1）我国运载火箭发射失利原因调查研究的重大意义有哪些？

（2）你所了解的航天精神有哪些？

（3）市场调查中是否应该具备工匠精神？

学生自我总结

通过完成任务 5，我能够做如下总结。

一、主要知识

概括本任务的主要知识点：

1. ....

2. ....

二、主要技能

概括本任务的主要技能：

1. ....

2. ....

三、主要原理

你认为，市场调查工作的基本原理是：

1. ....
2. ....

四、相关知识与技能

你在完成本任务的过程中得出：

1. 市场调查出现的原因有 ....
2. 市场调查活动过程包括 ....
3. 市场调查的总结工作主要有 ....

五、成果检验

你完成本任务的成果：

1. 完成本任务的意义有 ....
2. 学到的知识或技能有 ....
3. 自悟的知识或技能有 ....
4. 你对运载火箭发射失利原因调查意义的看法是 ....

任务 6 >>

目标市场分析

学习目标

知识目标
○ 了解市场细分的概念。
○ 了解目标市场的概念。
○ 了解市场定位的意义。

能力目标
○ 能够开展市场细分活动。
○ 能参与企业产品市场定位。
○ 能够对目标市场分析有整体的认识。

素养要求
○ 认识市场拓展的意义。
○ 引领学生建立国际视野。
○ 培养学生的全球化意识。

目标市场细分
素养提升

目标市场细分
课前阅读

任务描述

　　面对复杂多变、消费者众多的市场，市场营销人员通过市场调查、环境分析、消费者分析，按照一定标准将企业面对的市场划分为较小的市场，选择最有开发价值的市场，并集中力量满足和服务于这类市场。这项活动的主要工作对象涉及消费者市场环境、人口特征、生活方式、经济水平等。在工作中，运用多种方法，形成对消费群体认知、态度、动机、选择、决策、购买、使用等方面的研究报告。

任务解析

　　根据市场营销职业工作过程的活动顺序，可以将这一学习任务分解为以下子任务，如图 6-1 所示。

图 6-1　目标市场分析的子任务

| 课前阅读 |

饮料分男女！手机分男女！洗发水也分男女？究竟是噱头还是需求？在营销概念里，性别营销就是通过将消费人群区分为男性与女性，企业选择对应的性别市场作为目标市场，并由此展开基于男女两性差异的营销。例如，针对女性的营销活动，一般都是搭配柔和的色彩和浅色的主题；男士产品通常会使用灰色、黑色和蓝色，同时会强调和展现体力要求。早在 2012 年 4 月 27 日，快速消费品巨头联合利华在北京高调宣布，该公司 10 年以来推出的第一款新产品、全国首款"男女区分"去屑洗发水"清扬"正式上市。联合利华大中华区总裁在接受记者专访时表示，联合利华从 2012 年开始将凭借"清扬"在全球去屑洗发水领域的专业优势，抢占中国去屑洗发水市场。

在现代社会，传统的性别营销模式缺陷很多：由于品牌永久性地限制性别角色，某些消费者会存在刻板印象，不会欣赏使用该策略的品牌，甚至会疏远。使用性别营销的品牌也会引发不良反应，从而将潜在客户拒之门外。从某种角度看，这种营销模式已经过时。通过这一事例，营销初学者应该尽快走入消费群体细分的创意之门。

【问题】

（1）文中要说明的主要意思是什么？

（2）洗发水分男女强化了性别差异，你还能举出哪些例子？

（3）分男女主要考虑了消费者的哪些心理诉求？

（4）举出市场上相反的例子并说明原因。

6.1　市场细分认知

在市场营销活动中，市场细分是目标市场选择的基础工作。那么，什么是市场细分呢？市场细分的具体工作有哪些？营销人员在这一环节的主要工作是什么？

6.1.1　市场细分概述

消费市场是一个庞大而复杂的系统。从呱呱坠地的婴儿到古稀老人，都是消费市场中的一员。然而，由于受年龄、性别、文化程度、收入、职业、兴趣、居住地点、环境等因素的影响，各类消费者的购买习惯、动机、方式和水平都有明显的差异，从而形成了不同类型的需求市场。组织市场包含不同特点的企业或单位，营销人员需要对其进一步细分，以便能够找准自己的服务对象。

1. 市场细分的概念

任何企业都不可能满足所有的市场需求，只有从多个购买群体中选定自己产品的消费群体，市场营销活动才会更有针对性。

重要名词 6-1　市场细分

市场细分是指在市场营销活动中，根据消费者的购买行为、购买习惯，以及需求的差异性，按照一定标准把市场划分为两个或更多的消费者群体，从而确定企业目标市场的活动过程。

市场细分的实质是细分消费者的需求。企业进行市场细分，就是要发现不同消费者需求的差异性，然后把需求基本相同的消费者归为一类，这样就可以把某种产品的整体市场划分为若干个细分市场。我们可以从以下几个方面进一步说明市场细分的内涵：

1）市场细分是对消费者进行分类。市场细分不是对产品分类，而是对同种产品需求各异的消费者进行分类。消费者的不同需求的差异性是市场细分的重要依据。

2）市场细分是存小异、求大同。由于所处的社会、经济、自然条件等因素的不同，以及性别、年龄、文化、职业、爱好、经济条件、价值观念的不同，消费者的需求、欲望、购买行为具有明显差异。但对某种特定的产品而言，各种不同的消费者组成了对产品的某个特性具有偏好的群体。

3）市场细分是一个聚集的过程，而不是分解的过程。市场细分在存小异、求大同的基础上，把对某种产品的特点最容易做出反应的消费者，根据多种变量连续进行集合，直到形成企业的某一细分市场。

2. 市场细分的依据

企业进行市场细分，往往是出于对消费者需求变化的主动适应。在实践中，细分工作也有着以下客观依据。

（1）市场的可细分性　市场是商品交换关系的总和，包含众多商家、商品及服务，本身就是可以细分的。

> **例 6-1　手机市场的细分**
>
> 华为 mate 系列主打商务办公，面向高端商务人士。华为 P 系列走的也是高端路线，不过与 mate 不同的是，P 系列主打时尚、奢华，主要面向年轻时尚人士。华为 nova 系列走的是中端路线，比 mate 和 P 系列低了一个档次，主打手机自拍，最受女士喜爱。畅享系列是华为的中低端机型，这个价位的竞争力也比较小，主要面向线下中老年人士，主打稳定、方便。

（2）消费者异质需求的存在　市场中的消费者是一个庞大的群体，他们的消费需求总是或多或少地存在着一些差异。根据消费者需求差异的大小，市场大致可以分为两种类型：一类是"同质性市场"，顾名思义，在这样的市场上，消费者的需求差异比较小，一般情况下，没有必要进行市场的精确细分；另一类市场是"异质性市场"，是指由于消费者所处的地域、社会环境不同，自身的心理素质及购买的动机不同，造成了他们对产品的价格、质量、功能、款式等需求的差异性。

> **例 6-2　我国牙膏市场细分**
>
> 我国牙膏市场竞争非常激烈，各大牙膏品牌为了寻求突围，开始布局牙膏细分市场，如中华牙膏主要定位于药物牙膏市场，黑妹牙膏主要定位于美白细分市场。女性消费者对牙膏的挑选会比较谨慎甚至苛刻，男性消费者相对来说会随意一些。企业一般针对女性消费者来设计产品，用高颜值与高品质去满足她们的需求。

（3）消费者需求的相似性　在现实生活中，具有相近社会背景、文化氛围、经济层次、生活习俗等客观条件的消费群体总显现出在某种需求、欲望、心理、行为、习惯等方面的相似性。这种相似性就构成了市场细分的依据。

（4）企业的不同优势　市场中的企业在不同方面具备自己的优势，如资源、设备、地理位置、技术等。不同的优势可以满足不同的消费需求。

重要信息 6-1　市场细分的意义

1）有利于选定目标市场并制定营销策略。企业进行市场细分工作后，划分出来的子市场比较具体，在研究中，也容易了解消费者的需求。同时，企业可以根据自己的经营计划、生产技术和营销力量，精准地确定自己的服务对象，即目标市场。

2）有利于分析新的市场机会。市场细分有利于企业研究潜在的市场需求，切实掌握消费者需要的满足程度及变化情况，方便企业对每一个细分市场的购买潜力、满足程度、竞争情况等进行分析对比，从而挖掘出有利于本企业的市场机会，并在产品、渠道、价格和广告宣传服务等方面把工作做细、做好，使消费者现实的和潜在的需求得到更好的满足。

3）有利于充分利用企业资源，提高竞争实力。任何一个企业的资源和资金都是有限的。这样，在细分市场上，竞争者的优势与劣势都能明显暴露出来。企业可以对各种市场机会进行比较，看准时机，抓住那些有利的市场机会，选择适合自己的目标市场，集中人力、物力和财力资源，推出更适合消费者的产品，去争取局部市场上的优势。

4）有利于企业提高经济效益。通过市场细分，企业可以针对自己的目标市场，生产出满足消费者需求的产品，从而增加企业的销售收入；产品适销对路可以加速商品流转，降低企业的生产销售成本，提高生产工人的劳动熟练程度，提高产品质量，全面提高企业的经济效益。

6.1.2　市场细分的开展

从市场细分的依据和意义可以看出，市场细分在企业营销活动，乃至提升经营效益等方面具有重要作用。

1. 确定市场细分标准

在实际操作中，市场细分要遵循一定的标准，按规范操作。消费者市场与生产者市场的性质不同，进行市场细分的标准也不一样。

（1）消费者市场细分标准　消费者市场细分标准主要是一些引起消费者需求变化的因素，即人口因素、地理因素、心理因素和行为因素。这些因素会单一或综合地对消费者的消费形成影响。

1）人口因素。人口是构成消费者市场的基本要素之一。人口因素可以分为年龄、性别、家庭规模、收入、职业、受教育程度、民族、国籍等，以这些因素为基础可以把市场分割成不同的群体。人口因素是细分消费者市场时最常用的依据。一是因为消费者的需求、偏好与人口统计变量有着密切的关系。二是因为人口统计变量比较容易衡量，有关数据相对容易获取。

例 6-3　童装的年龄细分

童装企业进行童装品牌定位，可以通过年龄层细分市场。根据儿童的体貌特点和对服装的设计需求及消费特点，童装细分起来应包括：1岁前的婴儿装、1～3岁的幼儿装、4～6岁的小童装、7～9岁的中童装、10～12岁的大童装、13～16岁的少年装。

例6-4 性别细分

由于生理上的差别，男性与女性在产品需求与偏好上有很大的不同。例如，服装、化妆品、个人保健品、杂志、珠宝、鞋等商品的营销人员通常根据性别来进行市场细分。像美国的一些汽车制造商，过去一直是迎合男性的需求来设计汽车。现在，随着越来越多的女性参加工作和拥有自己的汽车，那些汽车制造商正研究市场机会，设计具有吸引女性消费者特点的汽车。

例6-5 收入细分

收入水平影响消费者的需求并且决定他们的购买能力。根据收入可以把市场分为高收入阶层、白领阶层、工薪阶层、低收入人群等。高收入阶层和白领阶层更关注商品的质量、品牌、服务及产品附加值等因素，而低收入人群则更关心价格和实用性。正因为收入是引起需求差别的一个直接而重要的因素，所以在住房、服装、汽车及食品市场等领域，根据收入进行细分市场的情况相当普遍。

例6-6 职业与教育细分

消费者的职业与受教育程度不同，也会引起需求的很大差异。例如，农民购买自行车偏好载重自行车，而学生、教师则喜欢轻型的、样式美观的自行车。由于所受教育程度的不同，消费者的审美观具有差异，例如对居室装修风格、颜色等会有不同的偏好；有些职业，如医生尽管收入水平和消费观念都符合消费首饰的要求，但其职业要求是不适合佩戴首饰的。

一般情况下，大多数公司通常是采用两个或两个以上的人口统计变量来细分市场的。

2）地理因素。地理因素是企业经常采用的一种市场细分标准。一般可从国界、地区、城乡、人口密度、地形、气候等因素进行划分。由于地理环境、气候条件、社会风俗和文化传统的影响，同一地区的消费者往往具有相似的消费需求，而不同地区的消费者在需求内容和特点上有明显的差异。生活在草原或山区、内陆或沿海、温带或寒带、城市或乡村的人们有各自不同的需求和偏好。按地理因素细分的主要依据是：处在不同地理位置的消费者对产品有不同的需求和偏好，他们对企业采取的市场营销策略、产品价格、分销渠道，以及广告宣传等市场营销措施也有不同的反应。例如，对同一种产品的广告宣传，城市消费者讲究时代感，乡村消费者看重的是实在、朴实。此外，市场位置的不同往往引起某一产品的市场潜量和成本费用的不同，企业应选择那些自己能为之提供最好服务的、效益高的地理市场为目标市场。

3）心理因素。根据购买者所处的社会阶层、生活方式、个性特点等心理因素细分消费者市场叫作心理细分。同一地理细分市场中的消费者可能显示出迥然不同的心理特征。

例6-7 社会阶层细分

社会阶层是由具有相同或类似社会地位的社会成员组成的相对持久的群体。由于不同的社会阶层所处的社会环境、成长背景不同，因而兴趣偏好也不同，对产品或服务的需求也不尽相同。处于同一社会阶层的成员具有类似的价值观、兴趣爱好和行为方式，不同社会阶层的成员则在上述方面存在较大的差异。很显然，识别不同社会阶层的消费者所具有的不同特点，将会给很多产品的市场细分提供重要的依据。

⌐ 例6-8 生活方式细分

　　人们消费的商品往往反映了他们的生活方式。来自相同社会阶层、职业的人们可能各有不同的生活方式。例如，有的追求新潮、时髦，有的追求恬静、简朴；有的追求刺激、冒险，有的追求稳定、安逸。生活方式不同的消费者对商品有不同的需求。例如，西方的一些服装生产企业，为"纯朴的妇女""时尚的妇女"和"有男子气的妇女"分别设计不同的服装；大众汽车公司将其消费者划分为"循规蹈矩的公民"和"汽车爱好者"。

　　为了进行生活方式的细分，企业可以用活动、兴趣、意见3个尺度来衡量消费者的生活方式。

⌐ 例6-9 个性细分

　　个性是一个人心理特征的集中反映。个性不同的消费者往往有不同的兴趣偏好。俗话说"人心不同，各如其面"，每个人的个性都会有所不同。通常，个性会通过自信、自主、支配、顺从、保守、适应等性格特征表现出来。营销人员可以通过个性变量来细分市场，使产品具有与消费者相一致的个性。在西方国家，对化妆品、啤酒、汽车、保险之类的产品，有些企业以消费者的个性特征为基础进行市场细分并取得了成功。

　　4）行为因素。行为细分是指根据购买者对产品的了解程度、态度、使用情况及反应，把购买者划分为不同群体。研究认为，行为因素能更直接地反映消费者的需求差异，因而成为市场细分的最好出发点。按行为因素细分市场主要包括购买利益细分、使用者细分、使用数量细分、品牌忠诚度细分、购买准备阶段细分和态度细分等几个方面。

⌐ 例6-10 购买利益细分

　　消费者在购买某种产品时，总是为了追求不同的利益，即解决某类问题，满足某种需要。营销界曾经将利益细分法运用于牙膏市场细分中，发现有4种利益细分，即低价格、防蛀牙、洁白牙齿和特殊香味。美国曾有人运用利益细分法研究手表市场，发现手表购买者分为3类：①大约23%侧重价格低廉。②46%侧重耐用性及一般质量。③大约31%侧重品牌声望。当时美国各著名钟表公司大多把注意力集中于第三类细分市场，从而制造出豪华昂贵的手表并通过珠宝店销售。唯有天美时（TIMEX）公司独具慧眼，选定第一类、第二类细分市场作为目标市场，全力推出一种价廉物美的"天美时"牌手表并通过一般钟表店或某些大型综合商店出售。该公司后来发展成为世界知名钟表公司。

⌐ 例6-11 使用者细分

　　许多产品可按使用情况将消费者分为"从未用过""曾经用过""准备使用""初次使用""经常使用"5种类型，即5个细分市场。通常大公司对潜在使用者感兴趣，而一些小企业则只能以经常使用者为服务对象。对使用情况不同的消费者，在广告宣传及推销方式方面都有所不同。

例 6-12　使用数量细分

根据消费者使用某一产品的数量大小细分市场，通常可分为大量使用者、中度使用者和轻度使用者。大量使用者人数可能并不很多，但他们的消费量在全部消费量中占很大的比重。美国一家公司发现，美国啤酒的 80% 是被 50% 的顾客消费掉的，另外一半顾客的消耗量只占消耗总量的 20%。因此，公司宁愿吸引重度饮用啤酒者，而放弃轻度饮用啤酒者，并把重度饮用啤酒者作为目标市场。公司还进一步了解到大量喝啤酒的人多是工人，年龄在 25 ～ 50 岁，喜欢观看体育节目，每天看电视的时间不少于 3 ～ 5 小时。很显然，根据这些信息，公司可以大大改进其在定价、广告传播等方面的策略。

例 6-13　品牌忠诚度细分

企业还可根据消费者对产品的忠诚程度细分市场。有些消费者经常变换品牌，另外一些消费者则在较长时期内专注于某一或少数几个品牌。通过了解消费者品牌忠诚情况和品牌忠诚者与品牌转换者的各种行为与心理特征，不仅可为企业细分市场提供基础，同时也有助于企业了解为什么有些消费者忠诚于本企业的产品，而另外一些消费者则忠诚于竞争企业的产品，从而为企业选择目标市场提供依据。

例 6-14　购买准备阶段细分

消费者对各种产品的了解程度往往因人而异。有的消费者可能对某一产品确有需要，但并不知道该产品的存在；还有的消费者虽然已知道产品的存在，但对产品的价值、稳定性等还存在疑虑；另外一些消费者可能正在考虑购买。针对处于不同购买阶段的消费群体，企业可进行市场细分并采用不同的营销策略。

例 6-15　态度细分

消费者对产品的态度可以分为热爱、肯定、冷淡、拒绝和敌意等。企业还可根据市场上顾客对产品的热心程度来细分市场。不同消费者对同一产品的态度可能有很大差异，如有的持肯定态度，有的持否定态度，还有的持既不肯定又不否定的无所谓态度。企业针对持不同态度的消费群体进行市场细分，在广告、促销等方面也应有所不同。

（2）生产者市场细分标准　生产者市场又叫产业市场，有时也叫生产资料市场，是由这样一种个体和组织构成的：采购货物和劳务不是为了个人消费，而是为了加工生产其他产品，以便出售或出租，从中获利。

在市场细分工作中，许多用来细分消费者市场的标准，同样可用于细分生产者市场，如追求的利益、使用者情况、使用数量、品牌忠诚度和态度等。不过，在现实营销活动中，生产者与消费者在购买动机与行为上存在着一些差别，所以除了运用前述消费者市场细分标准外，还可以用一些新的标准来细分生产者市场。

1）最终用户的要求。按最终用户的要求细分工业品市场是一种通用的方法。在产业市场上，不同的最终用户所追求的利益不同，对同一种产品的属性看重不同的方面。

> **例 6-16 最终用户利益细分**
>
> 　　同样是购买轮胎，飞机制造商对该产品的安全性要求比农用拖拉机制造商高得多；而汽车制造商在生产比赛用车和一般乘用车时，对轮胎的质量等级也有不同的要求。最终用户的每一种需求都可以是企业的一个细分市场，企业为满足最终用户的不同需求，应相应地运用不同的营销组合。

　　2）用户规模。购买量（大、中、小）通常用来作为生产者用户细分的依据。许多情况下，企业需要根据用户规模大小来细分市场，并根据用户的规模不同，采用不同的营销组合策略。例如，对于大客户，宜直接联系，直接供应，在价格、信用等方面给予更多的优惠；对于众多的小客户，宜使产品进入商业渠道，由批发商或零售商去组织供应。

> **例 6-17 用户规模细分**
>
> 　　一家办公室用具制造商按照客户规模将其客户细分为两类消费群体：一类是大客户，这类消费群体由该公司的全国客户经理负责联系；另一类是小客户，由外勤推销人员负责联系。

　　3）用户地理位置。产业用户的地理分布往往受一个国家的资源分布、地形、气候和经济布局的影响制约。不同地区的顾客对某种产品的需求存在很大的差异。

> **例 6-18 用户地理细分**
>
> 　　在冬天，我国东北三省会特别寒冷，消费者对比较厚的羽绒服、防寒服需求量非常大，但是同样厚度的羽绒服在海南省基本没有市场，因为海南省冬天也比较暖和，根本不需要特别厚的衣服。这就是地理区域差异对消费者的需求产生了影响，形成了服装市场的细分。

　　4）用户的购买情况。用户的购买情况是指产业用户的购买能力、购买目的、购买方式、批量、付款方式和审批手续等。这些情况也可以作为细分市场的标准。

　　5）购买决策人情况。产业用户购买决策人的年龄、受教育程度、社会经历和所担任职务等因素也可以作为细分市场的标准。

　　2. 选择市场细分标准的原则

　　理论上，细分市场有许多标准，但对于具体的一项市场细分工作而言，并非所有的细分标准都可以机械地套用。要想做好细分市场工作，市场细分标准的选择必须遵循以下原则。

　　（1）可衡量性原则　可衡量性是指用来细分市场的标准及细分后的市场是可以识别和衡量的，即子市场或分市场之间有明显的区别、有合理的范围。

　　如果某些细分标准或购买者的需求和特点很难衡量，细分市场后无法界定，难以较为确切地描述，那么这样的市场细分工作就失去了意义。一般来说，一些带有客观性的标准，如年龄、性别、收入、地理位置、民族等都易于确定，并且有关的信息和统计数据也比较容易获得；而一些带有主观性的标准，如心理和性格等，就比较难以确定了，以此为依据进行市场细分一定要慎之又慎。

　　（2）可进入性原则　可进入性是指企业能够进入所选定的市场部分，能进行有效的促销和分销，实际上就是考虑未来营销活动的可行性。一是企业能够通过一定的广告媒体把产品的信息传递到该市场众多的消费者中去；二是产品能通过一定的销售渠道抵达该细分市场。否则，该细分市场的价值就不大。

例 6-19 本田汽车的细分标准

本田公司在向美国消费者推销汽车时，就遵循可进入性原则，从而成功地进行了市场细分，选择了自己的目标市场。同"奔驰""奥迪""沃尔沃"等高级轿车相比，本田汽车不仅价格较低，技术也较高，足以从竞争对手口中争食。然而，本田公司没有这样做。根据本田公司当时的推测，年轻消费者可随意支配的收入会越来越多，涉足高级轿车市场的年轻人也将越来越多。与其同数家公司争夺一个已被瓜分的市场，即部分早就富裕起来并拥有高级轿车的中老年消费者市场，不如另外开辟一个尚未被竞争对手重视的、可以完全属于自己的市场，即刚刚和将要富裕起来的中青年消费者市场。

（3）有效性原则　有效性是指企业进行市场细分后所选定的子市场的规模足以使企业有利可图。在进行市场细分时，企业必须考虑细分市场上消费者的数量，以及他们的购买能力和购买产品的频率。如果细分市场的规模过小、市场容量太小、细分工作烦琐、成本耗费大、获利小，就不值得去细分。

例 6-20 无效的细分

一所普通大学的餐厅经过市场调查后，专门开设了一个西餐厅，以满足少数师生酷爱西餐的要求。然而，经营时间不长，就门可罗雀了。这就是由这个细分市场太小而导致的。

（4）相对稳定性原则　相对稳定性是指细分市场在一定的时间内能保持相对稳定的状态，以便企业制定长期的市场营销策略，稳定地开拓并占领目标市场，获得预期的效益。如果细分市场变化较大，企业的经营风险也会随之增加。

3. 进行市场细分

（1）科学运用市场细分标准　在市场细分工作中，许多标准都是变动着的，常见的有消费者的年龄、收入、购买动机，生产者的经营规模、产品种类等。在进行市场细分时，一定要根据企业的实际情况，科学合理地运用这些细分标准。

1）单一标准。单一标准是指以影响消费者需求的某一个重要因素为标准开展市场细分工作。例如服装企业，按年龄细分市场，可分为童装、少年装、青年装、中年装、中老年装、老年装；按气候的不同，可分为春装、夏装、秋装、冬装。

2）多个标准。多个标准是指以影响消费者需求的两种或两种以上的因素为标准进行市场细分。例如锅炉生产商，主要根据企业规模的大小、用户的地理位置、产品的最终用途及潜在市场规模来细分市场。

3）系列标准。系列标准是指以企业经营的特点并按照影响消费者需求的多个因素为标准，从大到小进行市场细分。这种方法可使目标市场更加明确而具体，有利于企业更好地制定相应的市场营销策略。例如自行车生产企业，可按地理位置（城市、郊区、农村、山区）、性别（男、女）、年龄（儿童、青年、中年、中老年）、收入（高、中、低）、职业（工人、农民、学生、职员）、购买动机（求新、求美、求价廉物美、求坚实耐用）等变量因素细分市场。

（2）市场细分工作的步骤　市场细分应该按照一定的程序来进行，通常有这样几个步骤。

1）确定市场范围。企业确定进入什么行业、生产什么产品，是市场细分工作的起点。

⚓ 例 6-21　明确市场范围

　　某房地产公司打算在乡间建造一幢简朴的住宅，若只考虑产品特征，该公司可能认为这幢住宅的出租对象是低收入者，但从市场需求角度看，高收入者也可能是这幢住宅的潜在消费者。因为高收入者在住腻了高楼大厦之后，恰恰可能向往乡间的清静，从而可能成为这种住宅的消费者。

　　2）列出市场范围内所有潜在消费者的需求情况。根据细分标准，比较全面地列出潜在消费者的基本需求，作为以后深入研究的基本资料和依据。

　　3）选出消费者最具差别性的需求作为细分标准。对于列举出来的基本需求，不同消费者强调的侧重点可能会存在差异。通过差异比较，不同的消费者群体即可初步地被识别出来。

　　4）对细分标准进行筛选。消费者的共同需求不能作为市场细分的标准，应该舍去。例如，住宅的遮风避雨是每位用户的要求，就不能作为细分市场的标准，因而应该剔除。

　　5）根据市场细分标准，对市场进行细分。企业可以根据实际情况用一个或几个标准来对市场进行细分。进行细分后，确定子市场名称，以引起消费者对企业产品的认同感。

　　6）了解产品市场的新标准，以进一步细分市场。随着需求的变化，市场有可能进一步细分，这就要求企业必须进一步分析每一细分市场需求与购买行为的特点。

　　7）决定细分市场规模，选定目标市场。在调查基础上，估计每一细分市场的规模，并对细分市场上产品竞争情况做出分析，选择对企业最有利的子市场作为经营重点对象。

营销案例 6-1　油漆厂的市场细分

　　一家小油漆厂通过调查对市场做了以下细分：本地市场的 60%，是一个大市场，对各种油漆产品都有需求，但自己无力参与。另有 4 个分市场，各占 10% 的份额。一个是家庭主妇群体，特点是不懂室内装修需要什么油漆，但要求质量好；一个是油漆工助手群体，消费者需要购买质量较好的油漆，替住户进行室内装饰；一个是老油漆技工群体，他们的特点是一向不买调好的油漆，只买颜料和油料自己调配；最后是对价格敏感的青年夫妇群体，他们收入低、租公寓居住。公寓租户在一定时间内需要油漆住房，以保护房屋，因此他们购买油漆时会更多地考虑价格因素。

　　经过研究，该厂决定选择青年夫妇作为目标市场，并制定了相应的市场营销策略。

　　（1）产品　经营少数不同颜色、包装的油漆，并根据目标消费者的喜爱程度，随时增加、改变或取消颜色品种和规格。

　　（2）分销　产品送抵目标消费者住处附近的每一家零售商店。目标市场范围内一旦出现新的商店，立即招徕经销本厂产品。

　　（3）价格　保持单一低廉价格，不提供任何特价优惠，也不跟随其他厂家调整价格。

　　（4）促销　以"低价""满意的质量"为口号，以适应目标消费者的需求特点。定期变换商店布置和广告版本，创造新颖的形象，并变换使用广告媒体。

　　【评析】由于市场细分选择恰当，市场营销战略较好地适应了目标消费者。虽然经营的是低档产品，该厂仍然获得了很大的成功。

课堂测评

测评要素	表现要求	已达要求	未达要求
知识点	能掌握市场细分的含义		
技能点	能初步认识市场细分的操作		
任务内容整体认识的程度	能概述市场细分的意义		
与职业实践相联系的程度	能描述日常生活中的市场细分表现		
其他	能描述市场细分与其他课程、职业活动等的联系		

6.2　目标市场选择

经过市场细分，营销人员依据不同标准将市场划分为不同的小市场。企业根据自身的条件与资源，就可以进一步选定目标市场。那么，什么是目标市场？目标市场选择有哪些具体的工作？

6.2.1　目标市场概述

在企业市场营销活动中，市场细分和目标市场选择是两个基本环节。市场细分是选择和确定目标市场的基础和前提，目标市场选择则是市场细分结果的体现，是目标市场营销的第二个步骤。可以说，企业的一切市场营销活动都是围绕目标市场进行的。

1. 目标市场的概念

简言之，目标市场是指在市场细分的基础上，企业选定并决定进入的最佳细分市场。

重要名词 6-2　目标市场

目标市场是指企业在市场细分的基础上，根据自身条件和外界因素所确定的营销对象。企业的目标市场可以是一个或几个子市场，也可以包括大部分子市场，或者整个市场。目标市场的多少取决于企业的营销战略目标及企业的实力。

在市场营销活动中，企业必须选择和确定目标市场。这主要基于以下两个方面的原因。第一，选择和确定目标市场，明确企业的具体服务对象，关系到企业市场营销活动目标的落实，是企业制订市场营销活动计划的首要内容和基本出发点；第二，对企业来说，并非所有的细分市场都具有同等吸引力、都有利可图，只有那些和企业实际情况及条件相匹配的细分市场，对企业才具有较强的吸引力，才可能是企业的最佳细分市场。

2. 目标市场选择的原则

企业在完成了市场细分后，总会运用一些标准来评价和选择出自己的目标市场。一般来说，进行目标市场选择应遵循以下一些原则。

1）应有足够的规模与潜力。市场规模大，则购买力强，足以实现企业的预期市场目标。市场潜力大，企业则可以获得长足的发展。

2）应有足够的吸引力。具有一定规模和发展前景的市场仅是目标市场选择的第一个条件，从长期赢利的角度来看，细分市场还应该具有足够的吸引力。

3）应符合企业的目标和资源条件。某些细分市场虽然有较大的吸引力，但不能推动企业实现发展目标，甚至分散企业的精力，使之无法达到主要目标，这样的市场应考虑放弃。另外，还应考虑企业的资源条件是否适合在某一细分市场经营。只有选择那些企业有条件进入、能充分发挥其资源优势的市场作为目标市场，企业才会立于不败之地。

> **重要信息 6-2　确定目标市场的备忘录**
>
> 　1）产品、市场和技术三者密切相关。企业所选择的目标市场，应能充分发挥企业的技术特长，生产符合目标市场需求的产品。
>
> 　2）遵循企业既定的发展方向。目标市场的选择应根据企业市场营销战略目标的发展方向来确定。
>
> 　3）发挥企业的竞争优势。选择能够突出和发挥企业特长的细分市场作为目标市场。这样才能利用企业的相对竞争优势，在竞争中处于有利地位。
>
> 　4）取得相乘效果。新确定的目标市场不能对企业原有的产品带来消极的影响。新产品和老产品要能互相促进，达到同时扩大销售量和提高市场占有率的目的，从而使企业所拥有的人才、技术、资金等资源都能有效地加以利用，获得更好的经济效益。

6.2.2　目标市场模式

可供企业考虑的目标市场模式共有 5 种。

1．市场集中化

最简单的目标市场模式是企业只选择一个细分市场，也就是市场集中化。通过集中营销，企业能更清楚地了解细分市场的需求，从而树立良好的信誉，在细分市场上建立巩固的市场地位。一旦企业在细分市场上处于领导地位，将获得很高的投资效益。但对某些特定的细分市场，一旦消费者在该细分市场上的消费意愿下降或其他竞争对手进入该细分市场，企业将面临很大的风险。

2．选择专业化

在专业化市场情况下，企业要有选择地进入几个不同的细分市场。从客观上说，每个细分市场都具有吸引力，并且符合企业的目标和资源水平。这些细分市场之间很少或根本不发生联系，但在每个细分市场上都可赢利。这种多细分市场覆盖模式能分散企业的风险。因为即使其中一个细分市场丧失了吸引力，企业还可以在其他细分市场上继续赢利。

3．产品专业化

产品专业化是指企业同时向几个细分市场销售一种产品。在这种情况下，一旦有新的替代品出现，企业就会面临经营滑坡的危险。

4．市场专业化

市场专业化是指企业集中满足某一特定消费群体的各种需求，专门为某个消费群体服务并争取树立良好的信誉。企业还可以向这类消费群体推出新产品，成为有效的新产品销售渠道。但如果这个消费群体的支付能力下降，企业就会出现效益下滑的危险。

5. 市场全覆盖

市场全覆盖是指企业力图为所有消费群体提供其所需的所有产品。一般来说，只有实力较强的大企业才可能采取这种模式。当采用这种模式时，企业通常通过无差异性营销和差异性营销两种途径全面进入整个市场。

6.2.3　目标市场选择策略

在营销活动中，通常有 3 种目标市场选择策略供企业选择，包括无差异性市场营销策略、差异性市场营销策略和集中性市场营销策略，见表 6-1。

表 6-1　3 种目标市场选择策略

目标市场选择策略	实施方式
无差异性市场营销策略	营销组合手段 ——→ 整体市场
差异性市场营销策略	营销组合手段 1 ——→ 细分市场 1 营销组合手段 2 ——→ 细分市场 2　整体市场 营销组合手段 3 ——→ 细分市场 3
集中性市场营销策略	营销组合手段 ——→ 细分市场 A

1. 无差异性市场营销策略

无差异性市场营销策略是指企业不考虑细分市场的差异性，把整体市场作为一个大的目标市场，不进行细分，对所有的消费者只提供一种产品，采用单一市场营销组合的目标市场策略。

无差异性市场营销策略适用于少数消费者需求同质的产品，消费者需求广泛、能够大量生产、大量销售的产品，用以探求消费者购买情况的新产品，某些具有特殊专利的产品。

采用无差异性市场营销策略的企业一般具有大规模、单一、连续的生产线，拥有广泛或大众化的分销渠道，并且能开展强有力的促销活动，投放大量的广告和进行统一的宣传。

⚑ 例 6-22　无差异性市场营销策略

早期的可口可乐公司就一直奉行典型的无差异性市场营销策略。面对世界各地的消费者，可口可乐都保持同一口味和包装，甚至连广告语也统一为"请喝可口可乐"。

无差异性市场营销策略的优点是具有经济性，有利于标准化和大规模生产，有利于降低单位产品的成本费用，获得较好的规模效益。因为只设计一种产品，产品容易标准化，能够大批量地生产和储运，可以节省产品生产、储存、运输、广告宣传等费用；不做市场细分，也相应地减少了市场调研、制定多种市场营销组合策略所花的费用。

无差异性市场营销策略的缺点是不能满足消费者需求的多样性、不能满足其他较小的细分市场的消费者需求、不能适应多变的市场形势，因此在现代市场营销实践中，无差异性市场营销策略只有少数企业采用。

2. 差异性市场营销策略

差异性市场营销策略是指在市场细分的基础上，企业以两个以上乃至全部细分市场为目标市场,分别为之设计不同产品,采取不同的市场营销组合,满足不同消费者需求的目标市场策略。差异性市场营销策略适用于大多数异质的产品。

采用差异性市场营销策略的企业一般是大企业。有一部分企业,尤其小企业无力采用,因为采用差异性市场营销策略必然受到企业资源和条件的限制。较为雄厚的财力、较强的技术力量和素质较高的管理人员,是实行差异性市场营销策略的必要条件,而且随着产品品种的增加、分销渠道的多样化,以及市场调研和广告宣传活动的扩大与复杂化,生产成本和各种费用必然大幅度增加,需要大量资源作为依托。

> **◆ 例 6-23 差异性市场营销策略**
>
> 某牙膏厂为了适应不同地区、不同生活习惯、不同生活水平的消费者需求,分别开发了不同价格的"蓝天高级牙膏""果味蓝天牙膏",不同功能、规格的"脱敏牙膏""防锈牙膏""喜风牙膏""蓝天旅游牙膏",以及适应不同年龄需要的"蓝天学生牙膏""童友透明牙膏""雅洁儿童牙膏"等。

差异性市场营销策略的优点是能扩大销售、减少经营风险、提高市场占有率。因为多品种的生产能分别满足不同消费群的需要,扩大产品销售,某一两种产品经营不善的风险可以由其他产品经营弥补。如果企业在数个细分市场都能达到较好的经营效果,就能树立企业良好的市场形象,提高市场占有率。

3. 集中性市场营销策略

集中性市场营销策略是指企业将整体市场分割为若干细分市场后,只选择其中一个细分市场为目标市场,集中力量实行专业化生产和经营的目标市场策略。

集中性市场营销策略主要适用于资源有限的中小企业或初次进入新市场的大企业。中小企业由于资源有限,无力在整体市场或多个细分市场上与大企业展开竞争,在大企业未注意或不愿顾及而自己又力所能及的某个细分市场上全力以赴,则往往容易取得成功。实行集中性市场营销策略是中小企业变劣势为优势的最佳选择。

> **◆ 例 6-24 集中性市场营销策略**
>
> 一家生产雨衣、尿布、游泳帽等多种制品的小厂,由于订货不足,面临破产。一个偶然的机会,总经理从一份人口普查数据中发现,本地区每年约出生 150 万个婴儿,如果每个婴儿用两条尿布,一年需要 300 万条。于是,他们决定放弃尿布以外的产品,实行尿布专业化生产。一炮打响后,又不断研制新材料、开发新品种,不仅垄断了本地尿布市场,还远销世界多个国家和地区。

集中性市场营销策略的优点是目标市场集中,有助于企业更深入地注意、了解目标市场的消费者需求,使产品适销对路,提高企业和产品在市场上的知名度。集中性市场营销策略还有利于企业集中资源,节约生产成本和各种费用,增加盈利,取得良好的经济效益。

集中性市场营销策略的缺点是有较大的经营风险。由于目标市场集中,一旦市场出现意外情况,如较强大的竞争者加入、消费者需求的突然变化等,企业就有可能因承受不了短时间的竞争压力而陷入困境。因此,采用集中性市场营销策略的企业,要随时密切关注市场动向,充分考虑企业未来可能出现的意外情况下的各种对策和应急措施。

> **重要信息 6-3　影响目标市场选择的因素**
>
> （1）企业实力　如果企业实力较强，则可以根据产品的不同特性选择采用差异性市场营销策略或无差异性市场营销策略；反之，则可以选择采用集中性市场营销策略。
>
> （2）产品性质　这里的产品性质是指产品是否同质，即产品在性能、特点等方面差异性的大小。如果企业生产同质产品，则可以选择采用无差异性市场营销策略；如果企业生产异质产品，则可以选择采用差异性市场营销策略或集中性市场营销策略。
>
> （3）市场性质　这里的市场性质是指市场是否同质，即市场上消费者需求差异性的大小。如果市场是同质的，即消费者需求差异性不大，消费者购买行为基本相同，企业则可以选择采用无差异性市场营销策略；反之，企业则可以选择采用差异性市场营销策略或集中性市场营销策略。
>
> （4）产品市场生命周期　处于介绍期和成长期初期的新产品，由于竞争者少，品种比较单一，市场营销的重点主要是寻找市场需求和潜在消费者，企业可以选择采用无差异性市场营销策略。当产品进入成长期后期和成熟期时，由于市场竞争激烈，消费者需求差异性日益增大，为了开拓新的市场，扩大销售，企业可以选择采用差异性市场营销策略或集中性市场营销策略或保持原有市场，延长产品市场生命周期。
>
> （5）企业的市场营销战略目标和资源　企业的目标市场策略应当与竞争对手的目标市场策略不同。如果竞争对手强大并采取无差异性市场营销策略，企业则应选择采用差异性市场营销策略或集中性市场营销策略，以提高产品的市场竞争能力；如果竞争对手与自身实力相当或竞争对手实力较弱，企业则可以选择采用与之相同的目标市场策略；如果竞争对手都采用差异性市场营销策略，企业则应进一步细分市场，实行更有效、更深入的差异性市场营销策略或集中性市场营销策略。

课堂测评

测评要素	表现要求	已达要求	未达要求
知识点	能掌握目标市场的含义		
技能点	能初步认识目标市场策略		
任务内容整体认识的程度	能概述目标市场的实践意义		
与职业实践相联系的程度	能描述日常生活中的目标市场策略表现		
其他	能描述目标市场与其他课程、职业活动等的联系		

6.3　市场定位认知

营销人员帮助企业明确了服务对象与经营范围，接下来还必须通过进一步的研究与分析，做好市场定位。什么是市场定位？这项工作的主要内容有哪些？操作过程中有哪些注意事项？

6.3.1 市场定位概述

企业选择和确定了目标市场及目标市场策略后，就进入了目标市场营销的第三个工作任务阶段——市场定位。

1. 市场定位的概念

市场定位是目标市场营销的重要组成部分，关系到企业及产品在激烈的市场竞争中，迎合消费者心理、树立企业及产品形象、实现企业市场营销战略目标等一系列至关重要的问题。

重要名词 6-3　市场定位

市场定位也称产品定位或竞争性定位，是指通过一定的信息传播途径，树立企业产品在目标市场即消费者心目中的形象，使企业所提供的产品具有一定的特色，适应一定顾客的需求与偏好，并与竞争者的产品有所区别。

我们可以从以下两个方面进一步理解市场定位。

1）市场定位是在客户心目中树立独特的形象。市场定位并不是对产品本身做些什么，而是在潜在消费者的心目中做些什么。市场定位的实质是使本企业的产品与其他企业的产品严格区分开来，使消费者明显感觉和认识到这种差别，从而在消费者心目中占有特殊的位置。

2）市场定位可分为对现有产品的再定位和对潜在产品的预定位。对现有产品的再定位可能导致产品名称、价格和包装的改变，但这些外表变化的目的在于保证产品在潜在消费者心目中留下值得购买的印象。对潜在产品的预定位，要求营销者必须从零开始，使产品特色确实符合所选择的目标市场。

2. 市场定位的内容

（1）产品定位　产品定位是指侧重于将产品实体定位于质量、成本、特征、性能、可靠性、款式等不同方面的特色，如康师傅方便面的广告语"好吃看得见！"

（2）企业定位　企业定位是指将企业形象定位于塑造品牌、员工能力可信度等方面的特色，如中国平安保险（集团）股份有限公司致力于成为国际领先的个人金融生活服务集团。

（3）竞争定位　竞争定位是指确定企业相对于竞争者的市场位置，如七喜汽水在广告中称它是"非可乐"饮料，用"非可乐"定位将自己与饮料业领导者区分开来。

（4）消费者定位　消费者定位是指通过确定企业的目标消费者，显示自己的定位，如哈根达斯刚进入我国市场时，把目标消费群体定位在"情侣专用"，给自己贴上爱情标签，吸引恋人们频繁关注，成功实现了它的高价定位。

3. 市场定位的形式

（1）产品差别化　产品差别化是从产品质量、产品款式等方面实现差别。突出产品特征是产品差别化定位经常使用的手段。

（2）服务差别化　服务差别化是向目标市场提供与竞争者不同的优质服务。企业的竞争力越体现在对消费者的服务上，市场差别化就越容易实现。

（3）人员差别化　人员差别化是指通过聘用和培训比竞争者更为优秀的人员以获取差别优势。

（4）形象差别化　形象差别化是指在产品的核心部分与竞争者雷同的情况下塑造不同的产品形象以获取差别优势。

6.3.2　市场定位的准备

市场定位的目的就是通过集中企业的竞争优势，将自己与其他竞争者区别开来，进而获得消费者的认可。这项工作是企业通过分析研究，了解自身潜在的竞争优势，选择相对的竞争优势和市场定位策略，以及准确地传播企业市场定位的过程。

1. 确认自身潜在的竞争优势

企业要进行市场定位，必须首先了解自身具备哪些潜在的竞争优势。企业要了解自身优势必须通过与竞争者做对比分析。

（1）了解竞争者的定位情况　竞争者向目标市场提供了何种产品及服务，在消费者心目中的形象如何，对其成本及经营情况做出评估。

（2）了解目标消费者对产品的评价标准　企业应努力搞清楚消费者最关心的问题，以作为决策的依据，并要确认目标市场的潜在竞争优势是什么，是在同样的条件下能比竞争者定价低，还是能提供更多的特色满足消费者的特定需要。

（3）与竞争者进行对比　企业通过与竞争者在产品、促销、成本、服务等方面的对比分析，了解企业的长处和不足，从而认定企业的竞争优势。

2. 选择竞争优势和定位策略

企业通过与竞争者在产品、促销、成本、服务等方面的对比分析，了解企业的长处和不足，从而能够发现自身的竞争优势。在充分发挥优势的基础上，企业可以根据自己的资源配置，通过营销方案差异化突出自己的经营特色，使消费者感觉自己从中得到了价值最大的产品及服务。

3. 准确传播企业的市场定位

企业在做出市场定位决策后，还必须通过一系列的宣传促销活动，使其独特的市场竞争优势能够准确地传播给消费者。因此，首先企业应使目标消费者了解企业的市场定位，要在消费者心目中建立与该定位相一致的形象。其次，企业要通过一切努力，保持对目标消费者的了解，稳定目标消费者的态度和加深与目标消费者的感情，来巩固企业的市场形象。最后，企业应注意避免目标消费者对其市场定位理解出现的偏差或由于企业市场定位宣传上的失误而造成目标消费者的模糊、混乱和误会，及时纠正与市场定位不一致的市场形象。

6.3.3　市场定位的方法

企业目标市场定位的最终确定，是经过对企业自身、竞争者做出客观评价和对消费者的需求有了充分分析后的抉择。从理论上说，企业可以选择的目标市场定位策略主要有以下几种。

1. 属性定位法

在市场上，企业产品本身的属性能使消费者体会到它的定位。这里的产品属性既包括制造技术、设备、生产流程、产品功能，又包括产品的原料、产地、历史等因素。

例 6-25 属性定位法

百度的定位是全球最大的中文搜索引擎，京东新的定位是成为以供应链为基础的技术与服务企业，王守义十三香强调其专门的调料配方，杏花村汾酒、北京烤鸭等产品则强调其产地定位。

如果企业的一种或几种属性是竞争者没有或有所欠缺的，同时又是消费者认可和接受的，这时采用按产品属性定位的方法，往往容易达到良好的效果。

2. 竞争定位法

竞争定位法是指根据市场竞争情况，以及与竞争有关的属性或利益进行定位。竞争定位法主要是突出企业的优势，例如技术可靠性程度高、售后服务方便快捷，以及其他受消费者欢迎的因素等，从而在竞争者中突出自己的形象。从市场竞争的角度来说，竞争定位法分为避强定位法、迎头定位法和重新定位法。

（1）避强定位法　避强定位法是指避开强有力的竞争者，在无竞争的市场部分进行定位的策略，是市场定位策略之一。避强定位法是一种"见缝插针""拾遗补阙"的定位方法，其优点是能够使企业远离其他竞争者，在该市场上迅速站稳脚跟，树立企业形象，从而在该市场上取得领导地位。

例 6-26 国内某品牌汽车产品定位

我国某自有品牌汽车厂家通过调查，了解到青年消费者购买轿车最关心的是外形、车价和售后服务。当时，市场上有 A、B、C 3 个竞争对手，其中，A 是合资企业，生产的轿车外形时尚、油耗低，但售后保养较贵；B 也是合资企业，生产的轿车工艺精良、质量水平高，但售后保养更昂贵；C 也是合资企业，生产的轿车价格和售后保养相对低廉，但车型落伍、配置较低。产品定位图如图 6-2 所示，图中圆圈代表销量。

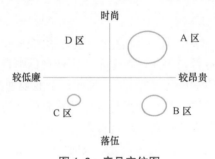

图 6-2　产品定位图

这家自有品牌汽车厂家通过研究，将自己的产品定位在图 6-2 中的 D 区，很快生产出外形时尚、油耗更低的小轿车。第二年年初上市，一炮而红。

（2）迎头定位法　迎头定位法是指企业根据自身的实力，为了占据较佳的市场位置，不惜与市场上占支配地位的、实力最强或较强的竞争者发生正面竞争，而使自己的产品进入与对手相同的市场位置的定位方法。迎头定位法可能引发激烈的市场竞争，因此具有较大的风险性。但是，由于竞争者是最强大的，因此竞争过程往往相当引人注目，甚至产生所谓的轰动效应，企业及其产品可以较快地被消费者或用户了解，易于达到树立市场形象的目的。

迎头定位法要求企业必须具有与竞争者不相上下的竞争实力。

（3）重新定位法　重新定位法是指企业改变产品特色，使目标消费者对产品新形象有一个重新认识过程的定位方法。在激烈的竞争中，重新定位法实际上意味着企业营销战略的调整。当然，在发生以下情况时，企业必须考虑营销战略的调整：①竞争者推出的产品定位于本企业产品的附近，使本企业品牌市场占有率有所下降；②消费者的喜好发生变化，开始喜欢竞争对手的产品。

3．利益定位法

这里的"利益"既指消费者购买企业产品时追求的利益，又指购买企业产品所能获得的附加利益。

例 6-27　利益定位法

小天鹅集团向消费者承诺"终身保修"和"超过约定维修时间一天，补偿消费者一元"；新飞冰箱在同容积冰箱中最省电，给消费者提供"省电"的利益；洗发水中飘柔的承诺是"柔顺"，海飞丝的承诺是"去头屑"，潘婷的承诺是"健康亮泽"，夏士莲的承诺是"滋养修护"。这些定位各自都能吸引一大批消费者，分别满足他们的需求。这些都是按产品能为消费者提供的利益进行定位的。

4．产品用途定位法

产品用途定位法是工业产品最常用的市场定位方法。此外，为老产品找到一种新用途，是为该产品创造新的市场定位的好方法。

例 6-28　产品用途定位法

杜邦的尼龙最初在军事上用于制作降落伞，后来许多新的用途——作为袜子、衬衫、地毯、汽车轮胎、椅套的原料等，一个接一个地被发现。网络的研究也始于军事领域，随后广泛应用于通信、日常生活、汽车工业等。

营销案例 6-2　红色王老吉的市场定位

王老吉上市之前，研究人员调查得知，消费者的认知和购买消费行为均表明：消费者对红罐王老吉并无治疗方面的要求，而是作为一种功能饮料购买，购买红罐王老吉的真实动机是"预防上火"。

研究人员进一步研究消费者对竞争对手的看法，则发现红罐王老吉的直接竞争对手，如菊花茶、清凉茶等由于缺乏品牌推广，仅仅是低价渗透市场，并未占据"预防上火"的饮料定位。可乐、茶饮料、果汁饮料、水等明显不具备"预防上火"的功能，仅仅是间接的竞争者。研究人员对于企业、产品自身在消费者心智中的认知进行了研究。结果表明，红罐王老吉的"凉茶始祖"身份、中草药配方等，显然是有能力占据"预防上火"的饮料市场的。

由于"预防上火"是消费者购买红罐王老吉的真实动机，显然有利于巩固加强原有市场。是否能满足企业对于新定位的期望——"进军全国市场"，成为研究的下一步工作。二手资料、专家访谈等一致显示，中国几千年的中药概念"清热解毒"在全国广为普及，"上火""去火"的概念也在各地深入人心，这就使红罐王老吉突破了地域品牌的局限。

至此，尘埃落定。首先明确红罐王老吉是在"饮料"行业中竞争，其竞争对手应是其他饮料；品牌定位在"预防上火的饮料"，其独特的价值在于喝红罐王老吉能预防上火。

【评析】王老吉在产品定位、价值、品牌等多个方面突出特色，通过宣传推广，很快深入人心，营销活动也达到了预期效果。

5. 产品质量/价格定位法

一个仿制的装饰性项链，无论做工多么精美，都是不可能与真正的钻石项链定位相同的。所以，对于那些消费者对其价格和质量都很关心的产品，选择价格与质量作为市场定位的因素是突出企业的好方法。据此定位有以下两种情况。

（1）质价相符　当产品价格高于同类产品时，企业总是强调产品的高质量和物有所值，说服顾客来购买产品。海尔集团的家电产品很少卷入价格战，一直维持同类产品中的较高价格，但其销量一直稳定增长，这就体现了产品"优质高价"的定位。

（2）质高价低　一些企业将质高价低作为一种竞争手段，用以加深市场渗透，提高市场占有率。

例 6-29　质高价低定位法

格兰仕集团采用质高价低定位法，快速占领了我国的微波炉市场，并一直保持着50%以上的市场占有率。这时，企业向顾客传递的信息是顾客所花的每分钱都能获取更大的价值，即"物超所值"。采用这种定位方式，企业要重视优于价格水平的产品质量的宣传，而不能只宣传产品的低价，否则就会造成产品在顾客心目中定位降低，从而造成定位失败。

6. 产品档次定位法

产品档次定位法是指企业根据本企业的产品档次来选择目标市场。在现实中，常见的是高档次定位策略。高档次的品牌传达了产品高品质的信息，往往通过高价位来体现其价值，并被赋予了很强的表现意义和象征意义。

例 6-30　产品档次定位法

名牌手表劳力士、积家和江诗丹顿能给消费者独特的精神体验，展示"高贵、成就、完美、优雅"的形象和地位；派克钢笔也是采用高档次定位策略大获成功的一个经典案例，采用这一策略，使它从大众化的实用品成为社会地位的象征。

7. 使用者类型定位法

使用者类型定位法是指企业以市场细分为前提针对某个子市场、某些特定消费者进行促销，使这些消费者认为企业的产品是特地为他们生产的，而且适合他们使用，从而满足他们的心理需要，促使他们对企业产生信任感。

例 6-31　使用者类型定位法

金利来定位为"男人的世界"，百事可乐定位为"青年一代的可乐"等，都是使用者类型定位法的运用。

重要信息 6-4　影响市场定位的因素

（1）产品属性　每个产品都有不同的属性，企业可以依据产品鲜明的属性特征进行市场定位。例如，不锈钢锅的产品属性是不容易生锈。

（2）产品性价比　产品性价比是一种产品区别于另一种产品的重要特征，基于产品性价比优势进行市场定位是一种有效的战略选择方式。例如，"海尔"电冰箱定位为高品质产品。

（3）产品功能　强调产品的独特功能能吸引很大一部分消费者，原因在于现在的消费者越来越追求具有独特功能的产品，如手机的智能化。

（4）使用者　使用者定位关注的是使用者的个性特征和类型。不同的用户类型对产品有不同的需求，那么不同类型的产品应适应不同的用户，如航天员手表。

（5）产品类别　企业可以根据产品类别的不同（如餐饮类、卫生用品类等）进行市场定位，以突出不同产品种类的差异。

（6）竞争者　针对竞争者的定位确立企业产品的市场定位也是一种有效的定位方法。在快餐业，麦当劳与肯德基是一对强劲的竞争对手。针对麦当劳服务标准化的定位特点，肯德基提出了"鸡肉烹调专家"的差异定位策略。

课堂测评

测评要素	表现要求	已达要求	未达要求
知识点	能掌握市场定位的含义		
技能点	能初步认识市场定位的操作		
任务内容整体认识的程度	能概述市场定位的意义		
与职业实践相联系的程度	能描述日常生活中的市场定位表现		
其他	能描述市场定位与其他课程、职业活动等的联系		

小结

任务 6 小结如图 6-3 所示。

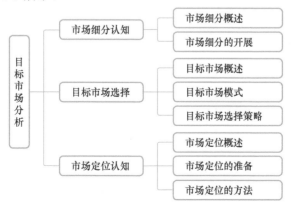

图 6-3　任务 6 小结

教学做一体化训练

一、重要名词

市场细分　　目标市场　　市场定位

二、课后自测

（一）单项选择题

1．市场细分是一个（　　　）的过程。

    A．聚集　　　　　　　　B．分解　　　　　　C．分析　　　　　D．研究

2．不易体现可衡量性原则的市场细分标准是（　　　）。

    A．年龄　　　　　　　　B．民族　　　　　　C．性别　　　　　D．性格

3．目标市场应有足够的吸引力主要指的是（　　　）。

    A．市场足够大　　　　　　　　　　　B．市场规模很大

    C．市场购买力强　　　　　　　　　　D．市场前景光明

4．关于无差异性市场营销策略说法正确的是（　　　）。

    A．具有经济性　　　　　　　　　　　B．不利于标准化

    C．不利于大规模生产　　　　　　　　D．不利于降低生产成本

5．利益定位法中的"利益"指的是（　　　）。

    A．购买者获得的利益　　　　　　　　B．厂商的利益

    C．产品的利益　　　　　　　　　　　D．中间商的利益

（二）多项选择题

1．地理细分标准因素包括（　　　）。

    A．地形　　　　　　B．气候　　　　　　C．城乡　　　　　D．交通运输

    E．人口密度

2．企业可以考虑的目标市场模式有（　　　）。

    A．市场集中化　　　B．产品专业化　　　C．市场专业化　　　D．选择专业化

    E．市场全覆盖

3．目标市场选择策略包括（　　　）。

    A．无差异性市场营销策略　　　　　　B．差异性市场营销策略

    C．集中性市场营销策略　　　　　　　D．效益性市场营销策略

4．市场定位的形式包括（　　　）。

    A．产品差别化　　　　　　　　　　　B．服务差别化

    C．人员差别化　　　　　　　　　　　D．形象差异化

5．从市场竞争的角度，市场定位方法有（　　　）。

    A．避强定位法　　　　　　　　　　　B．迎头定位法

    C．重新定位法　　　　　　　　　　　D．选择性定位法

（三）判断题

1．无差异性市场营销策略和差异性市场营销策略都是以整个市场为目标市场，为整个市场服务的。　　　　　　　　　　　　　　　　　　　　　　　　　　　　　　　　　（　　　）

2．目标市场营销是市场细分的基础。 （　　）

3．市场细分是对企业产品进行分类。 （　　）

4．差异性市场策略的优点是能节省各项成本和费用。 （　　）

5．市场定位可分为对现有产品的再定位和对潜在产品的预定位。 （　　）

（四）简答题

1．市场细分对企业有什么重要意义？

2．进行消费者市场细分的依据主要有哪些？

3．目标市场选择策略有多少种？

4．简述完整的市场定位过程。

5．企业市场定位策略有哪些？

三、案例分析

2016 年，"充电 5 分钟，通话两小时"，这句广告语被大众熟知，而这其中所隐含的，更是 OPPO 手机对定位的精准掌控。

电池的续航与充电问题，是智能手机一直以来都存在的问题之一。为了切实解决这个问题，OPPO 手机研发出了独家的 VOOC 闪充技术，只需要充电 5 分钟就能够供给电池长达两个小时的通话电量，真正实现了智能手机的闪充技术。根据数据显示，自 2015 年 OPPO 发布 R 系列以来，其销售量呈现明显上涨趋势，尤其是在 2016 年的 OPPO R9 发布之后，更是迎来了可喜的销售业绩，而这一切都与 OPPO 的定位有着千丝万缕的联系。

OPPO 手机的成功，可以为国内的更多手机厂商带来一定的启示。以更加准确的方式切入消费者的痛点，从而达到良好的营销效果，这是 OPPO 为自己定位的销售之路，事实也证明了这样的道路是成功的。但对于其他手机厂商来说，一味地效仿 OPPO 的模式，或许并不能成为下一个"OPPO"。相反，开发专属于自己的特色功能，研发更加新锐的技术，以切实解决消费者在使用智能手机中所遇到的难题，才能够真正实现销量的上涨。

（资料来源：第三媒体，2016-06-07）

【问题】

（1）你认为手机这类商品，一般适于采用单一利益定位还是多重利益定位？

（2）OPPO 手机的定位与销售业绩的关系是怎样的？

（3）你还能列举其他品牌手机的市场定位吗？

同步实训

 实训 6-1：市场细分认知

实训目的：认识市场细分的依据与标准，理解其实际意义。

实训安排：

1．学生分组，选定一种日用品，分析厂家的细分策略。

2．讨论其市场细分标准，为进一步做好市场细分提出对策建议。

3．选择部分学生做 PPT 进行展示，并组织讨论与分析。

实训总结：学生小组交流不同的分析结果，教师根据分析（文案）报告、PPT 演示、讨论分享中的表现，分别给每组进行评价打分。

实训 6-2：目标市场选择认知

实训目的：认识目标市场选择的依据与方法，理解其实际意义。

实训安排：

1. 学生分组，选定一种日用品的生产厂家，分析并概括其目标市场的有关情况。

2. 讨论其目标市场选择的策略，并提出进一步做好目标市场选择的对策建议。

3. 选择部分学生做 PPT 进行展示，并组织讨论与分析。

实训总结：学生小组交流不同的分析结果，教师根据分析（文案）报告、PPT 演示、讨论分享中的表现，分别给每组进行评价打分。

实训 6-3：市场定位认知

实训目的：认识市场定位的内容与方法，理解其实际意义。

实训安排：

1. 学生分组，选择"康师傅"与"统一"两个品牌的方便面，分析并概括这两种商品的市场定位情况。

2. 讨论"康师傅"与"统一"的市场定位策略，并提出进一步做好市场定位选择的对策建议。

3. 选择部分学生做 PPT 进行展示，并组织讨论与分析。

实训总结：学生小组交流不同的分析结果，教师根据分析（文案）报告、PPT 演示、讨论分享中的表现，分别给每组进行评价打分。

素养提升园地

国际在线报道 2022 年 1 月 14 日消息，海关总署 14 日发布的数据显示，2021 年，我国外贸规模首次突破 6 万亿美元。东盟继续保持我国第一大贸易伙伴国地位，与"一带一路"国家进出口增长超过两成。

海关总署新闻发言人、统计分析司长表示，2021 年，我国经济发展和疫情防控保持全球领先地位，外贸进出口实现较快增长，规模再创新高、质量稳步提升。他说，我国与主要贸易伙伴进出口均实现稳定增长，前五大贸易伙伴依次为东盟、欧盟、美国、日本和韩国。对"一带一路"沿线国家进出口增速更快。"一是贸易规模稳步提升。二是产业链供应链合作更加密切。2021 年，出口汽车零配件、纺织品、锂电子蓄电池分别增长 26.7%、14.1% 和 50.4%。三是能源、农业、矿产等领域合作向好。四是民营企业表现活跃。"

2021 年，面对贸易保护主义抬头、国际产业链供应链加速重构等严峻复杂的国际形势，我国外贸交出亮眼成绩单，也进一步展示了外贸较强的韧性。党的二十大报告指出，依托我国超大规模市场优势，以国内大循环吸引全球资源要素，增强国内国际两个市场两种资源联动效应，提升贸易投资合作质量和水平。在未来，我国的对外开放水平必将越来越高。

思考：

（1）我国为什么要将"一带一路"沿线国家确立为目标市场？

（2）国际环境对我国出口有哪些影响？

（3）在市场营销活动中，为什么要具备国际视野？

学生自我总结

通过完成任务 6，我能够做如下总结。

一、主要知识

概括本任务的主要知识点：

1. ....

2. ....

二、主要技能

概括本任务的主要技能：

1. ....

2. ....

三、主要原理

你认为，认识目标市场的意义是：

1. ....

2. ....

四、相关知识与技能

你在完成本任务的过程中得出：

1. 市场细分的主要依据有..

2. 目标市场选择策略的主要内容有..

3. 市场定位的主要方法包括..

五、成果检验

你完成本任务的成果：

1. 完成本任务的意义有..

2. 学到的知识或技能有..

3. 自悟的知识或技能有..

4. 你对我国企业进行国际市场拓展的看法是..

任务 7 >>>

产品策略分析

学习目标

知识目标
- 了解产品的概念。
- 了解产品组合的概念。
- 了解产品形象设计的含义。

能力目标
- 能理解产品整体的含义。
- 能理解新产品开发的意义。
- 能够完整表述产品形象设计的意义。

素养要求
- 增强文化自信。
- 建立品牌自信。
- 激发爱国热情。

产品策略分析
素养提升

产品策略分析
课前阅读

任务描述

产品是企业进行市场营销活动的必要前提。营销人员通过市场调查，了解了消费者、竞争者，并进行了市场细分后，应在此基础上，为企业进行产品开发提供专业的建议。企业相关部门采纳建议，开发出有针对性的产品满足消费者的需求。通过认识分析企业产品策略，我们可以对产品本身、产品开发过程，以及产品形象的设计形成总体的看法，从而指导后续营销活动的开展。

任务解析

根据市场营销职业工作过程的活动顺序，可以将这一学习任务分解为以下子任务，如图 7-1 所示。

图 7-1 产品策略分析的子任务

课前阅读

提起伴随你童年的动画片，你首先会想到哪一部？《猫和老鼠》《喜羊羊和灰太狼》《熊出没》《蝙蝠侠》……你可能如数家珍！如果问你对哪一部动画片印象最深刻，你可能会说《猫和老鼠》。这部美国动画片给一代又一代不同年龄、不同国家的观众带来了无数欢乐。汤姆和杰瑞也成为美国动画史上最受欢迎的角色之一。

的确，动画形象太深入人心啦！在现实生活中，我们也有这样的感觉：一提到 vivo 手机，就想到了其代言人。由于 vivo 手机主要针对年轻时尚用户，找来年轻代言人代言也是情理之中的事情；提到 OPPO 手机，就会想到人气颇高的明星，如 2021 年 7 月 19 日，vivo 官宣了 S 系列最新机型 vivo S10 系列，新机仍然由三位年轻明星联合代言。

显然，这样做的结果，一方面让年轻消费者很快就记住了手机品牌，另一方面也在这些消费者心目中树立起外观大气时尚、完全符合年轻消费群体追求的形象特征。

CINNO Research 公布的数据显示，2022 年上半年中国市场智能机销量约 1.34 亿部，OPPO（不含 realme）上半年智能机销量虽下降 39.1%，但仍站稳第一的位置；荣耀强势复苏，销量跃居第二，上半年销量同比大幅增长 118.3%，是销量前五位中唯一正增长的品牌；苹果、vivo、小米紧跟在后，分别排名第三、第四和第五。

【问题】

（1）上文主要想说明什么？

（2）为什么要请明星代言产品？

（3）你觉得明星代言对你购买决策的影响大吗？为什么？

（4）你熟悉的产品形象还有哪些？

7.1　产品认知

营销人员做产品策略分析，首先要认识产品。什么是产品？什么又是产品策略呢？产品策略对企业来说又意味着什么呢？

企业市场营销活动与社会需要的统一体现在产品上，企业与市场的关系也是由产品来连接的。因此，产品策略的制定是企业市场营销的重要内容。那么，什么是产品策略呢？

重要名词 7-1　产品策略

企业在制定经营战略时，首先要明确企业能提供什么样的产品和服务去满足消费者的要求，这就是产品策略。产品策略是市场营销组合策略的基础，从一定意义上说，企业成功与发展的关键在于产品满足消费者需求的程度，以及产品策略正确与否。

企业在产品营销战略确定后，在实施中会采取一系列有关产品的具体营销策略，如商标、品牌、包装、产品定位、产品组合、产品生命周期等方面的具体措施。企业的产品策略是其市场营销组合中价格策略、渠道策略和促销策略的基础。

7.1.1 产品概述

企业的一切生产经营活动都是围绕着产品进行的，例如，如何开发满足消费者需求的产品，如何将产品迅速、有效地传送到消费者手中。因此，产品成了企业营销活动的主体。那么，产品是什么呢？

1. 产品

从一般意义上说，产品是指具有某种物质形状，能提供某种用途的物质实体。这种概念仅指产品的实际效用，这里的产品是有形的、具体的。在这种观念下，企业往往将注意力只放在产品品质的改进上，从而忽略了消费者的其他需求。

在消费者调查分析过程中，营销人员慢慢发现，消费者购买某种实体产品，并不是为了占有或获得产品本身，而是为了获得能满足某种需要的效用或利益。例如，我们购买钢笔是用来写字的，买自行车是为了代步，买汉堡包是为了充饥，买化妆品是希望美丽等。

显然，产品概念不应该只是一般意义上那么简单！

2. 整体产品

随着时代的发展，消费者的消费需求也在不断发生变化，这种变化促使产品的内涵与外延处于变化之中。从内涵来看，产品从有形实体扩大到服务、人员、地点、组织和观念；从外延来看，产品从实质产品向形式产品、附加产品发展。

现代市场营销理论认为，整体意义上的产品包含实质产品、形式产品、附加产品和心理产品 4 个层次，形成了营销理论中产品的整体概念，如图 7-2 所示。

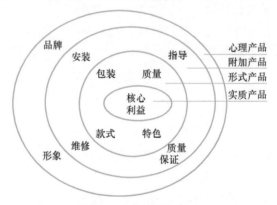

图 7-2 产品的整体概念

（1）实质产品 实质产品也称核心产品，是指向消费者提供的最基本的效用和性能，也是消费者购买该种产品时所追求的利益，是消费需求中最核心的部分，因而在产品整体概念中也是最基本、最主要的内容。事实上，在日常生活中，我们也常常遇到这样的情况，一般消费者购买某种产品，并不是为了简单占有或获得产品本身，而是为了获得能满足某种需要的效用或利益。如前所述的购买钢笔、自行车、汉堡包、化妆品等。

营销人员在开发产品、宣传产品等活动中，应特别强调产品能提供的利益，这样产品才具有吸引力。

（2）形式产品 形式产品是指产品的形体，是实质产品借以实现的各种具体形式，即向市场提供的实体产品和服务的外观或形象。这些外观或形象体现为能让消费者识别的面貌，一般由产品质量水平、外观特色、款式、品牌名称和包装等因素构成。

营销人员应首先着眼于消费者购买产品时所追求的利益，以求更完美地满足消费者需要，从这一点出发再去寻求利益得以实现的形式，进行产品设计。

（3）附加产品　附加产品是指消费者购买产品时所获得的全部附加服务和利益，包括提供信贷、免费送货、质量保证、安装、售后服务等。附加产品的概念源于对市场需要的深入认识。因为消费者的目的在于满足某种需要，因而他们希望得到与满足该项需要有关的一切。

营销人员一定要注意，附加产品有利于引导、启发、刺激消费者购买、重复购买和增加购买。

（4）心理产品　心理产品是指产品的品牌和形象提供给消费者心理上的满足。产品的消费往往是生理消费和心理消费相结合的过程，随着人们生活水平的提高，人们对产品的品牌和形象看得越来越重，因而它也是产品整体概念的重要组成部分。

重要信息 7-1　产品的分类

（1）按产品的用途划分

按产品的用途可划分为消费品和工业品。消费品是直接用于满足最终消费者生活需要的产品，工业品则由企业或组织购买后用于生产其他产品。消费品与工业品两者在购买目的、购买方式及购买数量等方面均有较大的差异。因此，对于这两类不同的产品，企业的营销策略必须区别对待。

（2）按消费品的使用时间长短划分

按消费品的使用时间长短可划分为耐用品、半耐用品和非耐用品。

1）耐用品。这类产品的最大特点在于使用时间长，并且价格比较昂贵或者体积较大。所以，消费者在购买时都很谨慎，重视产品的质量及品牌，对产品的附加利益要求较高。企业在生产此类产品时，应注重产品的质量、销售服务和销售保证等方面，同时选择信誉较好的知名大型零售商进行产品销售。

2）半耐用品。例如，大部分纺织品、一般家具等。这类产品的特点在于能使用一段时间，因此消费者不需要经常购买，但购买时对产品的适用性、样式、色彩、质量和价格等基本方面会进行有针对性的比较、挑选。

3）非耐用品。其特点是一次性消耗或使用时间很短，因此消费者需要经常购买且希望能方便、及时地购买。企业应在人群集中、交通方便的地区设置零售网点。

（3）按产品之间的销售关系划分

按产品之间的销售关系可划分为独立产品、互补产品和替代产品。

1）独立产品。产品的销售不受其他产品销售的影响，如钢笔与手表、电视机与电冰箱等都互为独立产品。

2）互补产品。产品与相关产品的销售相互依存、相互补充，一种产品销售的增加（或减少）就会引起相关产品销售的增加（或减少）。

3）替代产品。两种产品之间的销售存在着竞争关系，也就是说，一种产品销售量的增加会减少另外一种产品潜在的销售量。

7.1.2　产品组合

一般情况下，企业不可能只经营一种商品。因为产品和人的自然生长一样，都会经历从成长到衰退的过程。所以，企业往往通过经营多个商品达到化解经营风险的目的。

1. 产品组合的含义

产品组合也叫产品搭配，是指一个企业提供给市场的全部产品的大类项目组合。它反映了一个企业的全部产品项目和产品线系列的构成，也是一个企业生产经营的所有产品在品种、规格、经营范围上的构成。

产品线是指在技术和结构上密切相关，具有类似功能、规格，能满足同类需求的一组产品，其中又包括多个产品项目。

> 例 7-1　海尔的生产线
>
> 海尔有冰箱生产线、洗衣机生产线、手机生产线等。这些生产线中又有许多不同规格、满足不同需求的冰箱、洗衣机和手机。

产品项目是指产品大类或产品线中不同品种、规格、质量和价格的特定产品。

> 例 7-2　海尔的产品项目
>
> 海尔的冰箱系列中有单门、双门、三门、对开门等多个产品项目。

在一个企业中，可以只有一个产品线，也可以有多个产品线，每个产品线中的产品项目数量也各有不同。

2. 产品组合的表现

产品组合表现在产品组合的宽度、长度及关联度 3 个方面。

1）产品组合的宽度是指企业生产和经营产品线的数量，即有多少产品大类。企业的产品线众多，可以称作宽产品线；反之，则叫作窄产品线。

宽产品线的产品组合有利于企业从多个方面去满足消费者的需求、增加销售额、提高经济效益，充分利用人、财、物，挖掘生产和经营潜力，减少市场变化所带来的风险。窄产品线的产品组合有利于企业集中各个方面的资源，提高产品质量，提高专业水平，降低成本，加速资金周转，增加盈利。

> 例 7-3　产品组合的宽度
>
> 某日用化工有限公司拥有牙膏、肥皂、洗涤剂、卫生球、清凉油 5 条生产线，则其产品组合的宽度是 5 条生产线。

2）产品组合的长度是指企业每一产品线的产品项目的数量。企业某一产品线中产品的项目较多，就意味着其组合较长；反之，则意味着产品组合较短。

产品组合较长能在市场细分的基础上扩大目标市场，提高市场占有率，就可能实现小批量、多品种生产，资金周转快，有利于提高经济效益；产品组合较短，便于集中力量发挥企业专长，创名牌产品，吸引顾客，增加销量，也可以实现大批量、少品种生产，降低成本，增加效益。

⚘ **例 7-4　产品组合的长度**

例 7-3 中的日化公司的产品组合中，牙膏有 5 种，肥皂有 3 种，洗涤剂有 6 种，卫生球有 8 种，清凉油有 5 种，共有 27 个产品品种（总长度）。

3）产品组合的关联度是指各生产线的最终用途、生产条件、分销渠道等方面相互关联的程度。

⚘ **例 7-5　产品组合的关联度**

例 7-3 中日化公司 5 条生产线中的 27 个产品品种在用途、生产条件等方面，关联度较高。当然，如果该公司还生产汽车，那么汽车生产线与日化用品生产线关联度就很低。

营销案例 7-1　多元化的品牌策略

以格力为代表的中国家电企业是中国制造业数字化转型较早的探索者之一。作为家电行业的头部企业，格力从空调起家，跨越家电、消费电子、高端智造多个领域，由一个点放射出来，由点到线再到面，大跨度探索转型创新高质量发展，释放出中国制造的产业竞争力。以空调起家的格力，2006 年进入生活电器领域，定位健康化、智能化及个性化，实施套系化布局，产品涵盖厨房电器、环境电器、冰洗产品等。据奥维云网数据，2021 年格力的电暖器、电风扇、除湿机、空气能热水器等产品的线上零售份额位居行业前二。

格力更大跨度的落子是在智能装备领域。格力智能装备已经覆盖数控机床、工业机器人、智能仓储物流、工业自动化四大领域，产品规格超百种，服务于汽车、家电、电力、机械制造、食品、教育等领域。

此外，格力还在电子元器件、半导体、精密模具、新能源等领域多元布局。2021 年，格力通过收购格力钛（原珠海银隆新能源股份有限公司）进一步完善新能源产业布局，新增锂离子电池，新能源商用车、专用车等业务领域，构建了涵盖锂电池材料、锂电池、模组 / PACK、新能源汽车核心零部件，以及下游新能源整车、工商业储能、能源互联网系统的一体化产业链。

【评析】作为中国家电行业的头部企业，格力的一举一动都深刻影响整个行业的发展。"跨界"的不只是家电业的生产制造能力，随着互联网时代的到来，家电业的渠道也开始大跨度转型。

7.1.3　产品生命周期

1. 产品生命周期的不同阶段

一种产品进入市场后，它的销售量和利润都会随时间推移而改变，呈现一个由少到多，再由多到少的过程。就如同人的生命一样，由诞生、成长到成熟，最终走向衰亡。这就是产品的生命周期现象。产品退出市场，多数情况下并非质量问题，而是由于出现了强有力的竞争对手，使其逐渐失去魅力，最终被市场淘汰。

重要名词 7-2　产品生命周期

产品生命周期是指产品从进入市场开始，直到最终退出市场为止所经历的市场生命循环过程。

典型的产品生命周期一般可分为 4 个阶段，即介绍期（引入期）、成长期、成熟期和衰退期，如图 7-3 所示。

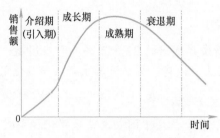

图 7-3　产品生命周期曲线图

（1）介绍期（引入期）　新产品投放市场，便进入介绍期。这一阶段，消费者对产品还不了解，只有少数追求新奇的消费者可能购买，因此销售量很低。为了扩展销路，需要大量的促销费用对产品进行宣传。在这一阶段，由于技术方面的原因，产品不能大批量生产，因而投入成本高，销售额增长缓慢，企业获利较少，甚至可能亏损。

（2）成长期　这一阶段，消费者对产品已经熟悉并接受，大量的消费者开始购买，市场逐步扩大。产品已定型并大批量生产，生产成本相对降低，企业的销售额迅速上升，利润也迅速增长。竞争者看到有利可图，将纷纷进入市场参与竞争，使同类产品供给量增加，价格随之下降，企业利润增长速度逐步减慢，最后达到生命周期利润的高点。

（3）成熟期　这一阶段，产品工艺、质量稳定，市场需求趋向饱和，潜在的消费者已经很少，销售额增长缓慢直至转而下降。在这一阶段，竞争逐渐加剧，产品售价降低，促销费用增加，企业利润下降。

（4）衰退期　这一阶段，随着科学技术的发展，新产品或新的代用品出现，将使消费者的消费习惯和兴趣发生改变，转向其他产品，从而使原来产品的销售额和利润额迅速下降。多数企业无利可图，竞争者纷纷退出市场。

2. 产品生命周期各阶段营销策略

（1）介绍期（引入期）营销策略　根据这一阶段的特点，企业应努力做到"快"字当先。投入市场的产品要有针对性，进入市场的时机要合适，应尽快让消费者接受产品，以缩短介绍期，更快地进入成长。可采取的措施有：千方百计地扩大产品知名度，占领市场；以高价格、高促销费用推出新产品，尽快收回投资；也可以低价格、高促销费用推出新产品，以最快的速度打入市场，取得尽可能大的市场占有率。

（2）成长期营销策略　新产品经过市场介绍期以后，消费者对该产品已经熟悉，消费习惯已形成，销售量迅速增长。这一阶段，企业应努力做到"好"字当先。可以采取的策略有：进一步对产品进行改进，可以提高产品的竞争能力，满足消费者更广泛的需求，吸引更多的消费者；寻找新的细分市场；改变广告宣传的重点；适时降价。

（3）成熟期的营销策略　进入成熟期以后，产品的销售量增长缓慢，逐步达到最高峰，然后缓慢下降。市场竞争非常激烈，各种品牌、各种款式的同类产品不断出现。这一阶段，企业应该做到"改"字当先。可以采取的策略有：开发新的目标市场；改革产品，吸引有不同需求的消费者；加大产品促销力度，刺激销售量的回升。

（4）衰退期的营销策略　这一阶段，产品销售量急剧下降，企业从这种产品中获得的利润很低甚至为零，大量的竞争者退出市场；消费者的消费习惯已发生改变。面对处于衰退期的产品，企业应该做到"变"字当先。可以采取的策略有：维持策略，继续沿用过去的营销策略，直到这种产品完全退出市场为止；集中策略，把企业的能力和资源集中在最有利的细分市场和分销渠道上，从中获取利润；收缩策略，抛弃无希望的消费者群体，大幅度降低促销水平，尽量减少促销费用，以增加目前的利润；放弃策略，对于衰退比较迅速的产品，应该当机立断，放弃经营。

> **重要信息 7-2　制定产品组合策略的意义**
>
> 产品组合策略是指企业根据市场需要及自身条件，选择适当的产品组合宽度、长度和关联度来确定经营规模和范畴的策略。通常，企业采用的产品组合策略有以下几种。
>
> （1）扩大产品组合策略　扩大产品组合策略包括开拓产品组合的宽度和加强产品组合的长度。前者是指在原有产品组合中增加产品线，扩大产品经营范围；后者是指在原有产品线内增加新的产品项目，发展系列产品。一般来说，扩大产品组合，能够使企业更充分、更合理地利用人、财、物资源，挖掘企业潜力，分散风险，增强竞争能力。
>
> （2）缩小产品组合策略　当市场繁荣时，较广较长的产品组合会给企业带来更多的赢利机会。但是，当市场不景气时，缩短产品线反而能使成本降低，总利润上升。
>
> （3）产品延伸策略　产品延伸策略是指全部或部分地改变公司原有产品的市场定位，包括向下延伸、向上延伸和双向延伸 3 种实现方式。所谓向下延伸，是指在高档产品线中增加低档产品项目。在原有的产品线内增加高档产品项目，就是向上延伸。双向延伸就是定位于中档产品市场的企业在占据市场优势后，把产品线向上下两个方面延伸。
>
> 制定合理的产品组合策略，有助于企业增强竞争实力，进而提高企业的经济效益。当然，产品组合策略也不是一劳永逸的，应根据企业资源的占有情况、市场需求的变化情况和竞争的最新态势随时加以调整。

课堂测评

测评要素	表现要求	已达要求	未达要求
知识点	能掌握产品的含义		
技能点	能初步认识产品策略的操作		
任务内容整体认识的程度	能概述整体产品的意义		
与职业实践相联系的程度	能描述日常生活中的产品策略的表现		
其他	能描述产品认知与其他课程、职业活动等的联系		

7.2　新产品认知

在全面理解产品的基础上，提出新产品开发的策略建议是一项事关企业前途的重要工作，是继续占领并扩大市场、维护自身竞争地位的需要。那么，什么是新产品呢？

7.2.1 新产品的含义

一般来说，新产品分为全新型新产品、换代型新产品、改进型新产品、仿制型新产品4类。进行新产品开发，首先应该定位新产品属于哪一类。

1. 全新型新产品

全新型新产品是指应用新原理、新技术、新结构、新材料研制成功的前所未有的新产品，即新发明、新创造的产品。

> **例 7-6　全新型新产品**
>
> 　　历史上电灯、电话、汽车、飞机、电视机、计算机、激光唱片、尼龙袜等的研制成功并投入使用，在当时就属于全新型新产品。这类新产品往往伴随着科学技术的重大突破而诞生。

2. 换代型新产品

换代型新产品是指在原有产品的基础上，部分采用新技术、新材料、新元件等，使结构性能有显著提高的产品。

> **例 7-7　换代型新产品**
>
> 　　华为手机的更新换代周期很短，根据华为披露的信息我们可以看到，有时候一年之内能推出五六款手机。2008年，华为推陈出新，共发布10款手机。2018年，华为推出了包括P系列、mate系列、nova系列等，共计13款手机。2019年，华为推出了9款手机。2020年，华为推出了4款手机。2021年，华为推出2款手机。2022年华为推出5款手机。

3. 改进型新产品

改进型新产品是指对旧有产品在质量、结构、功能、材料、花色品种等方面做出一定改进的产品。改进型新产品主要谋求性能更加良好、结构更加合理、精度有较大提高、功能更加齐全、式样更加新颖、材料更加易于获得、成本能有较大降低、耗费减少和节约能源等。改进型新产品可以是对原有产品进行适当的改进，也可以是原有产品派生出来的产品。

> **例 7-8　改进型新产品**
>
> 　　空调作为汽车的一项舒适型设施，已经在不同档次的汽车上得到普及。根据价格及设施配置的高低，汽车空调往往会有手动和自动之分。

4. 仿制型新产品

仿制型新产品是指市场上已经存在，而本国、本地区或本企业初次仿制并投入市场的产品。这种产品对较大范围的市场来说已不是新产品，但对企业来说，是用新工艺、新设备生产出来的与原有产品不同的产品，仍然可作为企业的新产品。目前，我国企业中不少新产品都属于仿制型新产品。

7.2.2　新产品开发方式

企业开发新产品，选择合适的方式很重要。新产品开发方式选择得当，适合企业实际，就能少承担风险，易获成功。新产品开发方式一般有独创方式、引进方式、改进方式和结合方式 4 种。

重要名词 7-3　新产品开发

新产品开发是指从研究适应市场需要的产品开始，到产品设计、工艺制造设计，直到投入正常生产的一系列决策过程。新产品开发既包括新产品的研制，又包括原有产品的改进与换代，是企业研究与开发的重点内容，也是企业生存和发展的战略核心之一。

1. 独创方式

独创方式是指企业开发新产品最根本的途径，是自行设计、自行研制。采用这种方式开发新产品，有利于产品更新换代及形成企业的技术优势，也有利于产品竞争。企业自行研制、开发产品需要建立一支实力雄厚的研发队伍、一个深厚的技术平台和一个科学、高效的产品开发流程。

2. 引进方式

技术引进是开发新产品的一种常用方式。企业采用这种方式可以很快掌握新产品制造技术，减少研制经费和投入的力量，从而赢得时间，缩短与其他企业的差距。但引进技术不利于形成企业的技术优势，不利于企业产品的更新换代。

3. 改进方式

改进方式是以企业的现有产品为基础，根据用户的需要，采取改变性能、变换形式或扩大用途等措施来开发新产品。采用这种方式可以依靠企业现有设备和技术力量，开发费用低，成功把握大。但是，长期采用改进方式开发新产品，会影响企业的发展速度。

4. 结合方式

结合方式是指运用独创与引进相结合的方式，进行新产品的开发。

7.2.3　新产品开发程序

新产品开发一般包括调查研究、构思创意、设计生产、上市销售等步骤。

1. 调查研究

新产品开发必须认真做好调查分析。这个阶段主要是在调查研究的基础上，提出新产品构思，以及新产品的原理、结构、功能、材料和工艺方面的开发设想和总体方案。

2. 构思创意

新产品开发是一种创新活动，产品创意是开发新产品的关键。新产品创意包括 3 个方面的内容，即产品构思、构思筛选和产品概念的形成。

（1）产品构思　产品构思是指在市场调查和技术分析的基础上，提出新产品的构想或有关产品改良的建议。

（2）构思筛选　并非所有的产品构思都能发展成为新产品。有的产品构思可能很好，但与企业的发展目标不符合。因此，必须对产品构思进行筛选。

（3）产品概念的形成　经过筛选后的构思仅仅是设计人员或管理者头脑中的概念，与产品还有一段距离。产品概念的形成过程实际上就是构思创意与消费者需求相结合的过程。

3. 设计生产

这一阶段的主要工作包括产品设计、试制和技术准备。产品设计是指从确定产品设计任务书起，到确定产品结构为止的一系列技术工作的准备和管理，是产品开发的重要环节，是产品生产过程的开始。产品设计完成后，要进行试制，并做相应的技术准备。

4. 上市销售

在这个阶段，不仅需要做好生产计划、劳动组织、物资供应、设备管理等一系列工作，还要考虑如何把新产品引入市场，如研究产品的促销宣传方式、价格策略、销售渠道和提供服务等方面的问题。新产品的市场开发既是新产品开发过程的终点，又是下一代新产品开发的起点。

重要信息 7-3　新产品应有的特征

成功开发的新产品应具有以下特征。

（1）微型化、轻便化　在保障产品质量的前提下使产品的体积变小、重量变轻，便于移动。

（2）多功能化　使新产品具有多种用途，既方便购买者的使用，又能提高购买者的购买兴趣。

（3）时代感强　新产品能体现时代精神，培植和引发新的需求，形成新的市场。

（4）简易化　尽量在结构和使用方法上方便使用者和容易维修。

（5）利于保护环境　新产品应属节能型，或对原材料的消耗很低，或有利于保护环境。对"三废""三害"的消除有效。

（6）适应性强　新产品必须适应人们的消费习惯和人们对产品的消费观念。

（7）相对优点突出　新产品相对于市场原有的产品来说具有长处，如性能好、质量高、使用方便、携带容易和价格低廉等。

课堂测评

测评要素	表现要求	已达要求	未达要求
知识点	能掌握新产品的含义		
技能点	能初步认识新产品开发的操作		
任务内容整体认识的程度	能概述新产品开发的意义		
与职业实践相联系的程度	能描述日常生活中的新产品的市场表现		
其他	能描述新产品认知与其他课程、职业活动等的联系		

7.3　产品形象策划

为了尽快让社会接受新产品，营销人员还应该运用一些专门的策略，加大对产品的扩散与推广力度。其中，产品形象的确立、产品包装的设计与运用就是非常重要的措施。什么是产品形象？怎样进行产品形象的设计呢？

产品形象是以产品设计为核心而开展的系统形象设计，是企业总体形象的具体化。产品形象由产品的视觉形象、品质形象和社会形象 3 个方面构成。产品形象能够起到提升、塑造和传播企业形象的作用。

下面，我们分别从品牌策划与包装策略两个方面说明产品形象设计的实践意义。

7.3.1　品牌策划

品牌是企业整体产品的重要组成部分。品牌不仅有利于销售，而且可以增加产品的价值。在现实消费活动中，"指牌购买"已经成为重要的购买方式，品牌已成为产品经营者不可或缺的重要工具。

重要名词 7-4　品牌策划

品牌策划是指企业借助一定的科学方法和艺术设计，使企业品牌或产品品牌在消费者脑海中形成一种个性化的区隔，并使消费者与企业品牌或产品品牌之间形成统一的价值观，从而建立起自己的品牌声誉。

1. 品牌的含义

品牌是指用来识别某个企业的产品或服务的名称、术语、标记、符号、图案或其组合。实际上表现为消费者对其产品及产品系列的认知程度。品牌包括品牌名称、品牌标志和商标等因素。

（1）品牌名称　品牌名称是指品牌中可以用语言称呼的部分。例如，海尔、华为、农夫山泉、吉利、伊利、百度、安踏等，都是著名的品牌名称。

（2）品牌标志　品牌标志是指品牌中可以被认出、易于记忆，但不能用语言称呼的部分，主要包括符号、图案或明显的色彩或字体，又称"品标"。

（3）商标　商标是一种法律用语，是指经过注册登记已获得专用权并受法律保护的一个品牌或品牌的一部分。

商标是品牌的一个组成部分，它只是品牌的标志和名称，便于消费者记忆识别。品牌有着更丰厚的内涵，不仅是一个标志和名称，而且蕴含生动的精神文化层面的内容。品牌体现着人的价值观，象征着人的身份，抒发着人的情怀。

2. 品牌的内容

对企业来说，品牌是一切无形资产总和的浓缩，蕴含着丰富的市场信息。一个品牌至少能够表达出以下 6 种信息。

（1）属性　品牌代表着特定商品的属性，这是品牌最基本的含义。例如，在长城汽车的 Logo 中，椭圆外形象征着立足中国，走向世界；椭圆内的立体"1"，象征着古代烽火台、向上的剑锋，使消费者联想到安全可靠、积极向上的品牌属性。

（2）利益　品牌不仅代表着一系列属性，还体现着某种特定的利益。例如，人们一提到"海尔"，就会联想到海尔家电的高质量、海尔优质的售后服务及海尔人为消费者着想的动人画面。

（3）价值　品牌体现了生产者的某些价值感。例如，小米的标志是一个"米"字，宣传语"探索黑科技，小米为发烧而生""让每个人都能享受到科技的乐趣"等都体现了小米的品牌形象，突出强调自己致力于通过创新技术让消费者获得更多的价值，把更多的功能放入更小的设备，以满足消费者的需求。

（4）文化　品牌还附着特定的文化。例如，同仁堂以中医药文化为基础，注重产品的研发和生产工艺的传承，"炮炙虽繁必不敢省人工，品味虽贵必不敢减物力"，逐步打造出同仁堂的品牌形象。

（5）个性　品牌也反映一定的个性。例如，提到金利来，人们会意识到这是成功男人的象征，就容易被成功或渴望成功的人认同。

（6）用户　品牌暗示了购买或使用产品的用户类型。例如，华为 Mate 系列手机主打商务旗舰，定位高端，主要消费群体为高端商务人群。

3. 品牌策划的原则

一般来说，产品品牌策划应遵循以下原则。

（1）品牌形象设计美观大方、构思新颖　造型美观、别具匠心、寓意深刻的品牌形象（包括商标），给人印象深刻，能引起顾客的兴趣，从而激发购买欲望。

（2）凸显企业和产品特色　品牌不仅要有艺术性，还应是企业形象的典型概括，能反映企业和产品的特色，使消费者通过品牌认识企业的风格，了解产品的性能和特点。同时，品牌还应符合消费者的心理，以增强商品的吸引力。

（3）外形直观、简练醒目　品牌的文字应当简练概括，使消费者便于认知、传诵并容易产生联想。品牌的直观外形应该非常吸引眼球，让消费者过目难忘。

（4）符合法律的规定　品牌形象不能使用与某个国家的国旗、国徽、军旗相同或近似的标志，不能使用与"红十字"名称、标志相同或相近的标志；不能使用政治上有不良影响或民族风俗习惯的标志；不能使用低俗的标志；不能使用与其他品牌相同或近似的标志。

营销案例 7-2 ┃ 知名企业品牌策划

吉利汽车品牌全新 Logo 延续了品牌 3.0 时代的 6 块宝石设计理念，以延展的宇宙为设计源点，将星光银、深空灰和地球蓝融汇其中，展示了吉利汽车从品牌 3.0 时代的蓝天大地，升级为对广袤宇宙的追求。全新 Logo 更具质感和科技感，令吉利汽车品牌的形象焕发全新气息，象征着吉利汽车将迈入全新的年轻化、科技化、全球化战略时代。

长城汽车品牌 Logo 椭圆外形意味着立足世界，走向中国；烽火台是中国传统文化的象征；剑锋、箭头意味着充满活力、蒸蒸日上、敢于亮剑、无坚不摧；立体"1"意味着快速反应，永争第一。

【评析】这两个品牌都是形象直观、吸引眼球、让人过目不忘的典型。另外，它们在造型、迎合消费者心理方面也做到了极致。

---

4. 品牌设计的策略

一般来说，企业可以采取的品牌策略包括以下几种。

（1）统一品牌策略　企业生产经营的所有产品均使用一个品牌进入市场，如日本的松下、索尼，我国的海尔、海信等公司生产的各类家用电器，均使用一个牌子。其优点是可节省大量的广告宣传费用，便于利用已出名的品牌推出新产品，并有利于扩大品牌的影响，强化企业形象和产品形象。缺点是其中任何一种产品的质量发生问题，都会使整个企业的信誉受到影响。

（2）个别品牌策略　企业对各种不同类型、不同质量的产品，分别设计不同的品牌。采用这种策略的优点是个别产品的失败不会对其他产品产生影响；可以通过不同的品牌，分清各种产品在质量、价格、用途、特色上的差异，避免产品之间相互干扰；企业能够为每一种产品制定最合适的品牌名称，采取最合适的营销策略。

（3）扩展品牌策略　企业利用其成功品牌名称的声誉来推出改良产品或新产品，包括推出新的包装规格、香味和式样等，以凭借现有名牌产品形成系列名牌产品。该策略可节省用于促销新品牌所需要的大量费用，并且使消费者迅速了解新产品。

（4）品牌重新定位策略　企业全部或部分改变原有品牌定位。尽管品牌目前的表现极佳，但当面临新的竞争者或消费者偏好的改变时，企业便需要重新定位品牌，以适应不断变化的环境。无论品牌在市场中定位多好，企业随后都可能会采取重新定位策略，尤其是当竞争者继该企业的品牌之后推出新品牌争夺市场时，或消费者的偏好改变，使该品牌需求量减少时。

> **重要信息 7-4　品牌的作用**
>
> （1）有利于企业推销商品　品牌可以表明商品的出处，形成商品的差别。利用品牌销售有差异性的产品，可以使生产经营者获得某种程度的垄断，从而有效地控制需求。①品牌有助于产品的广告宣传。生产经营者为自己的产品设计一个好的品牌并极力宣传，目的是使其树立起良好的市场形象，取得消费者的信任，从而有力地扩大销售。生产经营者还可以借原有成功品牌的信誉，推出其他类似的产品。②品牌有利于市场细分和产品定位。企业可以为不同的细分市场设计不同的品牌，以吸引不同的消费群体，并使他们保持相对稳定，成为各种品牌的忠实购买者。
>
> （2）有利于经销商销售商品　品牌可帮助经销商识别商品，为经销商辨别商品品质、销售商品提供方便。经销商还可以利用顾客对名牌商品的偏好，建立自己的信誉，以名牌商品带动其他商品的销售。尤其是拥有自有品牌的经销商，其品牌好坏与自身利益休戚相关。
>
> （3）有利于消费者选购商品　消费者可以根据品牌，很容易地选出自己所需要的商品。品牌代表商品的质量、特色，消费者凭着对商标的认识，选择其信得过的产品。
>
> （4）有利于对产品质量的监督管理　注册商标要报送质量标准，凡不按注册商标管理质量标准生产产品、粗制滥造者，可由商标管理部门撤销商标或处以罚款。商标管理可以起到保证产品质量的作用。由于消费者"指牌购买"，促使生产者注重商标信誉和产品质量，从而使全社会的产品质量普遍提高。

7.3.2　包装策略

人们一走进商场，映入眼帘的就是琳琅满目的商品，便会被一些好看的商品吸引。这就是商品包装的魅力。包装已成为强有力的营销手段，设计良好的包装能为消费者创造方便价值，为生产者创造促销价值。

1. 包装的含义

包装是指设计并制作产品的容器和外部包扎、盛装、打包的一系列活动，一般有两重含义：一是盛装商品的容器、材料及辅助物品，即包装物；二是实施盛装和封缄、包扎等操作的技术活动。

包装是商品生产过程在流通过程中的继续，是商品进入流通、消费领域不可缺少的条件。

2. 包装的作用

包装作为商品的重要组成部分，在市场营销职业活动中发挥着重要作用。

（1）保护商品，便于储运　产品包装最基本的作用便是保护商品，便于储运。有效的产品包装可以起到防潮、防热、防冷、防挥发、防污染、保鲜、防碎、防变形等保护产品的作用。因此，在包装产品时，要注意对产品包装材料的选择，以及包装的技术控制。

（2）便于储运　将商品按一定的数量、形状、规格、大小及不同的容器进行包装，这样既有利于商品的分配调拨、清点计数，又有利于合理运用各种运输工具和仓容，提高运输、装卸和堆码效率。

（3）便于使用　销售包装因商品的不同，形式各种各样，大小适宜，便于消费者携带、保存和使用。包装上的绘图、商标和文字说明等，既方便消费者辨认，又介绍了商品的成分、性质、用途、使用和保管方法，起着方便与指导消费的作用。

（4）促进销售　精美的商品包装可起到美化商品、宣传商品和促进销售的作用。包装既能提高商品的市场竞争力，又能以其新颖独特的艺术魅力吸引顾客、指导消费，成为促进消费者购买的主导因素，是商品的无声推销员。

（5）提供创新的机会　产品包装的改进是产品创新的重要方面。包装的创新能够给消费者带来巨大的好处，也能够给生产者带来利润。

3. 产品包装策略的种类

在市场营销活动中，通常有以下包装策略可供选择。

（1）类似包装策略　企业生产的各种产品在包装外形上采用相同的图像和近似的色彩。采用这种包装策略，可以增强企业在消费者脑海中的印象，可以节约设计成本，减少经费开支；有利于新产品问世后迅速打开销路。这种策略是以企业对产品质量的严格要求为前提的。如果产品质量低，将会影响企业的形象与信誉。

（2）等级包装策略　将包装按质量分为若干档次，并使不同的包装与其内在的产品适应。采用这种策略，方便消费者购买和使用，也有利于推销产品。

（3）组合包装策略　将多种有关联的产品进行配套组合，置于同一包装容器中。例如，家用工具箱、急救箱等，既可方便购买和使用，又可扩大销路。

（4）再用包装策略　包装容器内原有的商品用完后，包装物还可移作他用。采用这种策略，可以使消费者产生好感，引发重复购买的欲望。另外，这种包装设计往往有技巧上的独到之处，或有美观、雅致等欣赏价值，从而能发挥广告宣传的作用。

（5）附赠品包装策略　在包装容器内附上小礼物，如在文具盒中放入年画、年历；在小食品袋里放入小玩具等。这种策略能使消费者感到有意外的收获，引起消费者的好奇心和购买兴趣。

营销案例 7-3　啤酒的包装策略

在竞争激烈的啤酒市场中，一家啤酒企业更新包装让销量大幅提升。

营销专家为啤酒设计了一种绿色长颈瓶，并附上显眼的艺术装饰，使包装在众多的啤酒中非常引人注目。这种瓶子独特而有趣，许多消费者愿意把它摆在桌子上，甚至觉得装在这种瓶子里的啤酒更好喝。该企业也重新设计了啤酒的包装箱，包装上印有放在山泉里的这些瓶子的照片。照片色彩鲜艳，图像清晰。消费者从很远处就很容易认出这家企业的啤酒。这一做法突出了绿色长颈瓶，以及该啤酒是用山泉水酿造的这个事实。

【评析】更新包装设计，瓶子和包装造就了讨人喜欢的感觉，使产品看上去不像大众化的产品，而是具有一种高贵的品质，从而让销量大增。

（6）更新包装策略　为了改正现有包装的缺点，或吸引新消费者，采用新式包装；为适应市场竞争而改变现有包装。实行更新包装策略，可以改变产品在消费者心目中的地位，扩大市场销售量。同时，也可以显示现有产品的特点，体现消费新潮流，进而达到提高企业声誉的效果。

（7）绿色包装策略　绿色包装是指对生态环境和人体健康无害，能循环使用和再生利用，可促进国民经济持续发展的包装。实行绿色包装策略，有利于保护自然环境，避免废弃物对环境造成损害。

重要信息 7-5　包装设计的原则

一般来说，包装设计必须符合以下原则。

1）包装设计必须与商品价值相结合。包装应按照商品分为高、中、低不同档次。高档次的商品应设计精美的包装，使包装与商品价值一致，给人以名贵感和深刻的印象。如果采用粗俗、简陋的包装，会降低商品的档次，影响消费者选购。

2）包装设计必须体现商品的特色和风格。许多商品都是通过包装建立外观形象的，企业可以利用包装设计，树立商品所需的市场形象。有时将相同的商品包装成不同的形式，可以体现不同的特色，服务于不同的消费者。

3）包装设计必须符合消费者的使用习惯和消费心理。

4）包装必须注重实用性。包装的形状、结构、大小应该方便运输、储存、销售和使用。运输时以大包装为主，销售时则要注重小包装；包装要便于携带、开启和保存，材质尽量环保。

5）出口商品的包装设计必须符合出口地区的风俗习惯。

课堂测评

测评要素	表现要求	已达要求	未达要求
知识点	能掌握产品形象策划的含义		
技能点	能初步认识产品形象策划的操作		
任务内容整体认识的程度	能概述产品形象的意义		
与职业实践相联系的程度	能描述日常生活中的产品形象的表现		
其他	能描述产品形象策划与其他课程、职业活动等的联系		

小结

任务 7 小结如图 7-4 所示。

图 7-4　任务 7 小结

教学做一体化训练

一、重要名词

产品策略　　产品生命周期　　新产品开发　　品牌策划

二、课后自测

（一）单项选择题

1. 下列属于产品整体概念中形式产品范畴的是（　　）。

A. 质量　　　　　　B. 免费送货　　　　C. 形象　　　　　　D. 提供信贷

E. 品牌

2. 产品组合表现在产品组合的宽度、长度及（　　）3 个方面。

A. 厚度　　　　　　B. 多维度　　　　　C. 关联度　　　　　D. 重叠度

E. 区别度

3. 应该努力做到"好"字当先是指（　　）的企业营销策略选择。

A. 介绍期　　　　　B. 成长期　　　　　C. 成熟期　　　　　D. 衰退期

4. 新产品创意包括 3 个方面的内容，即产品构思、构思筛选和（　　）的形成。

A. 产品外观　　　　B. 产品包装　　　　C. 产品名称　　　　D. 产品概念

5. 品牌是指用来识别某个企业的产品或服务的（　　）、术语、标记、符号、图案或其组合。

A. 名称　　　　　　B. 牌子　　　　　　C. 形象　　　　　　D. 记号

E. 名声

（二）多项选择题

1．整体产品概念包含的几个层次分别是（　　　　）。

A．心理产品　　　　B．形式产品　　　　C．附加产品　　　　D．无形产品

E．实质产品

2．产品组合的表现包括（　　　　）。

A．产品组合的宽度　　　　　　　　B．产品组合的长度

C．产品组合的高度　　　　　　　　D．产品组合的关联度

3．对企业而言，下列属于新产品类型的有（　　　　）。

A．全新型新产品　　　　　　　　　B．换代型新产品

C．改进型新产品　　　　　　　　　D．投向新市场的产品

4．新产品的开发方式主要有（　　　　）。

A．独创方式　　　　B．引进方式　　　　C．改进方式　　　　D．结合方式

5．品牌设计的策略包括（　　　　）。

A．统一品牌　　　　B．个别品牌　　　　C．品牌重新定位　　　D．扩展品牌

（三）判断题

1．产品线是由若干个产品项目组成的。　　　　　　　　　　　　　　　（　　　）

2．产品生命周期是指产品的自然寿命或物质寿命。　　　　　　　　　　（　　　）

3．在实践中，一些产品的生命周期，可能无限地延长下去。　　　　　　（　　　）

4．新产品概念是指采用新技术、新材料、新工艺，运用新原理制造的以前没有的产品，是科学技术应用于生产从而得出的新成果。　　　　　　　　　　　　　　（　　　）

5．品牌是一个结合体，包括品牌名称、品牌标志两个部分。　　　　　　（　　　）

6．个别品牌策略是指企业对不同的产品线采用不同的品牌。　　　　　　（　　　）

（四）简答题

1．产品组合的含义是什么？

2．产品组合策略制定的意义是什么？

3．新产品应有哪些特征？

4．品牌策划的原则有哪些？

5．产品生命周期各阶段的营销策略是什么？

三、案例分析

2023 年 6 月 15 日晚上 8 点，梅西领衔的阿根廷男足亮相"新工体"。球迷狂欢，品牌和平台也不想错过这个合作机会。尽管时间有限，但是此次足球邀请赛的赞助商已经超过 20 家；尽管梅西的线下活动都已经取消，但是不妨碍各个线上平台对梅西的巨大流量进行争夺。

2023 年 6 月 12 日，快手官方直播账号"快手直播"正式开播，尽管梅西露面总时长只有 50 秒，但大量球迷涌入直播间，最高同时在线人数近 600 万。不过，球迷们发现，其实这并不是梅西真正参与直播，而是采访录播的视频。随后第二天，快手官方播出了梅西采访的完整视频。

两天后，梅西正式亮相淘宝某直播间。这次梅西露面十几分钟，获得近 290 万人次的观看。在直播过程中，恒源祥、阿维塔、追觅、檀台 4 个品牌都得以露出。

直播结束后，外界有人认为该直播间背后的企业成为此次梅西中国行的最大赢家。该企业官网数据显示，其旗下拥有40多位明星主播，主播总数达100位以上。梅西亮相的直播间的主播则是快手平台酒类的"带货达人"，5月底入驻淘宝直播间后，为酒类带货仍是其主业。

据了解，6月12日梅西将亮相该直播间的消息一经发出，该直播间背后的企业尾盘迅速拉升，截至收盘涨5.13%，报16.40元/股。6月14日当天，其股价也曾快速拉升。

在直播之前，网友就发现能够在该直播间买到此次球赛的门票。更有球迷表示，此次梅西中国行，最令人印象深刻的竟然是该直播间背后的企业。

参与流量争夺的不仅有快手和淘宝，还有小红书。作为官方赞助商，小红书除了推出相关活动，如抽取门票，更找来梅西的队友——阿根廷队守门员埃米利亚诺·马丁内斯来进行直播。

（资料来源：刘旺，《中国经营报》，2023-06-16，有删改）

【问题】
（1）线上平台为什么积极邀请梅西"出镜"？
（2）梅西对线上平台的品牌建设有哪些帮助？

同步实训

⟳ 实训 7-1：产品讨论

实训目的： 认识整体意义上的产品，理解其实际意义。

实训安排：

1. 学生分组，选择某一产品，从消费者的角度分析并概括这一商品的整体意义（可以是熟悉的手机或其他电子产品）。

2. 讨论其整体意义要素，并从营销人员的角度提出进一步做好产品定位与设计的对策建议。

3. 选择部分学生做 PPT 进行展示，并组织讨论与分析。

实训总结： 学生小组交流不同的分析结果，教师根据分析（文案）报告、PPT 演示、讨论分享中的表现，分别给每组进行评价打分。

⟳ 实训 7-2：新产品讨论

实训目的： 认识新产品开发的程序，理解其实际意义。

实训安排：

1. 学生分组，选择某一新上市的日用品，从消费者的角度分析并概括这一商品的新旧程度（可以是熟悉的日化用品）。

2. 讨论其中的"新要素"，并从营销人员的角度提出进一步做好产品更新的对策建议。

3. 选择部分学生做 PPT 进行展示，并组织讨论与分析。

实训总结： 学生小组交流不同的分析结果，教师根据分析（文案）报告、PPT 演示、讨论分享中的表现，分别给每组进行评价打分。

⊙ 实训 7-3：产品形象讨论

实训目的：认识产品形象策略，理解其实际意义。

实训安排：

1. 学生分组，选择自己熟悉的某一新上市的日用品，从消费者的角度分析并概括这一商品的形象（可以是日化用品）。

2. 讨论其品牌标识与包装的设计特点，并从营销人员的角度提出进一步提升产品形象的对策建议。

3. 选择部分学生做 PPT 进行展示，并组织讨论与分析。

实训总结：学生小组交流不同的分析结果，教师根据分析（文案）报告、PPT 演示、讨论分享中的表现，分别给每组进行评价打分。

素养提升园地

2019 年 10 月 1 日的新中国成立 70 周年庆典系列活动中。最亮眼的，无疑是当晚由中国起重机升起的那副巨幅国旗。

晚 8 时 8 分，天安门广场上一面长 90 米、宽 60 米的巨幅国旗迎风升起。稳稳举起这面巨幅国旗的，是 6 台中国起重机，由三一集团生产。而在 2009 年的这天，天安门广场上负责大屏吊装的是 6 台进口起重机。

其中一位"升旗手"曾是一名军人。"我开了 21 年吊车，从在部队开始就跟机械打交道，以前我们依赖的是进口车，但是我们现在自己也能生产出 600t、1 200t、1 600t 的吊车。"党的二十大报告指出，坚持把发展经济的着力点放在实体经济上，推进新型工业化，加快建设制造强国、质量强国、航天强国、交通强国、网络强国、数字中国。中国制造必将越来越强大！中国产业必将越来越自信！

思考：

（1）你熟悉的我国知名品牌有哪些？

（2）你怎样理解"国潮风"？

（3）为什么说中华人民共和国成立 70 周年庆典活动是"中国制造"最精彩的演出？

（4）你怎样理解中国文化自信、品牌自信？

学生自我总结

通过完成任务 7，我能够做如下总结。

一、主要知识

概括本任务的主要知识点：

1. ....

2. ....

二、主要技能

概括本任务的主要技能:

1. _____

2. _____

三、主要原理

你认为认识产品策略的意义是:

1. _____

2. _____

四、相关知识与技能

你在完成本任务的过程中得出:

1. 产品的完整意义是_____

2. 新产品开发的方向有_____

3. 产品形象的主要载体包括_____

五、成果检验

你完成本任务的成果:

1. 完成本任务的意义有_____

2. 学到的知识或技能有_____

3. 自悟的知识或技能有_____

4. 你对"中国制造"走向世界的看法是_____

任务 8 >>

价格策略分析

学习目标

📝 知识目标
- ○ 了解产品价格的含义。
- ○ 了解产品定价的影响因素。
- ○ 了解企业定价方法。

📖 能力目标
- ○ 能理解企业定价程序。
- ○ 能掌握定价技巧。
- ○ 能够运用企业定价方法。

📚 素养要求
- ○ 树立行业定价规则意识。
- ○ 树立优质优价理念。
- ○ 培养诚信经营信念。

价格策略分析
素养提升

价格策略分析
课前阅读

任务描述

企业在将产品投入市场时，必须给其制定适当的价格，以利于消费者接受，从而实现经济效益。当新产品即将投入市场、老产品市场供求情况发生较大变化、竞争政策发生调整，以及本企业相关产品上市销售等情况出现时，企业都需要考虑产品价格政策的制定与实施。为此，营销人员必须了解影响产品定价的诸多因素，有针对性地制定产品价格策略。

任务解析

根据市场营销职业工作过程的活动顺序，可以将这一学习任务分解为以下子任务，如图 8-1 所示。

图 8-1 价格策略分析的子任务

有人告诉你，一辆汽车只卖 1 元。对！你没听错！只卖 1 元！你会相信吗？疯狂的美国人就曾经干过这样的事情！

在汽车行业不景气的情况下，美国芝加哥一家汽车销售商为了刺激销售，实施消费者只要购买定价 4 万美元的全新克莱斯勒 SUV，就能够用 1 美元加购一辆二手克莱斯勒 PT 漫步者的销售策略。尽管是二手车，但它们都是本年度刚出厂的，车况还不错，通常零售价在 1.2 万美元。许多听到这项优惠策略的车主都不敢相信自己的耳朵。购车者还对销售商表示："我说你在开玩笑吗？这根本是无法相信的优惠啊！"

销售商则强调，此次的 1 美元买车活动虽然让他赔钱，但至少能吸引不少媒体的注意，等于是帮他做了免费的宣传。果然，店内的全新克莱斯勒 SUV 很快就卖得所剩无几了。

【问题】

（1）本文的大意是什么？

（2）降价就一定能吸引消费者吗？

（3）在日常生活中，哪些商品降价对你有吸引力？

（4）遇到降价的情形，你通常的反应是什么？

8.1　产品价格认知

确定了生产什么样的产品，接下来就是确定产品的价格了。那么，什么是产品的价格？产品的价格有哪些构成要素？价格的影响因素有哪些？

8.1.1　产品价格概述

在日常生活中，价格一般是指商品或服务在交易时，买方所需付出的代价或费用。那么在市场营销活动中，该怎样理解价格呢？

1. 价格的概念

关于价格的概念阐述，从经济学与市场营销活动的角度看，其含义是不同的。

（1）经济学中的价格　从经济学角度看，价格是商品同货币交换比例的指数，或者说，价格是价值的货币表现，价格是商品的交换价值在流通过程中所取得的转化形式。价格与利润的关系十分紧密，具有数据上的逻辑性，即价格 = 成本 + 利润。

（2）市场营销活动中的价格　从市场营销角度看，价格是非常活跃的因素，可以随着营销活动的需要而变动。在法律允许的范围内，营销人员可以根据市场需求的变化、产品所处的不同时期，综合考虑消费者对价格的接受程度，以及企业定价目标来合理制定价格。

本任务关注的是市场营销活动中的价格。

2. 价格的构成

市场营销活动中的价格主要构成要素有 4 个，即生产成本、流通费用、税金和利润。

（1）生产成本　生产成本是指生产一定数量产品所耗费的物质资料和劳动报酬的货币

形态。它是商品价格的主要组成部分，也是制定商品价格的重要依据。构成商品价格的生产成本，不是个别企业的成本，而是行业（部门）的平均成本，即社会成本。

（2）流通费用　流通费用是指商品从生产领域经过流通领域进入消费领域所耗费的物化劳动和活动的货币表现。流通费用主要包括生产单位为推销商品支出的销售费用和商业部门为销售商品支出的商业费用。

（3）税金　税金是国家通过税法，按照一定标准，强制向商品生产经营者征收的预算缴费。按照税金是否计入商品价格，可以分为价内税和价外税。

（4）利润　利润是商品价格减去生产成本、流通费用和税金后的余额。按照商品生产经营的流通环节，可以分为生产利润和商业利润。

在市场营销活动中，商品价格的形成关系，如图 8-2 所示。

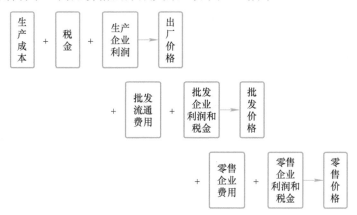

图 8-2　商品价格的形成关系

8.1.2　价格的影响因素

企业在进行新产品定价或老产品价格变动时，首先考虑的影响因素主要包括产品成本、供求关系和市场竞争情况等。这些因素构成了产品的定价环境。

1. 产品成本

企业的任何定价行为都不能随心所欲，必须首先使大量的投入得到补偿。在制定产品价格时，企业必须将产品成本作为定价的最低经济界限。产品成本按其与产量的关系，可分为固定成本和变动成本两大类。

（1）固定成本　固定成本是指在一定时期和一定产量范围内，总额不随产量或销售收入的变化而变化的那部分投入，包括厂房设备的折旧费、租金、利息、管理人员的工资等。虽然固定成本的总额不变，但分摊到单位产品中的固定成本则是变动的。产量越大，每个产品分摊到的这部分固定成本就越小。

（2）变动成本　变动成本是指总额随产量的变化而呈正比例变化的那些投入，如原材料费、包装费、生产工人工资、销售佣金及直接营销费用等。每个单位产品的变动成本一般都是不变的，它们之所以被称作变动成本，是因为其总量随产量的变化而变化。

在某个确定产量水平上，固定成本和变动成本的和就是总成本。当产量为零时，总成本等于固定成本。总成本除以产量就是单位成本，亦称单位平均成本或平均成本。由于总成本包含了与产量有不同关系的固定成本和变动成本两部分，在不同生产水平下，单位成本就会出现明显的高低差别。

2. 供求关系

供求规律是市场经济的基本规律之一。如果说生产成本决定了价格的底线，那么市场供求关系决定了价格的上限。

（1）价格与需求　价格与需求的关系一般表现为：当商品价格下降时，需求量增加；当商品价格提高时，需求量下降。

（2）价格与供给　价格与供给的关系一般表现为：当产品价格上升时，生产者感觉有利可图，于是扩大生产，满足供应；反之，则减少产品的市场供应量。

（3）供求情况与均衡价格　由于价格的变动，供给与需求总是呈反方向变动。由于市场竞争的结果，供给与需求在相互适应过程中，慢慢趋于接近。这时的价格就是供求双方都能接受的均衡价格。

（4）需求价格弹性　需求价格弹性是指因价格变动引起的需求相应的变动率，反映了需求对价格变动的敏感程度，一般用需求弹性系数表示。

当需求价格弹性大于1时，称为需求富有弹性，这时企业可以采取低价策略，扩大销售。当需求价格弹性等于1时，说明需求与价格等比例变动，价格变化对销量没有太大的影响，这时企业可以采用其他营销策略，扩大销售。当需求价格弹性小于1时，称为需求缺乏弹性，这时企业可以选择高定价或维持较高价格水平，来获取较大的销售收益。

> **重要信息 8-1　影响需求价格弹性的因素**
>
> （1）消费者对产品的需求强度　消费者对生活必需品的需求强度大且比较稳定，因而生活必需品的需求价格弹性小；消费者对高档消费品和奢侈品的需求强度小且不稳定，因而高档消费品、奢侈品的需求价格弹性大。
>
> （2）产品的重要性　某种产品支出在消费者的总支出中所占比例较小，那么该产品的价格变动对消费者的影响较小，因而其需求价格弹性也较小；反之，需求价格弹性较大。
>
> （3）产品替代品数目和可替代程度　一种产品的替代品越多，可替代的程度越高，其需求价格弹性就越大；反之，需求价格弹性就越小。
>
> （4）产品用途的广泛性　一般来说，产品的用途越多，其需求价格弹性就越大。
>
> （5）产品的耐用程度　一般情况下，耐用品的需求价格弹性大，非耐用品的需求价格弹性小。
>
> （6）消费者的收入水平　同一产品对不同收入水平的人来说，需求价格弹性是不同的。同一种产品，对于高收入水平的人来说可能是必需品，需求价格弹性小，但对于低收入水平的人来说则可能是奢侈品，需求价格弹性大。
>
> 通常情况下，缺乏需求价格弹性的商品，企业适宜稳定价格或适当提价；而富有需求价格弹性的商品，管理者可以考虑适当降价，以刺激需求，扩大销量。

3. 市场竞争情况

市场竞争情况也是影响企业定价不可忽视的因素，企业必须结合自己的竞争地位制定有利的定价策略，才能获胜。

（1）完全竞争地位　如果只是完全竞争市场上众多企业中的一分子，那么根据自己的愿望和要求来提高价格几乎是企业不能完成的使命。在这种情况下，企业只能接受在市场竞争中现有的价格，买卖双方都只是"价格的接受者"，而不是"价格的决定者"，也就是我们常常所说的"随行就市"。

（2）不完全竞争地位　在这种市场条件下，市场中的企业虽然很多，但彼此提供的产品或劳务是有差异的。这里存在着产品质量、销售渠道、促销活动的竞争。企业根据其"差异"的优势，可以部分地通过变动价格的方法来寻求比较市场利润，也就是我们常常所说的发挥自己的"比较优势"。

（3）"寡头"竞争地位　在这种市场条件下，价格实际上由各个"寡头"控制。"寡头"之间相互依存、相互影响，任一"寡头"企业调整价格都会引起其他"寡头"企业的连锁反应。因此，即使作为"寡头"企业，也要密切注意对方战略的变化和价格的调整。

（4）完全垄断地位　在这种市场条件下，企业在一个行业中的某种产品或劳务只是独家经营，没有竞争对手，能完全控制市场价格。当然，在现实中其价格也受消费者情绪及政府干预的影响。

> **重要信息 8-2　产品特性与价格**
>
> 产品的自身属性、特征等因素也是企业制定价格时必须考虑的因素。
>
> （1）产品的种类　不同的产品类别对价格制定有着不同的要求。如果企业生产或经营的产品种类是日用必需品，价格必然顾及大众消费者的水平；如果是一些特殊品，则价格应侧重特殊消费者。
>
> （2）产品的变质性和季节性　一般情况下，易变质产品价格变动的可能性比较高。常年生产、季节性消费的产品与季节性生产、常年消费的产品，在利用价格的作用促进持续平衡生产和提高效益方面有较大的主动性。
>
> （3）产品的新颖性和时尚性　新颖、时尚的产品价格变化较显著。一般在新产品入市时，价格可定得高一些。之后，应及时采取适当的价格调整策略。
>
> （4）产品的生命周期　产品的生命周期的不同阶段对价格策略也有一定的影响。生命周期短的产品，如时尚产品，由于市场变化快，需求增长快、消退快，其需求量的高峰一般出现于生命周期的前期，所以企业应抓住时机，尽快收回成本和利润。

课堂测评

测评要素	表现要求	已达要求	未达要求
知识点	能掌握产品价格的含义		
技能点	能初步认识产品价格的影响因素		
任务内容整体认识的程度	能概述产品价格的意义		
与职业实践相联系的程度	能描述日常生活中的产品价格的表现		
其他	能描述产品价格认知与其他课程、职业活动等的联系		

8.2　产品价格确定

营销人员在明确了产品定价工作应该考虑的主要影响因素之后，根据企业营销目标，在产品成本、价格弹性以及竞争情况分析的基础上，选择定价方法，最后确定产品价格。那么，确定产品价格的程序是什么？包含哪些具体工作呢？

企业进行产品定价，一般应由财务人员、营销人员共同组成定价工作小组，根据营销目标，确定适当的定价目标，综合考虑各种定价影响因素，遵循一定的工作程序进行。

8.2.1　明确定价目标

不同行业、不同类型、不同竞争地位的企业，各自的营销目标不同，相应地，定价目标也就不同。不同的企业有不同的定价目标，同一企业在不同时期、不同条件下也有不同的定价目标。

1. 利润目标

利润是企业从事经营活动的主要目标，也是企业生存和发展的源泉。在日常市场营销活动中，很多企业直接以获取利润作为定价目标。

（1）预期利润定价目标　所谓预期利润定价目标，是指企业以获取预期的投资收益为定价基础，加上总成本和合理的利润作为产品销售价格的一种定价目标。

（2）最大利润定价目标　以最大利润为定价目标，是市场经济中企业从事经营活动的最高追求。但获取最大利润不一定就是给单位产品制定最高的价格，有时给单位产品制定低价，也可通过扩大市场占有率，使企业在一定时期内获得最大的利润。

（3）合理利润定价目标　有的企业在激烈的市场竞争压力下，为了保全自己，减少风险，或者由于自身力量不足，只能在补偿正常情况下的社会平均成本的基础上，加上适当利润作为商品价格，称为合理利润定价目标。

2. 市场目标

市场目标是指企业以巩固和提高市场占有率，维持或扩大市场销售量作为制定商品价格的目标。在价格不变的前提下，提高市场占有率，维持一定的销售额，意味着企业利润的增加。即使在价格下降的情况下，市场占有率的扩大也可能使利润增加。

3. 竞争目标

具有较强实力、在该行业中居于价格领导地位的企业，其定价目标主要是对付竞争者或阻止竞争对手，往往会首先变动价格；具有一定的竞争力，居于市场竞争的挑战者位置的企业，其定价目标是攻击竞争对手，侵蚀竞争对手的市场占有率，价格定得相对低一些；市场竞争力较弱的中小企业，在竞争中为了防止竞争对手的打击，一般不会首先变动价格，在制定价格时主要跟随市场领导者的价格。

4. 稳定市场目标

有的企业满足于自身目前的市场份额和利润，采用稳定市场目标来指导定价。这一目标是通过本企业产品的定价来掌控整个市场价格的，使之避免不必要的波动。按这一目标定价，可以使市场价格在一个较长的时期内相对稳定，减少经营风险以及由于价格竞争导致的损失。

8.2.2　分析定价影响因素

1. 估算成本

企业生产经营商品的成本费用是制定商品价格的基础。商品价格高于成本，企业才能赢利。因此，在定价之前，营销人员应该与企业财务人员合作，对产品成本做出估算。成本包括变动成本与固定成本。

2. 了解需求价格弹性

营销人员了解需求价格弹性，目的是确定市场可以接受的价格上限，以便合理地制定价格。营销人员应该通过运用消费者调查、市场观察、试销等手段，测试了解需求的价格弹性，认识市场需求对价格变动的反应趋向与反应程度，从而确定自己的产品价格水平与价格对策。

3. 分析竞争情况

营销人员在为产品定价时，必须了解竞争者所提供的产品质量和价格。在获取这方面的信息后，就可以与竞争产品比质比价，更准确、有针对性地制定本企业的产品价格。一般情况下，企业某种产品的最高价格取决于这种产品的市场需求量，最低价格取决于这种产品的单位成本。在最高和最低价格幅度内，企业能把这种产品的价格水平定得多高，又取决于竞争者的同种产品价格水平的高低。

8.2.3　选择定价方法

如前所述，产品价格的制定要建立在对价格目标、需求、成本、竞争分析的基础之上。但在实践中，企业在决定定价方法的时候，一般会根据不同的情况有所侧重。企业常用的定价方法有以下几种。

1. 成本导向定价法

成本导向定价法是以企业的生产成本作为定价基础的定价方法。它的主要理论依据是，在定价时，首先考虑收回企业在生产经营中投入的全部成本，其次考虑获得一定的利润。以成本为中心的定价方法主要有以下两种。

（1）成本加成定价法　成本加成定价法是在单位产品成本的基础上，加上一定比例的预期利润作为产品的售价。由于利润的多少是按一定的比例反映的，这种比例习惯上称为"加成"，所以这种方法称为成本加成定价法。其计算公式为

$$单位产品价格 = 单位产品成本 \times (1+ 加成率)$$

式中，加成率为预期利润占产品成本的百分比。

> 例 8-1
>
> 某品牌耳机的单位产品成本为 300 元，加成率为 20%，则：
> $$单位产品价格 = 300 \times (1+20\%) = 360（元）$$

采用这种定价方法，核心问题是确定一个合理的加成率。不同的产品应根据其不同的特点、市场环境、行业情况等制定不同的加成率。一般来说，高档消费品和生产批量较小的产品，加成率应适当高一些，而生活必需品和生产批量较大的产品，加成率应低一些。

这种方法的优点是简便易行。从企业角度看，计算成本要比确定需求更容易、更有把握，可以简化定价工作，也不必经常依据需求情况做调整。采用这种方法还可以保证各行业取得的利润，从而保障生产经营的正常进行。如果同行都采取此种方法定价，价格竞争现象会大大减少。

这种方法的不足是没有考虑市场需求和竞争因素的影响，因而很难适应变化多端的现代市场。另外，加成率是一个估计数，缺乏科学性，由此计算出来的价格，很难说一定能被消费者接受，更谈不上在市场上具有竞争能力。如果企业为多品种经营，成本分摊相对比较困难。

（2）目标收益定价法　目标收益定价法是在成本的基础上，按照目标收益率的高低计算价格的方法。它的计算步骤如下。

1）确定目标收益率。目标收益率可以表现为投资利润率、成本利润率、销售利润率和资金利润率等几种形式。

$$目标收益率 =1÷投资回收期×100\%$$

2）确定目标利润。根据目标收益率表现形式的不同，目标利润的计算也不同。一般的计算公式为

$$单位产品目标利润 = 总投资额 × 目标投资收益率 ÷ 预期销售量$$

3）计算单价。

$$单价 = 单位固定成本 + 单位变动成本 + 单位产品目标利润$$

> **例 8-2**
>
> 某网球拍厂总投资额为 80 万元，投资回收期为 5 年，固定成本为 40 万元，每个网球拍的变动成本为 80 元，当产品的销量为 2 万件时，单价应为多少？
>
> 解：　　　　　目标收益率 =1÷5×100%=20%
>
> 　　　　　　　单位产品目标利润 =80×20%÷2=8（元）
>
> 　　　　　　　单价 =40÷2+80+8=108（元）
>
> 答：该企业网球拍的定价应为 108 元。

目标收益定价法的优点是可以保证企业既定目标利润的实现；缺点是只从卖方的利益出发，没有考虑竞争因素和市场需求情况。这种方法是先确定销量，再确定和计算出产品的价格，这在理论上有些牵强。事实上，对于商品而言，一般是价格影响销售，而不是销售决定价格。因此，按此种方法计算出来的价格，不可能保证预计销售量的实现。尤其是那些价格弹性较大的商品，不同的价格有不同的销售量，而不是先有销售量，然后再确定价格的。

所以，目标收益定价法一般适用于需求价格弹性较小，而且在市场中有一定影响力的企业，以及市场占有率较高或具有垄断性质的企业。

2. 需求导向定价法

需求导向定价法是以需求为中心，以消费者对商品价值的理解和认识为依据来确定产品价格的。随着市场的变化，企业的定价方法也在发生变化。如果说成本导向定价法适用于卖方市场，那么需求导向定价法就适用于买方市场。需求导向定价法主要有两种形式。

（1）理解（认知）价值定价法　一般来说，每一种商品的性能、用途、质量、外观及其价格等在消费者心目中都有一定的认知和评价。当卖方的价格水平与消费者对商品价值的

认知水平大体一致时，消费者能接受这种价格。所以，理解价值定价法也称觉察价值定价法。

重要名词 8-1　理解价值定价法

> 理解价值定价法是以消费者对商品价值的感受、理解、认知水平为定价依据而实施的定价方法。在定价时，先要估计和测量消费者对商品的认知价值，而后制定出商品的价格。

理解价值定价法的主要步骤如下。

1）确定消费者的理解价值，即确定消费者对企业产品的性能、用途、质量、外观及市场营销组合因素等的认知价值。

2）根据确定的认知价值来确定商品的初始价格。

3）预测商品的销售量，即在估计的初始价格的条件下，预测可能实现的销售量。

4）预测目标成本。计算公式为

$$目标成本总额 = 销售收入总额 - 目标利润总额 - 税金总额$$

$$单位产品目标成本 = 单位产品价格 - 单位产品目标利润 - 单位产品税金$$

5）决策，即把预测的目标成本与实际成本进行对比，来确定价格。当实际成本不高于目标成本时，这说明在初始价格的条件下，目标利润可以保证，因而初始价格就可以定为商品的实际价格。当实际成本高于目标成本时，这说明在初始价格的条件下，目标利润得不到保证，需要进一步做出选择，要么降低目标利润，要么设法进一步降低实际成本，使初始价格仍可以付诸实施，否则只能放弃原有方案。

6）判定消费者的理解价值。理解价值定价法的关键是获得消费者对企业所提供商品价值理解的准确资料。企业如果过高估计消费者的理解价值，会令产品定价过高，影响销量；反之，产品的定价就可能低于消费者能够达到的理解价值，使企业收入减少。

例 8-3　理解价值定价法

> 高档酒店里一罐可乐售价 10 多元，而在超市该种可乐一罐售价 3 元左右；高档酒店里一瓶年代较近的法国红酒售价 580 元，而超市售价不过 160 元。为什么还会有人消费这么贵的商品呢？其实，消费者在高档酒店里消费的还有就餐环境、气氛、周到的服务等，正是这些因素提高了商品的附加价值，使消费者愿意支付高价。这就是理解价值定价法。

（2）需求差别定价法　需求差别定价法是指根据消费者对同种产品的不同需求强度、不同购买力、不同购买地点和不同购买时间等因素，制定不同的价格和收费的方法。

1）根据消费者差别定价。企业对不同的消费者，可以采用不同的价格。在营销实践中，许多企业对老客户和新客户采用不同的价格。同一产品卖给批发商、零售商或消费者，采用不同的价格；公园门票对学生、军人和残疾人优惠；民航机票对本国籍乘客和外国籍乘客实行不同的价格等。

2）根据产品位置差别定价。企业对处在不同位置的产品或服务分别制定不同的价格。例如，对不同地区的购买者采用不同的价格；同一地区或城市的影剧院、运动场、球场或游乐场等因地点或位置不同，价格也不同。影剧院前排或正中间座位票价与后排或两翼的座位票价不相同；火车卧铺的上、中、下铺的票价也不相同。

3）根据产品形式差别定价。企业对不同型号、外观、花色、规格的产品，根据消费者对产品喜好程度的不同，分别制定不同的价格。例如，同样的椅子，具有同样的使用功能，但可能因为样式的时尚与否而价格差别很大；香水装在造型精美的瓶子里，价格可以定得高一些。

4）以时间为基础的差别定价。不同季节、不同日期，甚至在不同时刻的商品或劳务的价格不同。例如，出租车在白天和夜晚的收费标准不同。

采用差别定价法，必须具备一定的前提条件：市场是可以细分的，而且各个市场的部分需求差异明显；细分后的市场之间无法相互流通，即以较低价格购买某种产品的消费者没有可能以较高价格把这种产品倒卖给别人；竞争者不可能在企业以较高价格销售产品的市场上以低价竞销；细分市场和控制市场的成本费用不得高于因实行价格歧视而得到的额外收入；价格歧视不会引起消费者反感；采取的价格歧视形式不能违法。

3. 竞争导向定价法

竞争导向定价法是指企业为了开拓、巩固和改善在市场上的地位，保持市场竞争优势，通过研究竞争对手的生产条件、服务情况、价格水平等因素，根据自身的实际情况，来制定有利于竞争的产品价格。这种方法制定的产品价格不与产品成本发生直接的关系。竞争导向定价方法主要有如下几种。

（1）随行就市定价法　企业依照市场上行业内同类产品的平均现行价格水平来定价。这种方法是常用定价方法之一。因为在现实中，一些企业产品估算成本有难度，随行就市既省事，又能保证收益，同时也易于与存在竞争关系的同行和平共处，减少风险。

采用这种方法既可以追随市场领导者的定价，又可以采用市场的一般价格水平定价。这要根据企业产品的特征及其产品的市场差异性而定。

（2）投标定价法　这也是一种依据竞争情况来定价的方法，是招标人通过引导卖方竞争的方法来寻找最佳合作者的一种有效途径。买方在报纸、杂志上登广告或发出函件，说明采购的商品的品种、数量、规格等要求，邀请卖方在规定的期限内投标。买方在规定的时间开标，选择报价最低、最有利的卖方成交，签订采购合同。这种竞争性的定价方法叫作密封投标定价法。

这种方法主要适用于大宗产品、成套设备和建筑工程的定价。招标价格是企业能否中标的关键。但并非价格最低都能中标，因为当价格低于边际成本时，企业将亏损，这对买卖双方并非好事。

（3）拍卖定价法　这是指卖方委托拍卖行，以公开叫卖的方式引导买方报价，利用买方竞争求购的心理，从中选择高价格成交的一种定价方法。这种方法历史悠久，常见于出售古董、珍品、高级艺术品或大宗商品的交易中。

营销案例 8-1　农夫山泉的定价

　　1997 年随着娃哈哈、乐百氏、康师傅三大纯净水品牌的崛起，包装饮用水市场开始出现全国性品牌。残酷的市场竞争和整合迫使 1 200 多家包装饮用水企业停产和转业，矿泉水的生产厂家几乎全线崩溃。纯净水厂商在包装饮用水市场树立起了行业新兴领导地位。也正是这一年，农夫山泉横空出世。从公司的角度来看，在农夫山泉小红瓶尚未面世之时，建立了三大核心优势：水源优势、设备优势和产能优势。2000 年 4 月 24 日，农夫山泉在其新生产基地淳安水厂建成的新闻记者招待会上宣称，该公司今后将永久性停产农夫山泉纯净水，只生产农夫山泉天然水。

刚刚入市的农夫山泉并未选取当时市场上新品上市时通常采取的低价入市或高密度促销的新品策略。与之相反，每瓶2.5～3元的上市零售价格比老牌的娃哈哈、乐百氏的价格也要高出1元左右，更不用说较之于低价位的地区性品牌。这种按常规认为会延缓入市步伐的价位让不少消费者和经销商感到惊奇和难以接受。实际上，农夫山泉是利用高价位来表现产品的高品质和高品位，形成统一的高档形象。高价位无疑从一个独特的角度撑起农夫山泉高档水的形象，也避免以公司刚成立时的价格劣势去与行业中的领先品牌进行价格比拼，从而陷入行业内盛行的价格恶战漩涡。对既无规模优势，又无市场优势的新公司来说，贸然陷入价格战无异于饮鸩止渴，现金流的大量减少只会加速公司的死亡。高价位的价格策略也是农夫山泉市场差异化策略的具体表现。

【评析】在竞争对手们想方设法降低生产成本时，农夫山泉独辟蹊径，其定价方法反映了消费者购买的真正"价值"，而不是生产商的"成本"。这是农夫山泉成功的根本原因。

课堂测评

测评要素	表现要求	已达要求	未达要求
知识点	能掌握产品定价程序		
技能点	能初步认识产品价格确定的具体方法		
任务内容整体认识的程度	能概述产品价格确定的实践意义		
与职业实践相联系的程度	能描述日常生活中成功定价的例子		
其他	能描述产品价格确定与其他课程、职业活动等的联系		

8.3 产品定价策略

确定了产品的价格之后，营销人员还需要根据营销目标和产品特点，在新产品、产品组合定价中利用心理因素、地理因素，形成定价策略。那么，什么是定价策略？定价策略有哪些实践意义？

定价策略是企业为了实现预期的经营目标，根据内部条件和外部环境，对某种商品或劳务，选择最优定价目标所采取的应变谋略和措施。

8.3.1 新产品定价策略

新产品定价是企业价格策略中一项十分重要的工作，不仅关系到新产品能否顺利进入市场，为以后占领市场打下基础，而且影响可能出现的竞争者数量。新产品成本高、顾客对它不了解，竞争对手也可能还没有出现，企业定价的自由度较高。企业通常会选择以下3种策略。

1. 撇脂定价策略

撇脂原意是指加热牛奶后，提取牛奶表层奶油，有捞取精华的意思。在营销活动中，撇脂定价策略是指企业在新产品投放市场初期，把价格定得很高，以求在尽可能短的期限内获取高额利润。随着竞争者的加入，商品的进一步成长，再逐步降低价格。显然，撇脂定价策略是一种高定价策略。

重要名词 8-2　撇脂定价

撇脂定价是指企业为产品制定较高的价格，以便能在产品生命初期，竞争者研制出相似产品之前，尽快收回投资，并且取得较多的利润，随着时间的推移，企业逐步降低价格，使新产品进入弹性大的市场的一种定价方法。

采取撇脂定价策略必须具备以下市场条件：①新产品比市场上现有产品有显著的优点，质量、形象等易于打动消费者而使其愿意接受高价格；②在新产品上市阶段，商品的需求价格弹性较小或者早期购买者对价格反应不敏感；③短时期内，由于仿制等方面的困难，仿制产品出现的可能性小，竞争者较少；④企业生产能力有限，难以应付市场需求，可以用高价格限制市场需求。

这种策略的优点是短期内就可以达到最大利润目标，尽快收回投资，有利于企业竞争地位的确定。但缺点也比较明显，即由于定价过高，有时渠道成员不支持或得不到消费者的认可；同时，高价厚利会吸引众多的生产者和经营者转向此产品的生产和经营，会出现大量的竞争者，导致市场竞争的白热化。

营销案例 8-2　蜜雪冰城的定价策略

蜜雪冰城明确将目标消费群体锁定为二、三线城市的年轻人。相较于一线城市，二、三线城市的消费者更具有消费潜力，同时与小城市相比有较高的消费能力和消费意愿。通过专注于这一特定细分市场，蜜雪冰城能够更好地满足目标消费群体的需求，并与其建立更紧密的连接。

蜜雪冰城深刻理解年轻人的消费习惯和喜好。年轻人注重时尚、个性和新鲜感，他们对于多样化的食品体验有着较高的追求。蜜雪冰城以创新的产品组合和独特的口味搭配，满足年轻人对于新奇与个性化的需求，赢得了他们的关注和喜爱。

针对市场定位群体，蜜雪冰城采取了相对亲民的定价策略，使产品价格适中，更符合年轻人的消费能力。这种定价策略不仅可以吸引目标消费者，还能够在激烈的市场竞争中获得竞争优势，吸引更多的消费者选择蜜雪冰城。

【评析】通过精准的市场定位，蜜雪冰城成功地捕捉到了二、三线城市年轻人的消费需求，并提供了与众不同的产品、价格和体验，赢得了消费者的喜爱。这种市场定价的准确性和针对性成为蜜雪冰城在竞争激烈的奶茶行业中脱颖而出的关键因素之一。

2. 渗透定价策略

渗透定价策略是指企业在新产品投放市场的初期，将产品价格定得相对较低，以吸引大量购买者，获得较高的销售量和市场占有率。所以，这种策略也称渐取定价策略。企业以较低的价格进入市场，易取得较大销售量，具有鲜明的渗透性和排他性。

这种定价策略与撇脂定价策略相反，因此也有人称之为低定价策略。这种策略与撇脂定价策略都属于心理定价策略。

采用渗透定价策略必须具备的市场条件是：①商品的市场规模较大，存在着强大的竞争潜力；②商品无明显特色，需求价格弹性较大，稍微降低价格，需求量就会大大增加；③通过大批量生产能降低生产成本，使总利润增加。

这种策略的优点是可以占有比较大的市场份额，通过提高销售量来获得企业利润，也较容易得到销售渠道成员的支持，同时，低价低利对阻止竞争对手的进入有明显的作用。这种策略的缺点在于定价过低，一旦市场占有率扩展缓慢，收回成本速度也慢。有时低价还容易使消费者怀疑商品的质量，甚至损坏品牌形象和企业声誉。

3. 满意定价策略

满意定价策略是一种介于撇脂定价策略和渗透定价策略之间的折中定价策略。采用满意定价策略的新产品的价格水平适中，同时兼顾生产企业、购买者和中间商的利益，能较好地让各方接受。正是由于这种定价策略既能保证企业获得合理的利润，又能兼顾中间商的利益，还能被消费者接受，所以称为满意定价策略。

这种策略的优点是满意定价对企业和顾客都较为合理公平，由于价格比较稳定，在正常情况下盈利目标可按期实现。这种策略的缺点是较保守，可能失去获得高利的机会，不适合竞争激烈或复杂多变的市场环境。这种策略适用于需求价格弹性较小的日用必需品和主要的生产资料。

重要信息 8-3 产品不同阶段的定价策略

产品阶段定价策略是指在"产品经济生命周期"分析的基础上，依据产品生命周期不同阶段的特点而制定价格和调整价格。

（1）介绍期（引入期）定价策略 一般可参考新产品的定价策略，对上市的新产品（或者是经过改造的老产品）采取较高或较低的定价。

（2）成长期定价策略 这一阶段，消费者接受了新产品进入市场时的产品价格，销售量增加，如果竞争者不多，企业就应该采取稳定价格策略，一般不贸然降价。但如果产品进入市场时价格较高，成批生产后成本下降较快，市场上又出现了强有力的竞争对手，企业为较快地提高市场占有率，也可以适当降价。

（3）成熟期定价策略 这一阶段，消费者人数、销售量都达到最高水平并开始出现回落趋势，市场竞争比较激烈，一般宜采取降价销售策略。但如果竞争者少，也可以维持原价。

（4）衰退期定价策略 这一阶段，消费者兴趣转移，销售量剧烈下降，一般宜采取果断的降价销售策略，甚至销售价格可以低于成本。但如果同行业的竞争者都已退出市场，或者经营的商品有保存价值，也可以维持原价，甚至提高价格。

8.3.2 心理定价策略

心理定价策略是指在进行价格决策时，以消费者心理为主要因素进行定价，一般在零售企业中应用得比较多，常用的有以下几种方法。

1. 尾数定价

尾数定价又称为"零数定价""非整数定价"，是指企业利用消费者对数字认知的某种心理，让价格以有零头结尾，而非整数的一种定价策略。这种方法常常以一些奇数或吉利数结尾，或者定价时保留小数点后的尾数，使消费者产生价格较低的感觉，还能使消费者感觉到企业在定价时计算精确，没有乱定价，从而使消费者对定价产生信任感。例如，一支4.99元的牙膏要比5元钱的牙膏更受消费者欢迎。

> ✍ 例8-4 尾数定价方法
>
> 某品牌的32英寸 ⊖ LED液晶电视标价为998元。消费者会认为很便宜，只要几百元就能买一台电视。其实，它比1 000元只少了2元。尾数定价方法还给人一种定价精确、值得信赖的感觉。

2. 整数定价

整数定价是指商品的价格以整数结尾的定价策略，常常以偶数，特别是以零为结尾。一些企业有意将产品价格定为整数，以显示产品隐含的质量水平。这种方法适用于高档消费品、礼品、名牌产品，以及消费者不太了解的产品。一般来说，对于价格昂贵的高档产品，消费者往往对质量较为重视，常常把价格高低作为衡量产品质量的标准之一，正所谓"一分价钱一分货"。对商家来说，正好利于销售。

3. 声望定价

声望定价是指企业利用消费者仰慕有声望的商品或名店的心理来制定商品的价格，这种价格往往会很高。许多高级名牌产品和稀缺产品，如豪华轿车、高档手表、名牌时装、名人字画、珠宝古董等，在消费者心目中享有极高的声望和地位，价格虽然很高，但还乐于接受。因为它满足了消费者显示自身地位的欲望。

> ✍ 例8-5 声望定价方法
>
> 在奢侈品市场中，声望定价是一种常见的策略。通过将产品价格设定在同类产品的最高水平，奢侈品品牌可以传递其产品的高品质和高价值，进一步巩固其在消费者心目中的地位。例如，爱马仕、路易威登、香奈儿等品牌的产品价格通常高于其他同类产品，但这并没有阻止消费者对这些品牌的追捧。

4. 习惯性定价

某种商品由于同类产品多，在市场上形成了一种消费者共同认可的习惯价格，个别生产者难于改变。降价引起消费者对品质的怀疑，涨价则可能受到消费者的抵制。如果产品成本上涨了，可以采取一些灵活变通的办法，如可以用低价原材料替代原来较贵的原材料；也可以减少用料，或在包装、品质上进行适当改动，使消费者慢慢习惯。

5. 招徕定价

招徕定价即利用部分顾客的求廉心理，特意将某几种商品的价格定得较低以吸引顾客。街头常见的"10元店""2元店"就属于此类。一些大型的商场或超市对部分商品制定低价，也是想吸引消费者选购其他商品。

⊖ 1英寸 =0.025 4米。

8.3.3 折扣定价策略

折扣定价策略是以中间价策略利用各种折扣吸引经销商和消费者，促使他们积极推销或购买本企业的产品，从而达到扩大销售、提高市场占有率的目的。常见的价格折扣主要有以下几种形式。

1. 数量折扣

数量折扣是指按消费者购买数量的多少给予不同的价格折扣。消费者购买的数量越多，或数额越大，折扣越多，以鼓励消费者大量购买或一次性购买多种商品，并吸引消费者长期购买本企业的商品。数量折扣分为累计数量折扣和非累计数量折扣。

（1）累计数量折扣是指在一定时期内累计购买超过规定数量或金额所给予的价格折扣，其优点在于鼓励消费者成为企业的长期顾客。

（2）非累计数量折扣是指按照每次购买产品的数量或金额确定折扣，目的在于吸引消费者大量购买，利于企业组织大批量销售，以节约流通费用。

2. 现金折扣

现金折扣又称付款折扣，是指为了鼓励购买者尽早付清货款，加速资金周转，对提前付款或在约定时间付款的购买者给予一定的价格折扣。运用现金折扣策略可以有效促使消费者提前付款，从而有助于盘活资金，降低企业的贷款利率和风险。折扣大小一般根据付款期间的利率和风险成本等因素确定。

3. 季节折扣

季节折扣是指生产经营季节性产品的企业为鼓励消费者提早采购，或在淡季采购而给予的一种价格优惠。在季节性产品销售淡季，资金占用时间长，这时如果能扩大产品销售量，便可加快资金周转，节约流通费用。卖方以价格折扣鼓励买方在淡季购买商品，并向其转让一部分因节约流通费用带来的利润，这对买卖双方都具有积极意义。

4. 功能折扣

功能折扣是中间商为企业进行广告宣传、展销、橱窗布置等推广活动，企业在价格方面给予中间商的折扣。折扣的大小因企业在商品流通中的功能而异。对批发商来厂进货给予的折扣一般要大一些，零售商从厂方进货的折扣要小于批发商。

5. 以旧换新折扣

以旧换新折扣是指企业在销售耐用品时，消费者可以以旧换新，只要支付新商品价格与旧货折算价的差额即可。

8.3.4 地理定价策略

地理定价策略是指企业根据商品流通费用，如运输费、仓储费、保险费、装卸费，以及其他杂费的分担所制定的不同的价格策略。这种定价策略主要有以下几种形式。

1. 产地价格

产地价格是指卖方按照出厂价交货或按产地某种运输工具交货的价格。由买方负担全部运输、保险等费用，商品所有权也从离开仓库时起转移到买方。

2. 统一交货价格

统一交货价格是指企业对卖给不同地区的消费者的某种产品都按照相同出厂价（产地价格）加相同的运费（按平均运费）定价。

3. 区域定价

区域定价是指把产品的销售市场分成几个价格区域，对不同价格区域的消费者制定不同的价格。一般较远的区域，价格应该高一些。

4. 运费免收定价

运费免收定价是指企业替购买者承担全部或部分运费。企业采用运费免收定价，一般是为了与购买者加强联系或开拓市场，通过扩大销量来补偿运费开支。

8.3.5 刺激性定价策略

电商平台购物的普及，促使平台商家开始运用更多的刺激性定价，来吸引消费者尽快下单，形成购买。具体定价策略包括以下类型。

1. 拍卖式定价

平台商家采用竞拍方式定价，目的是吸引消费者，增加店铺人气。例如，淘宝、易趣等，但是目前淘宝上拍卖式的商品已经比较少了。

2. 团购式定价

平台商家利用电子商务的技术优势推出网上团购业务，团购的价格一般较建议零售价较低，对于需求紧迫性不高的客户比较有吸引力。

3. 抢购式定价

平台商家设置具有时效性和数量限制的促销活动，刺激消费者消费。

4. 持续回报式定价

对价格波动比较大的产品实施报价返利措施，让消费者放心购买。例如，京东商城商家承诺，如果在 1 个月保价期内价格波动发生变化，平台商家将补偿差价给消费者。

5. 会员积分式定价

平台商家将会员等级和积分进行挂钩，越高的会员等级得到的额外折扣越多，并且积分可以作为现金使用，如 1 元送 1 积分，100 积分可抵扣 5 元。会员积分制度有助于培养老客户，而根据"80/20"法则，一个电子商务网站的八成营业额是其中两成客户提供的，可见老客户的重要性。

8.3.6 价格调整策略

企业产品定价后，由于自身或竞争者的情况发生了变化，产品价格也需要经常调整。价格调整包括降低价格和提升价格两种情形。

1. 降价策略

降低价格是企业在经营过程中经常采用的营销手段。导致企业降价的原因有以下几个方面。①存货积压。②生产能力过剩，形成了供大于求的市场局面。③竞争压力。很多企业因为竞争对手率先降价而不得不跟进以保持现有的市场份额。④成本优势。企业在经营过程中掌握了成本优势，就会主动降低价格。

常用的降价方式有以下几种。①实行价格折扣，如数量折扣、现金折扣、津贴等。②采用营业推广方式。此时产品的标价不变，只是在销售时赠送商品或购物券，或实行有奖销售，允许顾客分期付款或赊销等。③增加产品价值。在产品标价不变的情况下，增加产品的附加价值，如提高产品质量，改进产品性能，提供免费送货及安装服务，延长产品的免费保修服务期；免费提供技术培训等。

重要信息 8-4　产品降价注意事项

降价一般会受消费者的欢迎，但也可能会引起一些消费者的疑惑，他们可能会认为产品降价是因为质量、性能方面出了问题，所以企业在采取降价措施时，应当同时提供一个令人信服的理由，尽量打消消费者的疑惑。另外，值得注意的是，降价策略只适用于需求价格弹性较大的商品，对需求价格弹性较小的产品降价并不能有效地提高产品的销量，反而会由于单位产品利润的下降而使企业得不偿失。

2. 提价策略

企业提价的原因主要有以下几个方面：①成本上升。②产品供不应求。企业提价，不仅能平衡供需，还能使企业获得高额利润。③竞争策略的需要。当市场上有一家厂商率先提价时，其他企业很可能会随后跟进。④改进产品。企业对产品做了较大改进，价格自然会提高。⑤通货膨胀。出现了通货膨胀的情形，产品价格也会提高。

企业提价方式有以下几种：①取消原有的价格折扣。②目录价格不变，减少产品分量及附赠产品，或是降低产品质量、减少功能、简化包装等。③目录价格不变，但减少产品的附加服务或是对原来免费的服务收取服务费。④在通货膨胀的情况下可以推迟报价，等到产品制成或交货时再给出最后价格。⑤在产品组合中取消低利润产品或增加高利润产品的比重。

课堂测评

测评要素	表现要求	已达要求	未达要求
知识点	能掌握产品定价策略的含义		
技能点	能初步认识产品定价策略的具体操作		
任务内容整体认识的程度	能概述产品定价策略的意义		
与职业实践相联系的程度	能描述日常生活中的产品定价策略的表现		
其他	能描述产品定价策略与其他课程、职业活动等的联系		

小结

任务 8 小结如图 8-3 所示。

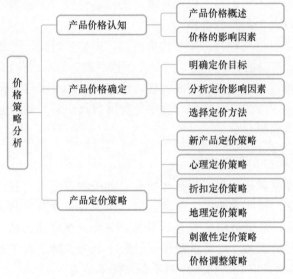

图 8-3　任务 8 小结

教学做一体化训练

一、重要名词

理解价值定价法　　撇脂定价

二、课后自测

（一）单项选择题

1．（　　）是产品价格构成的主要部分。

A．生产成本　　　　　　　　　　　B．流通费用

C．税金　　　　　　　　　　　　　D．利润

2．成本加成定价法是在单位产品成本的基础上，加上一定比例的（　　）作为产品的售价。

A．预期利润　　　　B．税金　　　　C．费用　　　　D．变动成本

3．目标收益定价法一般适用于需求价格弹性（　　）的产品。

A．较小　　　　　　B．较大　　　　C．中等　　　　D．缺乏

4．声望定价法适用于（　　）。

A．豪华轿车　　　　B．工业用品　　　C．生活必需品　　D．木制品

5．招徕定价法主要考虑了顾客的（　　）心理。

A．求廉　　　　　　B．习惯购买　　　C．追求时尚　　　D．精打细算

（二）多项选择题

1. 企业的定价目标一般有（   ）。
   A. 获取利润   B. 扩大销售   C. 市场占有   D. 改善形象
   E. 应对竞争
2. 影响产品定价的因素有（   ）。
   A. 产品成本   B. 市场供求   C. 竞争情况   D. 营销策略
   E. 消费者反对
3. 从价格制定的不同依据出发，我们可以把定价方法分为（   ）。
   A. 成本导向定价法   B. 利润导向定价法
   C. 需求导向定价法   D. 生产导向定价法
   E. 竞争导向定价法
4. 需求导向定价法包括（   ）。
   A. 习惯定价法   B. 目标收益定价法
   C. 可销价格倒推法   D. 理解价值定价法
   E. 需求差别定价法
5. 折扣定价策略包括（   ）。
   A. 地理折扣   B. 季节折扣   C. 现金折扣   D. 功能折扣
   E. 数量折扣
6. 一般来说，企业提价的原因有（   ）。
   A. 生产经营成本上升   B. 产品供不应求
   C. 竞争策略的需要   D. 改进产品
   E. 通货膨胀

（三）判断题

1. 力量较强的企业，要扩大市场占有率时，可采用高于竞争对手价格出售产品的方法。
   （   ）
2. 当需求价格弹性小时，应通过薄利多销来增加盈利。   （   ）
3. 目标收益定价法的前提是产品的市场潜力很大，需求价格弹性也很大。 （   ）
4. 撇脂定价策略是一种低价格策略，是一种长期的价格策略。   （   ）
5. 尾数定价策略适用于各种商品。   （   ）

（四）简答题

1. 企业定价目标主要有哪几种？
2. 简述撇脂定价的优缺点。
3. 成本导向定价法有哪几种？各有什么利弊？
4. 什么是理解价值定价法？在什么条件下适用？
5. 渗透定价策略的主要优点是什么？应用条件是什么？

三、案例分析

曾几何时，我国手机消费者要想购买一部高质量的智能手机，就要接受其高昂的价格。后来小米公司出现了，它生产的智能手机，不但时髦，而且价格较低，受消费者欢迎。

小米能做到这个程度，最简单的解释是聪明的定价策略：小米手机不贵，也不太便宜。这是一件好事。关注中国技术产业的博客作家查理·卡斯特说："小米手机的价格恰到好处——它足够便宜，让目标受众的大部分人能买得起；它又足够贵，让人们知道它并非一文不值。"

那么，小米是怎样实现这种平衡的？小米公司从手机业务上几乎得不到什么利润。相反，它通过借助手机内置软件出售应用和电影来赚钱，它的手机系统是基于谷歌公司的安卓操作系统设计的。

但是，小米公司成功的真正秘密或许是它的营销策略；奇怪的是，这种策略竟是不做任何营销。小米公司只在互联网上销售自己的手机。除了可以削减成本外，这一策略还令小米公司拥有了一种其他手机制造商所缺乏的独特因素"炫酷而廉价"。

【问题】

（1）小米手机定价策略有哪些？

（2）小米手机价格"足够便宜"的原因有哪些？

同步实训

实训 8-1：产品价格影响因素讨论

实训目的： 认识产品价格及其影响因素，理解其实际意义。

实训安排：

1. 学生分组，选择自己熟悉的某一新上市的日用品，从消费者角度分析并概括这一商品的定价影响因素（注意从性价比角度）。

2. 讨论其定价的特点，并从营销人员的角度提出价格方面的对策及建议。

3. 选择部分学生做 PPT 进行展示，并组织讨论与分析。

实训总结： 学生小组交流不同的分析结果，教师根据分析（文案）报告、PPT 演示、讨论分享中的表现，分别给每组进行评价打分。

实训 8-2：产品定价程序讨论

实训目的： 认识产品定价程序，理解其实际意义。

实训安排：

1. 学生分组，选择日常生活中依据"顾客理解价值"定价的一种商品或服务。

2. 讨论其定价的程序，并从营销人员的角度提出定价方面的一些改进建议。

3. 选择部分学生做 PPT 进行展示，并组织讨论与分析。

实训总结： 学生小组交流不同的分析结果，教师根据分析（文案）报告、PPT 演示、讨论分享中的表现，分别给每组进行评价打分。

实训 8-3：产品定价策略讨论

实训目的： 认识产品定价策略，理解其实际意义。

实训安排：

1. 学生分组，选择日常生活中的商品定价方式，如"百元裤业""一支牙膏4.99元"

等，分析其定价策略的意义。

2. 讨论不同定价策略的特点，并从营销人员的角度提出定价方面的一些改进建议。

3. 选择部分学生做 PPT 进行展示，并组织讨论与分析。

实训总结： 学生小组交流不同的分析结果，教师根据分析（文案）报告、PPT 演示、讨论分享中的表现，分别给每组进行评价打分。

素养提升园地

党的二十大报告指出，坚持把发展经济的着力点放在实体经济上，推进新型工业化，加快建设制造强国、质量强国、航天强国、交通强国、网络强国、数字中国。

作为我国制造业著名的自主品牌红旗旗下备受关注的一款车，红旗 H9 的话题热度一直没有下降过。这款豪车收获了很高的关注度，2023 款红旗 H9 国内售价为 30.98 万～53.98 万元。2021 年 12 月 19 日，一汽红旗在日本的第一家体验店正式开业，这意味着在日本能买到中国汽车，也标志着中国国产高级轿车正式进军日本市场。早在 2021 年 3 月日本的代理商预定了 5 台红旗 H9 用来做准入认证和样车展示，在日本的定价也已经出来了——入门版 2.0T 车型为 669.95 万日元，约合人民币 41.7 万元；搭载 3.0T 发动机的车型起价为 986.7 万日元，约合人民币 61.46 万元；顶配车型价格高达 1 096.5 万日元，约合人民币 68.3 万元。

另外，还有两款车型没有公布售价，通过车辆型号判断，可能是搭载 2.5T 发动机和 3.0T 发动机的两款顶配车型，目前雷克萨斯 LS 在日本起售价为 1 073 万日元，约合人民币 67 万元，可见红旗 H9 的定价与同级别豪华品牌产品并没有差太多。

思考：

（1）你怎样理解优质优价？

（2）自主品牌汽车能够出口到日本说明了什么？

（3）你怎样看待红旗 H9 在日本市场的定价？

（4）我们应该怎样坚定文化自信、品牌自信？

学生自我总结

通过完成任务 8，我能够做如下总结。

一、主要知识

概括本任务的主要知识点：

1. _____

2. _____

二、主要技能

概括本任务的主要技能：

1. _____

2. _____

三、主要原理

你认为，认识价格策略的意义是：

1. ....

2. ....

四、相关知识与技能

你在完成本任务的过程中得出：

1. 价格的完整含义是 ....

2. 新产品定价的方法有 ....

3. 产品价格策略的主要类型包括 ....

五、成果检验

你完成本任务的成果：

1. 完成本任务的意义有 ....

2. 学到的知识或技能有 ....

3. 自悟的知识或技能有 ....

4. 你对红旗在日本市场价格策略的看法是 ....

任务 9 >>

分销渠道策略分析

学习目标

知识目标
○ 了解分销渠道的作用。
○ 了解分销渠道选择的影响因素。
○ 了解分销渠道的模式。

能力目标
○ 能评价分销渠道策略。
○ 能够完整表述分销渠道策略制定的意义。

素养要求
○ 正确认识渠道的作用。
○ 增强民族自豪感。
○ 增强民族自信心。

渠道策略分析
素养提升

渠道策略分析
课前阅读

任务描述

企业需要借助一些中间商的力量才能将产品投放市场，这一个个中间商连接起来的销售链条就是我们营销活动中的分销渠道。分销渠道的选择关系到产品能否及时到达目标市场，取得最佳的经济效益，甚至关系到企业营销目标能否实现。为此，营销人员必须首先认识分销渠道的特征，理解分销渠道在营销活动中的地位，根据产品特点，有针对性地制定出分销渠道策略。

任务解析

根据市场营销职业工作过程的活动顺序，可以将这一学习任务分解为以下子任务，如图 9-1 所示。

图 9-1　分销渠道策略分析子任务

| 课前阅读 |

战国时期，弃政从商的范蠡欲将一批好马运送到吴越一带，但路途遥远、兵荒马乱，让他担心不已。偶然的机会，他听说有一个叫姜子盾的商人很有势力，常常运送货物去吴越而无人敢劫。于是，他贴了一张榜文，新组建马队，试营业，免费帮人向吴越运送货物。不出所料，姜子盾很快找上门来，要求运送麻布，范蠡满口答应。马队启程，范蠡和姜子盾一路同行，安全到达目的地。马匹在吴越很快卖出，范蠡大赚一笔。

范蠡贩马的成功令人深思。在现实营销活动中，许多企业也会借助他人之手，将自己的产品送到消费者手中。在这一过程中，有许多中间商为生产商和消费者搭建起一座桥梁，生产商供给的产品和消费者的需求产生了交汇。这一过程就是市场营销活动中的分销渠道！渠道中的中间商有不同的特征，营销人员应该在掌握其特征的基础上，设计并管理渠道，使其为营销目标的实现服务。

【问题】

（1）上文想表达的意思有哪些？

（2）马匹的主人为什么要帮人运送货物？

（3）生产厂家为什么要借助别人之手来销售货物？

（4）生产厂家和中间商是什么关系？

9.1　分销渠道认知

营销人员在确定了产品价格的基础上，还需要通过分销渠道，将产品推广到市场上去，进而销售给消费者。那么，什么是分销渠道？在营销活动中，分销渠道起着什么作用？

认识分销渠道，首先要认识分销渠道的职能与特点，以及分销渠道中不同中间商的特征。在此基础上，根据企业的营销目标及产品特点，对中间商做出理性选择。

9.1.1　分销渠道概述

1. 分销渠道的概念

我们日常生活中消费的许多商品是从各种各样的零售商那里购买的，很少与生产厂家直接交易。生产厂家通过这些零售商，将各种产品送到消费者手上。在这一过程中，发挥作用的就是分销渠道。

| 重要名词 9-1　分销渠道 |

分销渠道是指某种产品或服务在从生产者向消费者转移过程中，取得这种产品或服务的所有权或帮助其所有权转移的所有企业和个人，包括商人中间商、代理中间商、生产者和最终消费者或用户。

2. 分销渠道的成员

从分销渠道的定义我们可以看出，在某种产品或服务从生产者向消费者转移过程中，渠道成员主要包括商人中间商（他们取得所有权）、代理中间商（他们帮助转移所有权）、处于渠道起点和终点的生产者和最终消费者或用户，但不包括供应商和辅助商。

根据是否有中间商介入，分销渠道可以分为直接渠道与间接渠道。

（1）直接渠道　直接渠道是指生产者不利用中间商将产品直接供应给消费者或用户。它的优点是利于产、需双方沟通信息，减少流通环节；缺点是分散生产管理精力，不利于集中力量抓好生产。

（2）间接渠道　间接渠道是指生产者利用中间商将产品销售给消费者或用户。它的优点是节约了流通成本和时间，降低了产品价格；缺点是中间商的介入，使生产者与消费者之间的沟通不便。

> **重要信息 9-1　商人中间商与代理中间商**
>
> 　1）商人中间商拥有所经营商品的所有权，代理中间商不拥有商品所有权。
>
> 　2）商人中间商为了取得经营商品所有权，在购进商品前必须预付商品资金；代理中间商则不需要垫付资金。
>
> 　3）商人中间商在购进商品与销售商品之间存在着价格差，正是这种价格差形成了企业利润；代理中间商的收入来自委托销售企业按规定支付的佣金。

3. 分销渠道的作用

在分销渠道中，生产企业与中间商建立起长期的联系，中间商的行为将直接影响企业的整体营销策略，进而影响营销目标的实现。具体来说，分销渠道的主要作用有以下几点。

（1）产品销售　企业通过渠道实现产品销售，达到企业的经营目标，赢取利润，这是渠道具有的最直接、最基本，也是最有效的作用。

（2）信息收集　分销渠道成员通过市场调研收集和整理有关消费者、竞争者，以及市场营销环境中的其他影响者的信息，并通过各种途径将信息传递给渠道内的其他成员。

（3）沟通服务　在销售活动中，生产者或经营者寻找潜在的购买者，并与之接触，实现良好的沟通。此外，渠道还发挥着商品的流通，以及为下游渠道成员提供服务的作用。

（4）分担风险　分担风险是指在商品流通的过程中，随着商品所有权的转移，市场风险在渠道成员之间进行的转换和分担。

（5）融通资金　渠道也是一个融资的通道。不论是制造商品，还是销售商品，都需要投入资金，以完成商品所有权转移和实体流转的任务。

9.1.2　分销渠道的结构

企业产品从生产厂家到达消费者手中，经过多个销售渠道。根据不同的标准，分销渠道可以分为以下不同的结构形式。

1. 分销渠道的长度结构

按照产品分销过程中经历流通环节的多少将分销渠道分为长渠道与短渠道。从这一角度认识渠道，可将这种结构称作渠道的长度结构。渠道的长度结构又称层级结构，是指流通环节中渠道中间商的层级递进关系。

（1）零层渠道　零层渠道又叫直接渠道，是指生产企业在产品分销过程中没有中间商参与，商品由生产者直接销售给消费者或用户的渠道形式，如图 9-2 所示。

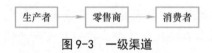

图 9-2　零层渠道

优点：销售及时，加速了资金周转，减少了费用，提高了竞争力。同时，便于生产企业了解市场，密切产销关系，加强了控制，避免了与其他渠道成员的矛盾冲突。

缺点：占用企业较多的资金和人力，限制了商品流通范围，不利于尽快扩大市场。一般来说，这种策略适用于产品数量不大、市场相对比较集中的企业。零层渠道也是工业品分销的主要渠道类型，一些大型的设备、专用工具、技术复杂的仪器仪表等需要提供专门服务的产品，都采用直接分销。

（2）一级渠道　一级渠道是指生产者把产品销售给零售商，再由零售商将产品销售给消费者的渠道形式，如图 9-3 所示。

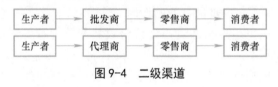

图 9-3　一级渠道

优点：可以借助零售商的力量扩大市场。

缺点：相比零层渠道而言，要向零售商让利。

（3）二级渠道　二级渠道是指生产者将产品销售给批发商或代理商，再由他们将产品销售给零售商，通过零售商再将产品销售给消费者的一种渠道形式，如图 9-4 所示。

图 9-4　二级渠道

优点：由于渠道长、分布密，能有效覆盖市场，从而扩大商品销售范围和规模。

缺点：销售环节多，流通费用会相应增加，使商品价格提高，价格策略选择余地变小；信息反馈慢，且失真率高，不利于企业正确决策；需要更好地协调渠道成员之间的关系。

（4）三级渠道　三级渠道是指一个渠道系统中包含 3 层中间机构，如生产者通过代理商将产品卖给批发商，批发商将产品卖给零售商，再由零售商卖给消费者如图 9-5 所示。

图 9-5　三级渠道

三级渠道常见于消费品市场，在国际市场营销中应用较多。熟悉进口国营销环境的代理商可以顺利地进入进口国的市场，抓住国际市场机遇。但是，这种渠道结构也有缺陷，如商品在流通领域流转时间较长，不利于及时投放市场。

可见，分销渠道长度结构有利有弊，企业在进行渠道选择与建设时必须对市场特点、企业实力、产品性质等综合考虑，选择适当的策略。

2. 分销渠道的宽度结构

分销渠道的宽度结构是根据企业在分销过程中每一层级中间商数量的多少来定义的一种渠道结构形式。

（1）密集分销渠道　密集分销渠道也称广泛性分销渠道或普遍性分销渠道，是指生产企业通过尽可能多的中间商来销售产品，把销售网点广泛地分布在市场各个角落。一般消费品和工业品中的通用机具常采用该分销渠道策略，因为这类产品市场需求面广，消费者要求购买便利。采用这种策略，有利于加快市场渗透，扩大产品销售。密集分销渠道如图9-6所示。

图9-6　密集分销渠道

（2）选择分销渠道　选择分销渠道是指企业精心选择部分中间商销售自己的产品。该策略着眼于维护本企业产品的良好声誉，巩固企业的市场地位。这种策略适用于所有商品，但比较起来，对工业品和消费品中的选购品、高档商品则更适宜。该策略既有利于中间商努力提高服务质量，也有利于生产商根据市场需要在必要时调整渠道。选择分销渠道如图9-7所示。

图9-7　选择分销渠道

（3）独家分销渠道　独家分销渠道也称专营性分销或专一性分销，是指生产企业在特定地区仅选择一家中间商销售其产品。这是最窄的分销渠道，通常只对技术性较强的耐用品或名牌产品适用。

优点：产销双方能密切配合、协作；容易控制市场和价格，得到更多利润；便于降低流通费用，提高服务质量，从而提高企业声誉。

缺点：覆盖面窄，可能影响销售量；过分依赖单一中间商，加大了市场风险。

独家分销渠道如图9-8所示。

图9-8　独家分销渠道

9.1.3　分销渠道的中间商

分销渠道的中间商是指在生产者与消费者之间，专门从事产品经营，促使买卖行为发生的组织和个人，可以分为批发商、代理商和零售商。

1. 批发商

批发商是指大批量向制造商或经销单位采购商品，再将其转卖或者用于其他商业用途的组织或个人。按不同的分类标准，批发商可分为以下几类。

（1）按职能和提供的服务分类　按职能和提供的服务，批发商可分为完全服务批发商和有限服务批发商。

1）完全服务批发商。这类批发商执行批发商业的全部职能，他们的主要职能为保持存货，雇用固定的销售人员，提供信贷、送货和协助管理等。他们又可分为批发商人和工业分销商两种。批发商人主要是向零售商销售，并提供广泛的服务；工业分销商是向制造商而不是向零售商销售产品。

2）有限服务批发商。这类批发商为了减少成本费用，降低批发价格，往往只履行一部分职能。有限服务批发商的主要类型包括现购自运批发商、承销批发商、卡车批发商、托售批发商和邮购批发商。

（2）按服务范围或经营的产品线分类　按服务范围或经营的产品线，批发商可分为综合批发商、专业批发商和专用品批发商3种。

1）综合批发商经营不同行业相关的产品，范围很广泛，并为零售商提供综合服务。

2）专业批发商经销的产品是行业专业化的，完全属于某一行业大类，诸如杂货批发商经营各类杂货，五金批发商则经营五金零售商所需要的所有产品。

3）专用品批发商则专门经营某条产品线的部分产品，如杂货业中的冷冻食品批发商，服装行业中的布料批发商。

（3）按顾客性质分类　按面对的顾客性质，批发商可分为批发中间商和工业分销商两种。

1）批发中间商主要是向零售商销售，并提供广泛的服务。

2）工业分销商向生产商而不是向零售商销售，并提供如存货、信贷和其他可获得的服务。

2. 代理商

代理商是指接受生产者委托从事产品销售，但不取得产品所有权的企业或个人。按其和生产者业务联系的特点，又可以分为制造代理商、销售代理商、采购代理商和经纪商。

（1）制造代理商　制造代理商是指分别和每个制造商签订有关定价政策、销售区域、订单处理程序、送货服务和各种保证及佣金比例等方面的合同的代理商，利用其广泛关系来销售制造商的产品。这种代理方式常被用在服饰、家具和电器产品等产品线上。

（2）销售代理商　销售代理商是在签订合同的基础上，为委托人销售某些特定产品或全部产品的代理商。销售代理商对价格、条款及其他交易条件可全权处理。这种代理方式常见于纺织、木材、某些金属产品、某些食品、服装等行业。

（3）采购代理商　采购代理商一般与顾客有长期关系，代他们进行采购，往往负责为其收货、验货、储运，并将物品运交买主。例如，服饰市场的常驻采购员，他们为小城市的零售商采购适销的服饰产品。

（4）经纪商　经纪商是指既不拥有产品所有权，又不控制产品实物价格及销售条件，只是为买卖双方牵线搭桥，协助他们进行谈判，买卖达成后向雇用方收取费用的中间商。他们并不持有存货，也不参与融资或承担风险。

3. 零售商

零售商是指所有向最终消费者直接销售产品和服务（用于个人及非商业性用途）的中间商。根据现实市场呈现的状态，可以将零售商分为商店零售商和无店铺零售。

（1）商店零售商　商店零售商形式多样，主要有以下类型。

1）百货商店。百货商店是指经营包括服装、家电、日用品等众多种类商品的大型零售商店。它是在一个大建筑物内，根据不同商品部门设销售区，满足消费者对时尚商品多样化选择需求的零售业态。

2）超级市场。超级市场实行自助服务和集中式一次性付款的销售方式，以销售包装食品、生鲜食品和日常生活用品为主，是满足消费者日常必需品需求的零售业态，普遍实行连锁经营方式。

3）专业商店。专业商店是指以经营某一大类商品为主，并且有具备丰富专业知识的销售人员和提供适当的售后服务，满足消费者对某大类商品的选择需求的零售业态。

4）专卖店。专卖店是指专门经营或授权经营制造商品牌和中间商品牌，适应消费者对品牌选择需求的零售业态。只要消费者个性化、差别化需求存在，专业商店和专卖店就能维持生存并不断发展深化。

5）便利店。便利店是指一种以自选销售为主，销售小容量应急性的食品、日常生活用品和提供商品性服务，以满足消费者便利性需求为主要目的的零售业态。

6）仓储商店。仓储商店是指一种仓库与商场合二为一，主要设在城乡接合部、装修简单、价格低廉、服务有限，并实行会员制的一种零售经营形式。

7）家居建材商店。家居建材商店是指以专门销售建材、装饰、家居用品为主的零售业态。这种业态正在我国得到发展。

8）厂家直销中心。厂家直销中心是指由生产商直接设立或委托独立经营者设立，专门经营本企业品牌商品的销售中心。

重要信息 9-2　我国零售业业态

我国零售业分为 18 种业态，总体上可以分为有店铺零售业态和无店铺零售业态两类。其中，有店铺零售业态有食杂店、便利店、折扣店、超市、大型超市、仓储会员店、百货店、专业商店、专卖店、家居建材店、购物中心、厂家直销中心共 12 种；无店铺零售业态有电视购物、邮购、网上商店、自动售货亭、电话购物和直销共 6 种。

（2）无店铺零售　无店铺零售是指不设店铺、没有营业人员的零售业，如自动售货销售、邮购销售、网络商店等。无店铺零售主要有以下 3 种形式。

1）直复营销。直复营销是指使用一种或多种广告媒体传递商品信息，并使之互相作用，最终达成交易的销售系统。直复营销起源于邮购和目录营销。

2）直接销售。直接销售又称上门推销，行业中也称"扫楼道"，主要有挨门挨户推销、逐个办公室推销和举办家庭销售会等形式。

3）自动售货。自动售货就是使用计算机技术，运用自动售货机进行商品销售。自动售货已经被用在相当多的产品上，售货机被广泛放置在工厂、办公室、大型零售商店、加油站、街道等地方。

营销案例 9-1　网上零售稳步增长

　　根据国家统计局发布的消息，2022年，我国网络零售市场总体稳步增长。数据显示，2022年全国网上零售额13.79万亿元，同比增长4%。其中，实物商品网上零售额11.96万亿元，同比增长6.2%，占社会消费品零售总额的比重为27.2%。部分商品品类销售实现两位数增长，东北和中部地区增速较快，农产品网络零售增势较好，跨境电商发展迅速，以直播电商和即时零售为主的新业态新模式彰显活力，是网络零售市场呈现的特点之一。

　　【评析】随着国民消费习惯的变化，以"线上下单，线下30分钟送达"为主要特征的即时零售业态高速发展，正不断激发着消费活力，带动网络零售提质升级，助力形成全国统一大市场。

课堂测评

测评要素	表现要求	已达要求	未达要求
知识点	能掌握分销渠道的含义		
技能点	能初步认识分销渠道的构成		
任务内容整体认识的程度	能概述分销渠道的意义		
与职业实践相联系的程度	能描述日常生活中的分销渠道形式		
其他	能描述分销渠道与其他课程、职业活动等的联系		

9.2　分销渠道设计

　　在进行分销渠道设计与选择时，营销人员应该首先认识分销渠道的职能与特点，以及分销渠道中不同中间商的特征。在此基础上，根据企业的营销目标及产品特点，对分销渠道做出设计。分销渠道设计是做什么的？应该注意哪些问题呢？

　　在市场营销活动中，分销渠道作为一条主线，将企业的产品、品牌、服务、价格、促销，以及货物、资金、人力、信息、管理等营销要素有机串联起来，产生了协同效应，实现了营销的价值。例如，一条"珍珠项链"，如果各种营销要素是链子上一颗颗的"珍珠"，渠道就是联系各个营销"珍珠"的那条"链子"，它在营销组合中占有举足轻重的位置。

9.2.1　分销渠道设计的影响因素

　　在现实营销活动中，影响分销渠道选择的因素主要有产品因素、市场因素、企业因素、环境因素等。

1. 产品因素

　　产品不同适合采用的分销渠道也不同，这是企业在选择分销渠道时必须首先考虑的。产品因素通常包括以下几个方面。

　　（1）产品价格　单位产品价格高的商品应采用短渠道，以便尽量减少流通环节，降低流通费用；而单位产品价格低的商品，则宜采用较长和较宽的分销渠道，以方便消费者购买。

　　（2）产品的重量和体积　体积和重量过大的商品，宜采用短渠道，以减少商品损失，节约储运费用；体积和重量较小的商品，可采用较长的渠道。

（3）产品的时尚性　时尚性强、款式花色变化快的商品，应选用短渠道，以免商品过时；而款式花色变化较小的商品，渠道则可长一些。

（4）产品本身的易毁性或易腐性　易腐、易损商品，如鲜活商品、陶瓷制品、玻璃制品，以及有效期短的商品，如食品、药品等，应尽可能选择短而宽的渠道，以保持产品新鲜，减少腐坏损失。

（5）产品的技术性　技术复杂、售后服务要求较高的商品，宜采用短渠道，由企业自销或由专业代理商销售，以便提供周到的服务。相反，技术服务要求低的商品，则选择长渠道。

（6）产品的通用性　通用产品由于产量大、使用面广，分销渠道一般较长、较宽；定制产品由于具有特殊要求，最好由企业直接销售。

（7）产品所处的生命周期阶段　处于投入期的产品，其分销渠道是短而窄的，因为新产品初入市场，许多中间商往往不愿意经销，生产企业不得不直接销售；处于成长期和成熟期的产品，消费需求迅速扩大，生产者要想提高市场占有率，就要选长而宽的渠道，扩大产品覆盖面。

2．市场因素

市场因素是影响分销渠道选择的又一重要因素。市场因素主要包括以下几个方面。

（1）目标市场范围　目标市场范围较大的商品，消费者地区分布较广泛，宜采用长而宽的渠道；目标市场范围较小的商品，则可采用短渠道。

（2）消费者的集中程度　消费者比较集中的产品，可采用短渠道；若消费者比较分散，则需要更多地发挥中间商的分销功能，可采用长而宽的渠道。

（3）购买批量大小　每次销售批量大的商品，可采用短渠道；批量小及零星购买的商品，交易次数频繁，则需要采用长而宽的渠道。

（4）消费者购买习惯　在购买便利品时，消费者要求随时随地都能买到，因此需要通过众多中间商销售产品，渠道长而宽；在购买特殊品时，消费者习惯上愿意花较多时间和精力去挑选，生产者一般只通过少数几个精心选择的中间商销售产品，因此渠道短而窄。

（5）需求的季节性　季节性商品由于时间性强，要求供货快，销售也快。因此，应充分利用中间商进行销售，渠道相应就长而宽一些。

（6）市场竞争情况　消费者购买某些商品，往往要在不同品牌、不同价格的商品之间进行比较、挑选，这些商品的生产者就不得不采用竞争者所使用的分销渠道；有时则应避免"正面交锋"，选择与竞争对手不同的分销渠道。

3．企业因素

影响渠道选择的企业因素主要有以下几个方面。

（1）总体规模和声誉　企业规模大、声誉高、资金雄厚、销售力强、具备管理销售业务的经验和能力，在渠道选择上主动权就大，甚至可以建立自己的销售机构，渠道就短一些，反之就要更多地依靠中间商进行销售。

（2）营销经验及能力　一般而言，企业市场营销经验丰富，则可考虑直接分销渠道。反之，缺乏营销管理能力及经验的企业，就只有依靠中间商来销售。

（3）服务能力水平　中间商通常希望生产企业尽可能多地提供广告、展览、修理、调试、培训等服务项目，为销售产品创造条件。若生产企业无力满足这方面的要求，就难以达成协议，迫使企业直营销售。反之，提供的服务水平高，中间商则乐于销售该产品，生产企业就可以选择间接分销渠道或长渠道。

4. 环境因素

渠道的设计与选择还受到环境因素的影响，如经济发展情况、社会文化变革、竞争结构及国家有关商品流通的政策。当经济停滞时，市场需求下降，生产者希望采用使消费者廉价购买的方式将其产品送到市场。国家关于流通政策的变化也会影响渠道选择，如国家严格控制的产品、专卖性产品，其分销渠道的选择必然受到影响。

9.2.2 分销渠道设计的原则

企业营销管理人员在进行分销渠道设计时，应遵循以下原则。

1. 高效率原则

分销渠道选择的首要原则是缩短商品流通时间、降低流通费用，将商品尽快送达消费者或用户手中，企业才能尽可能地降低成本，获得最大的经济效益。所以，高效率是渠道设计的首选原则。

2. 稳定性原则

企业分销渠道一经确定，便需要花费相当大的人力、物力、财力去维护和巩固，整个过程往往是比较复杂的。所以要求渠道成员不要轻易更换，渠道模式更不能随意转换。

分销渠道在运营过程当中，因为市场的变化经常出现一些不适，那么企业就要对分销渠道进行适度的调整，以便适应市场的新情况、新变化，保持渠道的适应力和生命力。但在调整时应综合考虑各个因素，使渠道始终在可控制的范围内保持稳定的运营状态。

3. 协调平衡原则

企业在选择、管理分销渠道时，不能只单纯地追求效益最大化而忽略其他渠道成员的局部利益，应合理分配各个渠道成员之间的利益。只有渠道成员之间利益均等，才能风险共担，企业总体目标的实现才能得到保证。

4. 灵活性原则

企业在选择分销渠道时为了争取在竞争中处于优势地位，需要发挥在各个方面的核心竞争优势，将渠道设计与企业的整体营销策略相结合。同时，市场又是千变万化的，企业在强调渠道稳定性的同时，也要强调灵活性。只有这样，企业才能保持整体竞争优势。

9.2.3 分销渠道设计的操作

企业在设计选择分销渠道时，一般要经过分析消费者需要、确立渠道目标、制定可供选择的渠道方案，以及评估主要渠道方案等几个阶段。

1. 分析消费者需要

企业要了解在其选择的目标市场上，消费者购买什么商品、在什么地方购买、为何购买、何时购买和怎样购买等问题。企业通过分析消费者的这些购买特点，对渠道成员提出服务要求。这些要求通常表现在以下 4 个方面。

（1）每次购买批量大小 批量越小，分销渠道需要提供的服务水平越高。

（2）交货时间长短 消费者对交货时间要求越短，分销渠道需要提供的服务水平越高。

（3）购买地点方便与否 销售产品的零售商的数目及分散程度决定了消费者购买的方便程度。消费者越要求方便购买，渠道的分销面越要宽。

（4）产品花色品种 经由分销渠道提供给消费者的产品花色品种越复杂，要求提供的渠道服务水平越高。

实际上，企业要有效地设计渠道，不仅要考虑消费者希望的服务内容与水平，还必须考虑渠道提供服务的能力与费用，因为提高服务水平意味着渠道费用的增长，而且消费者要承受更高的价格。如果消费者宁愿接受较少的服务而得到实惠的价格，选择超市或折扣商店等销售渠道，往往更容易获得成功。

2. 确立渠道目标

渠道目标也就是在企业营销目标的总体要求下，选择分销渠道应达到的服务产出目标。这种目标一般要求建立的分销渠道达到总体营销规定的服务产出水平，同时使全部渠道费用降至最低。渠道目标的确立是渠道设计的基础。

渠道目标设定时应考虑营销渠道绩效、营销渠道控制程度、财务开支等。营销渠道绩效包括销售量、市场占有率、目标利润率；财务开支则是依据厂商愿意支付多少财务资源来建立和控制渠道而定的。

3. 制定可供选择的渠道方案

企业确立了目标市场和理想的市场定位，接下来要制定几个可供选择的渠道方案。企业选择渠道方案通常要考虑 3 种因素。

（1）选择中间商类型 企业首先确定可以利用的中间商类型，根据目标市场及现有中间商情况，可以参考同类产品经营者的现有经验，设计自己的分销渠道方案。如果没有合适的中间商可以利用或企业直接销售能带来更大的经济效益，企业可以设计直接渠道。

> **重要信息 9-3 渠道成员的选择**
>
> 选择渠道成员首先要确定其能力标准。对于不同类型的中间商及它们与企业的关系，应确定不同的评价标准。一般来说，选择中间商的标准应包括以下几个方面。
>
> （1）渠道成员的市场经验 选择经商时间较长或对产品销售有专门经验的中间商作为渠道成员，有助于加快产品的推广速度。因此，企业应根据产品的特征选择有经验的中间商，即所选择的中间商应当在经营方向和专业能力方面符合所建立的分销渠道功能要求。
>
> （2）渠道成员的经营范围 渠道成员的经营范围包括其经营的其他产品是否与本企业的产品相一致，要与本企业产品相关或相互补充，以利于产品销售；也包括其经营的地区市场与本企业产品的预计销售地区是否一致，以利于企业自己的产品打入选定的目标市场。
>
> （3）渠道成员的实力 渠道成员是否有良好的企业声誉、强劲的发展势头和高效的管理水平，不但关系到产品的销售问题，而且对于本企业产品和企业形象的树立，以及能否实现长期合作都至关重要。
>
> （4）渠道成员的合作程度 分销渠道作为一个整体，每个成员的利益都来自成员之间的合作和共同的利益创造活动。因此，要注意分析有关渠道成员合作的意愿及其与其他渠道成员的合作关系，选择最佳的合作者。

（2）确定中间商数目　企业还必须确定在每层渠道上利用中间商的数目。一般有 3 种策略可供选择，即密集型分销渠道、选择型分销渠道和独家分销渠道。

（3）规定渠道成员的条件和责任　生产企业必须对渠道成员规定条件和责任，以利于渠道功能的发挥，主要包括价格政策、销售条件、区域权利等。

4. 评估主要渠道方案

一般情况下，企业可能面临多种渠道方案选择。在选定方案之前，要进行渠道方案评估。

一般来说，评估渠道方案可以从经济性、可控性和灵活性 3 个方面进行。

（1）经济性　经济性主要是比较每种方案可能达到的销售额水平及其费用水平。可以采用财务评估法、交易成本评估法进行评估，也可以运用经验评估法进行评估。

（2）可控性　选择了众多中间商，自然在管理控制方面会有一些难度，如代理商在追求最大经销利润的同时会忽略生产企业的利益。

（3）灵活性　一个渠道方案制定并实施较长时间后，就会失去弹性，无法适应将来客观环境的变化。所以，渠道方案也应该具有灵活性。

营销案例 9-2　格力的渠道创新

"格力董明珠店"是格力电器线上自营商城，从 2019 年建立至今，已经实现高效、直观、灵活的数字化运营。一方面 C 端客户可以在商城享受商品详情查看、商品购买、售后服务等全流程服务，这增加了公司与 C 端客户的接触点，促使公司更加贴近市场、服务用户；另一方面，"格力董明珠店"与原有线下渠道实现平台共享，渠道端客户可通过商城直接了解公司产品及运营的信息政策，以有效转变经营思路、调整经营职能，提升经营能力与面向 C 端客户的服务能力，进而为客户带来更好的购买及服务体验。随着线上与线下有效融合的新零售模式推广，格力产品的渠道效率提升、渠道成本降低，市场竞争力有望进一步提升。

【评析】通过大力推进线上渠道拓展及线上与线下渠道融合，理顺了渠道通路，缩小了与竞品的渠道价差，补齐了线上渠道短板，为线下云网批模式的上线和推广打下了坚实基础。

课堂测评

测评要素	表现要求	已达要求	未达要求
知识点	能掌握渠道设计的含义		
技能点	能初步认识渠道设计的具体工作内容与要领		
任务内容整体认识的程度	能概述渠道设计的整体工作		
与职业实践相联系的程度	能描述日常生活中的优秀渠道设计表现		
其他	能描述渠道设计与其他课程、职业活动等的联系		

9.3　分销渠道管理

确定了分销渠道策略，选择了分销渠道类型和中间商之后，还必须进行分销渠道管理，特别是分销渠道的成员管理和分销渠道的控制。分销渠道管理是做什么的？对于企业来说，这项工作有什么意义呢？

分销渠道是一系列独立的经济组织的结合体，是一个高度复杂的社会营销系统。在这个系统中，既有制造商，又有中间商，构成了一个复杂的行动体。它们的目标、任务往往存在矛盾。当渠道成员对计划、任务、目标、交易条件等出现分歧时，必然出现冲突。因而，分销渠道管理成为生产企业的重要工作内容之一。

重要名词 9-2　分销渠道管理

分销渠道管理是指制造商为实现企业分销的目标而对现有渠道进行管理，以确保渠道成员之间、企业和渠道成员之间相互协调和通力合作的一切活动，其意义在于共同谋求最大化的长远利益。

9.3.1　分销渠道管理的内容

在市场营销活动中，生产者进行分销渠道管理主要包括以下内容。

1. 货物供应管理

生产者应保证供货及时，在此基础上帮助经销商建立并理顺销售子网络，分散销售及库存压力，加快商品的流通速度。同时，加强对经销商的订货管理，减少因订货处理环节中出现的失误而引起发货不畅。

2. 营销服务管理

生产者应加强对经销商广告、促销的支持，减少商品流通阻力；提高商品的销售力，促进销售；提高资金利用率，使之成为经销商的重要利润源。在保证供应的基础上，对经销商提供产品服务支持。妥善处理销售过程中出现的产品损坏变质、顾客投诉、顾客退货等问题，切实保障经销商的利益不受损害。

3. 货款结算管理

生产者应加强对经销商订货的结算管理，规避结算风险，以保障企业的利益。同时避免经销商利用结算便利制造市场混乱。

4. 经销商培训管理

生产者应做好对经销商的培训，以便增强其对企业理念、价值观的认同，以及对产品知识的了解。生产者还要负责协调企业与经销商之间、经销商与经销商之间的关系，尤其对于一些突发事件，如价格涨落、产品竞争、产品滞销，以及周边市场冲击或低价倾销等扰乱市场的问题，要以协作、协商的方式为主，以理服人，及时帮助经销商消除顾虑、平衡心态，引导和支持经销商向有利于产品营销的方向转变。

9.3.2　分销渠道成员的激励

对分销渠道进行管理的首要措施是激励分销渠道成员，使之尽职尽责。这样可以减少或消除渠道冲突。适当的激励措施可以使分销渠道成员的业务水平不断提高。常用的激励方法有以下几种。

1. 合作

生产企业可以采取较高的折扣、合作广告、展销、销售竞赛、交易中的特殊照顾、奖金、津贴等措施，来激励中间商更加积极地努力工作。有时候也可以采取一些消极的激励措施，如减少折扣、推迟交货，甚至中断关系等。

2. 合伙

生产企业可以与中间商建立长期、稳定的伙伴关系，在销售区域、产品供应、市场开发、财务和技术指导、销售服务和市场信息方面，共同制定政策并加以实施，然后根据中间商信守承诺的程度予以奖励。

3. 关系管理

生产企业营销部门吸纳中间商代表，设立共同管理机构。随时了解中间商的需要，在此基础上，制订市场营销计划，使每一个中间商都能以最佳的方式经营。

9.3.3 分销渠道成员的评价

对分销渠道进行管理的第二大措施是对分销渠道成员的绩效进行评价。在评价中，如果发现某一分销渠道成员的绩效低于既定标准，则必须找出主要原因，同时还应考虑可能的补救方法。绩效太差的成员，可考虑更换。

1. 评价标准

评价标准一般包含在评价方案中。对分销渠道成员的评价标准一般包括销售定额完成情况、平均存货水平、向客户交货时间、损坏和遗失货物处理、对公司促销与培训计划的合作情况、货款返回的情况，以及中间商对客户提供的服务等。

2. 实施评价

在分销渠道评价工作中，生产企业可以将各中间商的销售业绩分期列表排名，既可以达到鞭策落后者的目的，还可以使排名领先者继续保持绩效。此外，由于中间商面临的环境有很大差异，各自规模、实力、商品经营结构和不同时期的战略重点不同。为了更客观地进行评价，在考虑市场环境因素的前提下，可以将中间商的销售业绩与前期销售业绩进行纵向比较。

营销案例 9-3 小米的"新零售"

2021 年 1 月 9 日，小米之家千店同开。随后，小米以月均千店的频率持续向线下扩张。截至 2021 年 10 月底，小米之家门店数突破一万家。除了门店数量猛增，小米还为这段改革之旅加入了"新零售"元素。用电商方式做线下的"新思维"，线上与线下做融合的"新模式"，还有以零售通为代表的"新工具"，都是小米管理层眼中最自信的、不同于友商的小米式"新零售"。然而，近 3 年时间过去，小米之家早已步入扩张瓶颈，门店数量徘徊在 2021 年年末的水平。一部分在狂奔中开出的门店，已经在沉默中陆续关停。更重要的是，这些门店没能成功服务于小米的高端战略，更没有从根本上推动小米中国区的销量。小米想象中的新零售魔力之夜没有如期降临。这场声势浩大的线下渠道变革归于沉寂，小米不得不沉下心来接受现实的鞭策与拷问。

（资料来源：伍洋宇，界面新闻，2023-04-06）

【评析】小米发展线下业务的目的除了扩大出货渠道外，还有一点是打一场以线上中低端为主、线下中高端为主的"价位段错位战"。但是，渠道分利的原因，难以有效激发合作商的热情，使渠道变革未能达到预期的效果。

9.3.4　分销渠道的调整

为了适应市场环境的变化，往往还需要对分销渠道进行调整和改进。分销渠道调整和改进的主要方式有以下几种。

1. 增减分销渠道的中间商

企业对不积极或经营管理不善，难以与之合作的中间商，或给企业造成困难的中间商，应适时与其中断合作关系。企业为了开拓某一新市场，需要在该地区物色新的中间商，可经过调查和洽谈，考虑增加中间商。

2. 增减某一种分销渠道

当两个分销渠道发生冲突时，企业应当考虑将销售额不理想的分销渠道撤销，而增设另一种渠道类型。企业为满足消费者的需求变化而开发新产品，若利用原来的分销渠道难以迅速打开市场和提高竞争力，则可考虑增加新的分销渠道，以实现企业的营销目标。

3. 调整整个分销渠道

有时由于市场变化莫测，企业对原有分销渠道进行部分调整难以应对市场的新变化，因此企业必须对整个分销渠道进行全面调整。

> **重要信息 9-4　渠道冲突的类型**
>
> （1）垂直冲突　垂直冲突是指同一营销渠道内处于不同渠道层次中的中介机构与中介机构、中介机构与制造商之间的冲突。例如，零售商抱怨制造商产品品质不良，或者批发商不遵守制造商制定的价格政策，不提供要求的顾客服务项目和服务质量差等。
>
> （2）水平冲突　水平冲突是指同一渠道层次中各公司之间的冲突。例如，某家制造商的一些批发商可能抱怨同一地区的另一些批发商随意降低价格，减少或增加顾客服务项目，扰乱市场和渠道秩序。在水平渠道发生冲突的情况下，应由渠道领导者担负起责任，制定明确可行的政策，促使层次渠道冲突的信息上传至管理层，并采取迅速果断的行动来减轻或控制这种冲突。
>
> （3）多渠道冲突　多渠道冲突是指一个制造商建立了两条或两条以上的渠道，在向同一市场出售产品时引发的冲突。例如，电视机制造商决定通过大型综合商店出售其产品会招致独立的专业经销商的不满等。

课堂测评

测评要素	表现要求	已达要求	未达要求
知识点	能掌握分销渠道管理的含义		
技能点	能初步认识分销渠道管理工作的内容		
任务内容整体认识的程度	能概述分销渠道管理的意义		
与职业实践相联系的程度	能描述日常生活中分销渠道管理的表现		
其他	能描述分销渠道管理与其他课程、职业活动等的联系		

小结

任务 9 小结如图 9-9 所示。

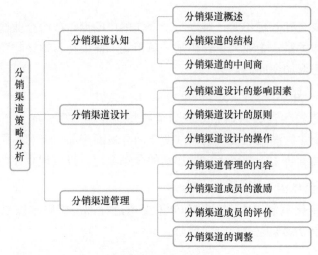

图 9-9　任务 9 小结

教学做一体化训练

一、重要名词

分销渠道　　渠道的长度结构　　渠道的宽度结构　　分销渠道管理

二、课后自测

（一）单项选择题

1. 一般情况下，顾客多而分散，每位顾客需求量小或购买频率高的产品，宜采用（　　）。

　　A. 间接渠道　　　　　B. 直接渠道　　　　　C. 长渠道　　　　　D. 短渠道

　　E. 宽渠道

2. 零层渠道一般适合（　　）。

　　A. 工业品　　　　　B. 农产品　　　　　C. 鲜花制品　　　　D. 粮食

3. 直复营销使用一种或多种（　　）传递商品信息。

　　A. 广告媒体　　　　B. 销售人员　　　　C. 会议　　　　　D. 分销渠道

4. 通用产品由于产量大、使用面广，分销渠道一般（　　）。

　　A. 较长、较宽　　　B. 较长　　　　　　C. 较宽　　　　　D. 介于中间

5. 同一渠道层次中各公司之间的冲突称为（　　）。

　　A. 垂直冲突　　　　B. 水平冲突　　　　C. 多渠道冲突　　　D. 交叉冲突

（二）多项选择题

1. 直接分销渠道的优点是（　　　　）。
   A．利于产、需双方沟通信息　　　　　B．利于减少流通环节
   C．利于集中生产管理精力　　　　　　D．利于集中力量抓好生产

2. 根据服务范围或经营的产品线，批发商分为（　　　　）。
   A．综合批发商　　　　　　　　　　　B．专业批发商
   C．专用品批发商　　　　　　　　　　D．零售批发商

3. 分销渠道设计的原则包括（　　　　）。
   A．高效率原则　　　　　　　　　　　B．稳定性原则
   C．协调平衡原则　　　　　　　　　　D．灵活性原则

4. 分销渠道的宽度结构形式有（　　　　）。
   A．独家分销渠道　　　　　　　　　　B．密集分销渠道
   C．选择分销渠道　　　　　　　　　　D．特殊分销渠道
   E．联营分销渠道

5. 最好选择较短的分销渠道的产品有（　　　　）。
   A．鲜活易腐　　　　　　　　　　　　B．技术性强
   C．体积大、重量大　　　　　　　　　D．成熟期
   E．有传统特色

6. 代理商的类型大致有（　　　　）。
   A．制造代理商　　　　　　　　　　　B．采购代理商
   C．经纪商　　　　　　　　　　　　　D．销售代理商
   E．采购办事处

（三）判断题

1. 与大众生活密切相关的产品，企业在选择销售渠道时宜采用宽渠道。　　（　　）
2. 企业的营销渠道越长越好。　　（　　）
3. 经销商对所销售的商品拥有所有权。　　（　　）
4. 豪华手表适宜采用独家分销形式。　　（　　）
5. 产品是影响渠道结构的唯一因素。　　（　　）
6. 选购品适宜广泛分销。　　（　　）
7. 零售商与批发商的主要区别在于最终服务对象的不同。　　（　　）

（四）简答题

1. 简述分销渠道的含义与作用。
2. 简述分销渠道的类型与特征。
3. 简述分销渠道设计的基本步骤。
4. 怎样对分销渠道成员进行有效管理？

三、案例分析

国产手机品牌纷纷冲击高端目标市场，小米、OPPO、荣耀等相继推出了高端产品。不同于苹果、三星，国产手机品牌走高端化有自己的特点。国产手机厂商除了要在产品力上下功夫，还要改变原有用户的固有观念，提升品牌的高度。这是一个系统性的调整，并

不只是简单地抬升产品的价格。下面以 OPPO 为例，看看它是怎么以渠道作为战场，冲击高端市场的。数据显示，截至 2023 年 3 月 31 日，OPPO 全球专利申请量已超 90 000 件，全球授权数量超 46 000 件。OPPO 在专利领域取得如此成绩，离不开持续多年的技术研发投入。自 2020 年起 OPPO 投入 500 亿元用于技术研发。产品层面，2020 年，OPPO 通过 Find X2 系列 5G 旗舰成功推动品牌的高端形象进一步建立，获得了海内外消费者的一致认可。但是，在手机行业，产品为上，渠道为王。事实上，所有的国产手机巨头都在发力渠道。小米和荣耀这两个互联网品牌都在狂开线下门店，扩张异常迅速。其实相比苹果、三星，当互联网已经足够发达时，国产手机厂商的渠道优势便成了一个重要"利器"。但是相比苹果 Apple Store，无论是服务还是形象，国产手机品牌的线下店还有一定的差距。走高端化，这是一个避不开的问题。对于 OPPO 来说，渠道一直是优势。在下沉市场的覆盖度上，OPPO 可以说是智能手机第一梯队，构筑了属于自己的渠道护城河。这是小米、荣耀这些互联网起家的手机品牌无法在短期内赶上的。为了配合高端化布局，OPPO 也在渠道上进行了全面升级。除了提出了"清零计划"：每县都要有店面覆盖，令长板更长，同时也会加大在高线城市的建店力度，支持合作伙伴开店。通过大客户答谢会，OPPO 副总裁、中国区总裁宣布多项客户支持政策，推动渠道策略全面升级。具体来说，升级涉及货源政策、形象建设、资金支持、服务支撑、活动引流、市场营销等 6 个方面，涵盖渠道的全流程，是系统性的建设，为冲击高端目标市场提供支持。OPPO 本身就拥有发达的渠道体系，遍布全国、数量庞大，但要冲击高端目标市场，就要有的放矢，在核心渠道上下更多功夫，更加精准地匹配高端消费人群。升级后，OPPO 的渠道销售体系的整体形象和服务水平将有效提升，核心渠道将得到更多的资源支持，也将更加全面地覆盖一、二线城市，更充分地触达手机消费的高端人群。在营销上，在 Find 系列产品上投入更多资源，包括高端媒体资源投入和更符合高端用户喜好的营销内容。与渠道体系相结合，树立高端品牌形象。全面升级的渠道销售体系将覆盖更高价位段和更可观的利润空间，这对品牌和渠道体系来说是双赢的结果。总体来说，这次全面升级有助于渠道销售体系提质增效、提升用户体验，进而拉动整体品牌迈入高端化。未来，我们能够预期在渠道大战中，各个国产巨头将使尽全力，线下门店的服务将越来越好，消费者能够直接受益。

【问题】

（1）企业自建渠道有何利与弊？

（2）评价 OPPO 渠道升级的主要措施。

同步实训

实训 9-1：分销渠道认知

实训目的：认识分销渠道的结构与作用，理解其实际意义。

实训安排：

1. 学生分组，选定一种日用品，分析其渠道特征（可以是日用品，也可以是电子产品等）。

2. 讨论其渠道结构，并说明原因。

3. 选择部分学生做 PPT 进行展示，并组织讨论与分析。

实训总结：学生小组交流不同的分析结果，教师根据分析（文案）报告、PPT 演示、讨论分享中的表现，分别给每组进行评价打分。

实训 9-2：分销渠道选择认知

实训目的：认识分销渠道的选择要求，理解其实际意义。

实训安排：

1. 学生分组，分别选择农产品、日化用品、电子产品，分析其渠道应该如何选择。
2. 讨论其渠道结构，并说明原因。
3. 选择部分学生做 PPT 进行展示，并组织讨论与分析。

实训总结：学生小组交流不同的分析结果，教师根据分析（文案）报告、PPT 演示、讨论分享中的表现，分别给每组进行评价打分。

实训 9-3：分销渠道管理认知

实训目的：认识分销渠道的管理工作，理解其实际意义。

实训安排：

1. 学生分组，收集多个不同的渠道冲突案例，分析其产生纠纷的原因（如汽车产品）。
2. 讨论其渠道结构，并从生产者角度提出解决办法。
3. 选择部分学生做 PPT 进行展示，并组织讨论与分析。

实训总结：学生小组交流不同的分析结果，教师根据分析（文案）报告、PPT 演示、讨论分享中的表现，分别给每组进行评价打分。

素养提升园地

党的二十大报告指出，加快发展数字经济，促进数字经济和实体经济深度融合，打造具有国际竞争力的数字产业集群。蓬勃发展的网络零售行业将迎来新的发展空间。

以"科技让零售更高效"为主题的"CCFA 新消费论坛——2021 中国国际零售创新大会"于 5 月 23—25 日在上海国际会议中心举办。在 5 月 24 日的"2021 中国商业新格局主会场"上，京东集团副总裁、京东零售集团大商超全渠道事业群总裁以"创新、开放、合作、共赢"为主题探讨"拥抱零售新格局　共建商业新生态"，并分享了京东在数智化零售发展新模式方向的积极探索。

当前，消费者的心智和购物习惯都在逐步发生变化，消费市场随着 Z 世代消费者的崛起和购物渠道的多元化，也更加细分。在此背景下，全渠道零售是必然趋势。近年来，京东积极推进线上与线下整合，助力品牌和全渠道合作伙伴实现数字化转型，实现全链路、全用户、全场景、全品类的数字化沉淀，走出一条全渠道深度融合的"数智化"发展之路。

以京东之家为例，作为全渠道战略的重要一环，京东之家已成为手机行业线上和线下渠道之间的场景融合纽带，改变传统单一品牌专营店模式，实现手机品牌覆盖更高，用户选择更广。此外，即时零售模式下的京东"小时购"服务也让用户享受到"新机即时可得"的消费体验。截至 2022 年 8 月，京东"小时购"已经覆盖超过 410 个城市，20 000+ 门店，用户下单 1 小时就可以收到新机，极大地提升了手机实体门店的数字化和履约能力，为用户打造了随时随地满足购机需求的全场域。

思考：

（1）京东的全渠道融合主要有哪些背景？

（2）我国商业新业态主要有哪些表现？

（3）我国商业数字化发展有哪些成就？

（4）京东之家怎样实现渠道融合？

学生自我总结

通过完成任务9，我能够做如下总结。

一、主要知识

概括本任务的主要知识点：

1. _____

2. _____

二、主要技能

概括本任务的主要技能：

1. _____

2. _____

三、主要原理

你认为，认识分销渠道策略的意义是：

1. _____

2. _____

四、相关知识与技能

你在完成本任务的过程中得出：

1. 渠道的完整含义是 _____

2. 渠道选择的影响因素有 _____

3. 渠道管理工作的主要内容包括 _____

五、成果检验

你完成本任务的成果：

1. 完成本任务的意义有 _____

2. 学到的知识或技能有 _____

3. 自悟的知识或技能有 _____

4. 你对我国商业数字化策略的看法是 _____

任务 10 >>
促销策略分析

学习目标

知识目标
- 了解促销的含义。
- 了解促销组合的含义。
- 了解促销活动的意义。

促销策略分析
素养提升

能力目标
- 能列举促销组合的影响因素。
- 能运用促销方法与技巧。
- 能举例评价促销策略的优与劣。

促销策略分析
课前阅读

素养要求
- 理解全媒体时代。
- 传播中国品牌。
- 认知企业家精神。

任务描述

在激烈的市场竞争中，企业不仅要开发适销对路的产品，制定具有竞争力的价格和选择合理的分销渠道，还要及时向消费者传递产品信息，激发他们的欲望与兴趣，使其产生购买动机和购买行为，以达到扩大产品销售的目的。促销就是激励消费者购买产品的一种活动。为此，营销人员必须首先在设计促销方式与促销方式组合的基础上，根据企业自身的产品特点，有针对性地制定出促销策略。

任务解析

根据市场营销职业工作过程的活动顺序，可以将这一学习任务分解为以下子任务，如图 10-1 所示。

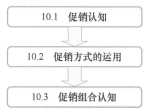

```
┌─────────────────────────┐
│ 10.1  促销认知           │
└─────────────────────────┘
            ↓
┌─────────────────────────┐
│ 10.2  促销方式的运用     │
└─────────────────────────┘
            ↓
┌─────────────────────────┐
│ 10.3  促销组合认知       │
└─────────────────────────┘
```

图 10-1　促销策略分析的子任务

| 课前阅读 |

明清时代的泸州南城营沟头有一条很深很长的酒巷。酒巷附近有 8 家手工作坊，据说泸州最好的酒就出自这 8 家。其中，酒巷尽头的那家作坊因为窖池建造得最早，在 8 家手工酿酒作坊中最有名。人们为了喝上好酒，都要到巷子最里面那一家去买。

1873 年，张之洞出任四川学政，他沿途饮酒作诗来到了泸州，刚上船，就闻到一股扑鼻的酒香。他心旷神怡，就请随从给他打酒来。谁知随从一去就是一上午，时至中午，张之洞又饥又渴，才看见打酒的人慌慌张张提着一坛酒小跑而来。生气之间，打开酒坛，顿时酒香沁人心脾，张之洞连说好酒，猛饮一口，顿觉甘甜清爽，于是气也消了。问道："你是从哪里打来的酒？"随从连忙回答："我听说营沟头温永盛作坊里的酒最好，所以穿过长长的酒巷到了最后一家作坊里买酒。"张之洞点头："真是酒好不怕巷子深啊！"

"酒好不怕巷子深"早已成为民间的一句俗语，意即好产品不愁卖。但是在激烈的市场竞争中，"酒好不怕巷子深"恐怕已不合时宜，"酒好"还得"吆喝好"。这样才能受人瞩目，广为流传。这里的"吆喝"就是营销人员向目标顾客传递商品信息！

【问题】

（1）上文的大意是什么？

（2）"酒好"就不需要传递酒的信息了吗？

（3）现在只要生产出优秀的产品，就可以高枕无忧了吗？

（4）上文想说明什么道理？

10.1　促销认知

对营销人员来说，组织促销活动，及时有效地向消费者传递产品信息，激发他们的欲望与兴趣非常重要。那么，促销是什么？促销工作究竟包含哪些内容呢？

10.1.1　促销概述

如今市场竞争日趋激烈，在市场营销活动中，不仅要求企业生产适销对路的产品，制定吸引人的价格，以适当的渠道满足目标消费者的需求，还要求企业必须采取适当的方式来促销。促销已经成为市场营销活动中重要的一环。

1. 促销的概念

促销是指企业利用各种有效的方法和手段，使消费者了解和注意企业的产品，激发消费者的购买欲望，并促使其实现最终的购买行为。

重要名词 10-1　促销

促销是指企业通过人员推销或非人员推销的方式，向目标消费者传递商品或劳务的存在及其性能、特征等信息，帮助消费者认识商品或劳务带来的利益，从而引起消费者的兴趣，激发消费者的购买欲望及购买行为的活动。

2．促销的实质

在 4P 理论中，产品是创造价值，价格是衡量价值，渠道是交换价值，促销是宣传价值。其实，促销的实质是信息沟通，即生产者以非降价的方式向消费者传递信息、激发购买欲望、促成购买行为。其核心主要是传播与沟通信息，即企业仅有优秀的产品是远远不够的，还要及时与消费者进行信息沟通，让消费者了解产品。

3．促销的作用

促销的作用主要表现在以下几个方面。

（1）传递产品信息　营销人员通过促销宣传使消费者了解企业生产经营什么产品，有哪些特点，到什么地方购买，购买的条件是什么等，引起他们的注意和好感，从而为企业产品销售的成功创造前提条件。

（2）影响消费，扩大销售　营销人员针对消费者的心理动机，通过灵活有效的促销活动，引导或激发消费者某一方面的需求，以扩大产品的销售。营销人员还可以通过促销活动来创造需求，发现新的销售市场，从而使市场需求朝着有利于企业销售的方向发展。

（3）突出产品特色，增强市场竞争力　通过促销活动，宣传本企业的产品较竞争对手产品的不同特点，以及给消费者带来的特殊利益，使消费者充分了解本企业产品的特色，尤其是通过对知名、优秀、特别的产品的宣传，更能促使消费者对产品及企业产生好感，从而培养和提高品牌忠诚度，巩固和扩大市场占有率，提高企业的市场竞争能力。

（4）收集市场信息　通过有效的促销活动，使更多的消费者或用户了解、熟悉和信任本企业的产品，并通过消费者对促销活动的反馈，及时调整促销决策，使企业的产品适销对路，扩大市场份额，巩固市场地位，从而提高企业营销的经济效益。

10.1.2　促销的方式

促销的方式主要有以下几种。

1．广告

广告的最大优点是广而告之，能在同一时间内向广大目标消费者传递产品信息。因此，在促销组合中，广告的使用最广泛。现代广告已经不再是一味地单向传播，已经开始考虑消费者的诉求。

（1）广告的含义　广告是企业按照一定的方式，支付一定数额的费用，通过不同的媒体（如广播、电视、报纸、期刊等）对产品进行广泛宣传的一种促销方式。

（2）广告的特点　广告是利用各种传播媒体来传递商品和服务信息的，这就形成了广告宣传的一些固有的特征，如信息覆盖面广、能产生媒体效应、具有较强的感染力、需精心策划等。

（3）广告的诉求　广告的诉求是商品广告宣传中所要强调的内容，俗称"卖点"。它体现了整个广告的宣传策略，往往是广告成败关键的所在。倘若广告的诉求选定得当，会对消费者产生强烈的吸引力，激发其消费欲望，从而促使其购买商品。广告的诉求有 3 种方式，即感性诉求、理性诉求和混合诉求。

重要信息 10-1　广告的形式

（1）根据广告的内容和目的划分

1）商品广告。商品广告是针对商品销售开展的大众传播活动。按商品广告的目的不同，可分为 3 种类型：①开拓性广告，是以激发消费者对产品的初始需求为目标，主要介绍刚刚进入投入期的产品的用途、性能、质量、价格等有关情况，以促使新产品进入目标市场；②劝告性广告，又叫竞争性广告，是以激发消费者对产品产生兴趣、增进选择性需求为目标，对进入成长期和成熟前期的产品所做的各种传播活动；③提醒性广告，也叫备忘性广告或提示性广告，是对已进入成熟后期或衰退期的产品所做的广告宣传，目的在于提醒消费者，使其产生惯性需求。

2）企业广告。企业广告又称商誉广告。这类广告着重宣传、介绍企业名称、企业精神、企业概况（包括企业历史、生产能力、服务项目等情况）等有关的企业信息。

3）公益广告。公益广告是用来宣传公益事业或公共道德的广告。

（2）根据广告传播的区域划分

1）全国性广告。全国性广告是指采用信息传播能覆盖全国的媒体所做的广告，以此激发全国消费者对广告产品产生需求。

2）地区性广告。地区性广告是指采用信息传播只能覆盖一定区域的媒体所做的广告，借以刺激某些特定地区消费者对产品的需求。此类广告传播范围小，多适用于生产规模小、产品通用性差的企业和产品。

（3）根据传播媒介划分

1）印刷类广告。印刷类广告主要包括印刷品广告和印刷绘制广告。印刷品广告有报纸广告、杂志广告、图书广告、传单广告、产品目录等。印刷绘制广告有墙壁广告、路牌广告、包装广告等。

2）电子类广告。电子类广告主要有广播电视广告、计算机网络广告、电子屏广告、霓虹灯广告等。

3）实体广告。实体广告主要包括实物广告、橱窗广告、赠品广告等。

2. 人员推销

（1）人员推销的含义　人员推销是指企业让推销人员直接向目标消费者进行有关产品的介绍、推广、宣传和销售。在人员推销活动中，推销人员、推销对象和推销品是 3 个基本要素。

（2）人员推销的形式　人员推销的形式主要有 3 种：①上门推销是由推销人员携带产品样品、说明书和订单等走访消费者，推销产品。②柜台推销是指企业在适当的地点设置固定门市，由营业员接待进入门市的消费者，推销产品。③会议推销是指利用各种会议向与会人员宣传和介绍产品，开展推销活动。

（3）人员推销的特点　人员推销具有以下特点：①销售的针对性。由于双方直接接触，相互在态度、气氛、情感等方面都能捕捉和把握，有利于销售人员有针对性地做好沟通工作，引导购买欲望。②销售的有效性。销售人员通过展示产品，答疑解惑，指导产品使用方法，使目标消费者能当面接触产品，易于引发消费者购买行为。③密切买卖双方关系。销售人员与消费者直接打交道，交往中会逐渐产生信任和理解，加深双方感情，建立起良好的关系，容易培育出忠诚消费者。④信息传递的双向性。在推销过程中，销售人员一方面把企业信息及时、准确地传递给目标消费者，另一方面把市场信息，消费者（客户）的要求、意见、建议反馈给企业，为企业调整营销策略提供依据。

3. 营业推广

（1）营业推广的含义　营业推广是企业为了达到营销目标，在一定时期内为迅速刺激要求、鼓励消费而使用的促销手段及方法，也称为销售促进。

（2）营业推广的方式　营业推广是极具短期引导性的一种促销方式，一般有两大类：一是以消费者或用户为对象的推广方式，如展销会、有奖销售、免费样品、减价销售、优惠券、附送赠品、演示促销等，目的在于鼓励现有使用者大量、重复购买，争取潜在消费者，吸引竞争者的顾客等；二是以中间商为对象的推广方式，如在销售地点举办展览会，实行购买数量折扣，提供广告和陈列津贴及合作广告等，目的是鼓励中间商大量销售，实现淡季销售目标等。

（3）营业推广的特点　营业推广是一种时间短、刺激性强的好方法，也是一种辅助性质的、非常规性的促销方式。当企业把新研制的产品推入市场时，运用营业推广手段可以迅速吸引消费者，容易让产品家喻户晓。当产品进入成长期，运用营业推广手段，可以提高产品市场占有率；当产品进入成熟期，运用营业推广手段可以吸引对价格敏感的消费者，同时也是创造品牌、与竞争者争夺市场的好方法。营业推广不能单独使用，需要与其他促销方式配合使用。

营业推广也有其消极的一面。例如，形式较多，方法一旦运用不当，求售过急，就会使产品和与其相关的制造商、经销商的声望受损。有些推广方法，如打折、赠送等，不太适合追求高品质、高档次形象的企业。

◤ 课堂思辨

　　一家企业的某商品从上市就宣称打折销售，你会觉得该商品（　　　　）。

4. 公共关系

（1）公共关系的含义　公共关系是指社会组织通过有效的管理和双向信息沟通，在公众中树立良好的形象与信誉，以赢得组织内外相关公众的理解、信任、支持与合作，为自身发展创造最佳的社会环境，实现组织既定的目标。

作为一种促销手段，公共关系并非仅仅是企业市场营销的一部分，还指企业为取得公众的了解、信任和支持并树立企业形象而进行的一系列活动。其目的是提高企业在公众中的知名度和美誉度，提高信息传递的可信度，使接受信息者在不知不觉中建立起对企业和产品的信赖感。

（2）公共关系的方式　常见的公共关系专题活动有庆典、展览会、新闻发布会、赞助、参观等。

（3）公共关系的特点　公共关系是一种隐性的促销方式，具有传递信息的全面性、对公众影响的多元性和效果的多面性等特点。

10.1.3　促销策略

促销策略是市场营销组合的基本策略之一。根据促销手段的出发点与作用不同，促销策略可分为以下两种。

1. 推式策略

推式策略是指直接以人员推销手段，把产品推向销售渠道。其作用过程是：企业推销人员把产品或劳务推荐给批发商，再由批发商推荐给零售商，最后由零售商推荐给最终消费者。该策略适用于以下几种情况：①企业经营规模小，或无足够资金支付高额广告费用；②市场较集中，分销渠道短，销售队伍规模大；③产品具有很高的单位价值，如特殊品、选购品等；④产品的使用、维修、保养方法需要进行示范。

这一策略需利用大量的推销人员推销产品，它适用于生产者和中间商对产品的前景看法一致的产品。推式策略风险小，推销周期短，资金回收快，但其前提条件是生产企业和中间商有高度的共识和配合。

2. 拉式策略

拉式策略是指采用间接方式，即通过广告和公共关系宣传等措施吸引最终消费者，使消费者对企业的产品或劳务产生兴趣，从而引起需求，主动去购买商品。其作用过程是：企业将消费者引向零售商，将零售商引向批发商，将批发商引向生产企业。

这种策略适用于：①市场广大，产品多属于便利品；②商品信息必须以最快速度告知广大消费者；③对产品的初始需求已呈现有利的趋势，市场需求日渐上升；④产品具有独特性能，与其他产品的区别显而易见；⑤能引起消费者某种特殊情感的产品；⑥有充分的资金用于广告。

课堂测评			
测评要素	表现要求	已达要求	未达要求
知识点	能掌握促销的含义		
技能点	能初步认识促销活动的操作		
任务内容整体认识的程度	能概述促销活动的意义		
与职业实践相联系的程度	能描述日常生活中的促销活动表现		
其他	能描述促销活动与其他课程、职业活动等的联系		

10.2 促销方式的运用

作为营销人员，在促销活动策划中，基本的技能就是合理运用多种促销方式，进而达到较好的促销效果。那么，促销方式的具体运用有哪些要领？如何才能达到促销效果最大化？

10.2.1 广告的运用

在市场营销活动中，广告的运用目的就是既要告知消费者购买商品所能得到的好处，又要给消费者更多的附加利益，以激发消费者对商品的兴趣，在短时间内收到速效性广告的效果，从而推动商品销售。

广告的运用通常包括确定广告目标、进行广告预算、选择广告媒体和评价广告效果等步骤。

1. 确定广告目标

从促销的角度看，广告目标可以分为告知、说服、提醒等目标。

（1）以告知为目标　这种广告的目标在于传达新产品的信息，介绍产品的用途、性能、包装、使用方法和建立需求，减少消费者的顾虑，建立企业形象、产品信誉等，使市场产生对某类产品的需求。这种广告常用于产品生命周期的投入期。

（2）以说服为目标　通过广告活动强调特定品牌的产品与竞争产品的差异，突出该产品的特点与优势，目的是改变消费者对本企业产品的态度，鼓励消费者放弃竞争者企业的产品转而购买本企业的产品。这种广告常用于产品生命周期的成长期，以不断争取新消费者，扩大企业的市场份额。

◤ 课堂思辨

牙膏产品广告宣称能防止龋齿，这是（　　　）目标。

▰ 营销案例 10-1　农夫山泉的竞争性广告

农夫山泉产品包装更换更加凸显产品的竞争性定位。农夫山泉先后推出 3 款瓶装水产品，以覆盖更加广泛的目标人群，即玻璃瓶装高端矿泉水、婴儿饮用水和学生天然矿泉水。农夫山泉此次推出的婴儿饮用水这一概念是在国内水企中首次提及。在设计上，强调用户体验，瓶身的设计人性化地适用于爸爸和妈妈的不同手型。另一款细分产品——农夫山泉学生天然矿泉水，针对学生群体做了独有的"运动盖"设计，单手就能开关。此外，针对学生的性格特点，瓶身采用了色彩鲜艳的"插画风"设计，以长白山春、夏、秋、冬四季为主题。农夫山泉推出的高端玻璃瓶矿泉水，不但在包装设计上剑指依云，定价上也显得极为大胆——35 ～ 40 元，与国际一线瓶装水品牌价格无异。在玻璃瓶矿泉水的包装上，农夫山泉也彰显了高品格定位。瓶身由英国设计公司"Horse 设计工作室"量身打造，细长的玻璃瓶身线条极为流畅，而瓶身包装是 8 种长白山生态文化，彰显了浓郁的自然人文气质。据了解，让产品回归自然，向自然生态致敬是本次产品在生产设计中所要传达的人文理念。

【评析】众所周知，瓶装水的属性与饮料不同，饮料能通过口味差异确定清晰明确的市场定位，但瓶装水在内容上并无太大的差异。此次新品发布，农夫山泉瞄准了细分市场，新鲜概念＋高端设计，品格彰显，可谓在瓶装水市场差异化路线上的一次大胆尝试。

（3）以提醒为目标　企业通过广告活动提醒消费者在近期内将用得着某产品（如秋季提醒人们不久将要穿御寒衣服），并提醒他们可到何处购买该产品。这种广告的目的在于使消费者在某种产品生命周期的成熟阶段仍能想起这种产品。例如，可口可乐公司在淡季耗费巨资做广告，目的就是提醒广大消费者，不要忘记可口可乐。

2. 进行广告预算

为了既经济省钱，又取得较好的广告效果，营销人员应该在目标确定的基础上，对广告进行合理的预算。广告预算方法主要有以下几种。

（1）支付能力法　营销决策人员应根据企业的财务情况来决定广告的费用预算，财务情况良好，则在合理范围内增加广告投入；反之，则减少广告投入。

（2）销售比例法　根据企业销售额的百分比来安排广告费用。在产品定价时就考虑到广告费用的开支，是一种常用的广告预算方法。

（3）竞争均势法　根据竞争对手的广告预算水平确定本企业的广告预算。这种方法能保持竞争对手之间的平衡，但广告预算的依据过分单一，容易导致企业相互之间的盲目攀比。

（4）目标任务法　根据广告要达到的目标和任务来确定广告预算，估计达到目标要完成的任务和需要花费的成本，汇总各类支出，然后做出广告预算。这种方法目标明确，可避免盲目投资。

▶ 课堂思辨

A 公司根据今年销售额确定了下一年度的广告费，这种广告预算方法属于（　　　）。

3. 选择广告媒体

在现代社会，广告媒体多种多样，营销人员在选择广告媒体时通常应考虑以下因素。

（1）目标市场特点　选择广告媒体首先要考虑目标市场消费者的需要和喜好，以及各层次消费者对媒体的接受程度，如文化相对落后地区，比较适合用广播、电视等直观性强的媒体；专业性较强的产品，比较适合选用专业杂志、报纸。

（2）产品的特点　选择广告媒体还要考虑产品的特点。例如，服装、食品、儿童用品等日用消费品，用色彩鲜艳、形象逼真的彩印图片和电视广告，易引起消费者的兴趣，可选用覆盖面广的大众传媒；新产品和高科技产品可选用附有详细说明的邮寄广告和宣传手册，有针对性地传递给目标消费者。

（3）信息的传播范围　广告媒体的信息传播范围应当与目标市场范围相一致。在选择时，应考虑广告媒体的特点，如传播范围、接触频率、作用强度，以及广告信息本身的要求，并对广告制作者提出具体要求。

（4）广告成本　企业应根据自己的经济实力进行广告预算，在分析广告媒体特点的基础上选择使用，或综合使用，使之发挥最大的效力。

▶ **营销案例 10-2**　快手冬奥会广告

2022 年北京奥运会上，快手联合两位"00 后"快手用户及众多幕后工作者倾力完成的手翻纸水墨风短片《破茧》的展示不得不提。它以"国风＋科技"的创意表现形式，生动演绎出了赛场上的 7 个冰雪大项，以及驰骋雪场的奥运健儿。据悉，最终呈现的这短短 3 分钟，背后是制作团队手绘 1 200 张水墨原画手稿、耗费 2 000 张 A4 宣纸、手翻 1 500 次、定格拍摄 3 000 次制作完成。

【评析】在民族自信力提升和"00 后"逐渐成为时代的主力军时，快手品牌结合自身平台优势，为冬奥助威。它对于"国风"的理解，是中国特色元素和中国文化、奥运精神相融合，是新时代年轻人的创新力，也是品牌对冬奥会全身心投入的热忱和鼓舞，品牌格局立显。

4. 评价广告效果

广告在发布后,营销人员应对其效果进行测试和评价,对广告方案进行信息反馈和及时调整。通常可以从广告对消费者的影响程度和对销售额的影响程度两个方面来评价广告的效果。

(1)对消费者的影响程度的评价　这种方法主要用来评价广告对消费者心理、行为方面的影响。具体方法有:①直接评分法,邀请消费者或广告专家观看各种广告并打分;②实验室法,研究人员运用各种仪器测定某一广告对人的心理、生理反应,来评价广告对人们的吸引力;③回忆测试法,请消费者观看一些广告,然后要求消费者回忆广告的内容。

(2)对销售额的影响程度的评价　广告对销售额的影响程度的评价方法有:①试验法,通过试验来测定不同地区广告费用的变化和销售额变化的关系;②销售效果测定法,以广告播出前后产品销售量的变化情况判断广告的效果;③相关分析法,用线性回归分析法分析广告费用和销售额是否存在相互关系,以及相互关系的紧密程度如何等,以此来评价广告的效果。

10.2.2　人员推销的运用

不同的推销方式可能会有不同的推销工作程序。通常情况下,人员推销包括以下几个既相互关联又具有一定独立性的工作程序。

1. 寻找目标消费者

推销工作的第一步就是找出产品的潜在消费者,并对遴选出来的潜在消费者进行消费需求、购买条件、购买力和信用资格审查,以提高今后推销工作的效率。寻找并识别目标消费者应当是推销人员的基本功。

推销人员在找到潜在消费者后,要进一步针对对方的具体情况搜集有关资料,包括需求情况、消费者的经济来源和经济实力、拥有购买决策权的对象、购买方式,以便制定推销方案。

> **重要信息 10-2　推销人员的任务**
>
> (1)沟通　与现实的和潜在的消费者保持联系,及时把企业的产品及其他相关信息介绍给消费者,同时了解他们的需求,沟通产销信息,成为企业与消费者联系的桥梁。
>
> (2)开拓　推销人员不仅要了解和熟悉现有消费者的需求动向,而且要尽力寻找新的目标市场,发现潜在消费者,从事市场开拓工作。
>
> (3)销售　推销人员通过与消费者的接触,运用推销艺术,解答消费者的疑虑,达成交易。
>
> (4)服务　推销人员除了直接的销售服务外,尚需代表公司提供其他服务,如业务咨询、技术性协助和融资安排等。
>
> (5)调研　推销人员利用直接接触市场和消费者的便利,可进行市场调查和情报搜集工作,并且将访问情况形成报告,为企业开拓市场和制定营销决策提供依据。

2. 试探性接触

推销人员与消费者约见,拜访消费者,进行初步接触。对企业、产品、交易条件、服务与保障等进行介绍和说明;主动进行一些产品的使用示范,唤起消费者的兴趣和需求。

3. 化解异议、达成交易

在推销活动中,消费者会站在自己的角度提出一些问题、要求甚至相反的意见。推销人员应善于倾听消费者的反对意见，并采取各种方法和技巧化解消费者的反对意见，排除成交的障碍。

推销人员随时观察消费者的反应，抓住有利时机，或提出选择性决策，或提出建设性决策，或进行适当让步，做好鼓动工作，以促使消费者做出购买决策，签约成交。

4. 后续服务

交易达成后，并不意味着推销工作的结束，而应看作新的推销工作的开始。推销人员应认真执行订单中所保证的条件，做好用户回访和其他后续工作，听取用户的感受、要求并尽量予以满足，以促使消费者产生对企业有利的后续购买行为和吸引新的消费者。

> **重要信息 10-3　推销人员的管理**
>
> （1）推销人员的挑选　企业推销人员挑选程序一般包括筛选候选人、测验、面试（谈）、背景调查（包括学历与工作经历调查、过去在其他单位曾有的推销业绩）、体格检查、决定录用、安排工作等环节。
>
> （2）推销人员的激励和约束　企业对推销人员的激励既包括物质的，如资金、期股、实物，又包括精神的，如表彰、晋升、授予某种荣誉称号等。企业按制度规定对完不成任务、违法违规者进行处分。
>
> （3）推销人员的评估　企业对推销人员的评估一般有两种方式：一是横向评估，即将各个推销人员的绩效进行比较和排队；二是纵向评估，即将推销人员目前的业绩同过去的业绩进行比较。

10.2.3　营业推广的运用

营业推广需要事先确定目标，然后针对不同的对象进行，操作步骤如下。

1. 确定营业推广目标

营业推广目标可以是为新产品打入市场，吸引消费者；也可以是与中间商建立良好的协作关系、鼓励中间商大量购销；又可以是从竞争者那里争取消费者；还可以是以推销人员为目标的推广，鼓励推销人员推销本企业的产品等。营销人员应根据不同的目标制定不同的营业推广目标，见表 10-1。

表 10-1　营业推广目标

一级目标	二级目标	解决问题	具体做法
向消费者推广	扩大新产品的影响力	扩大新产品的影响力、与竞争者争夺消费者、吸引顾客大量购买	免费使用、提供样品、采取优惠价格、赠送奖券、发放纪念品
	争夺消费者		
	鼓励购买		
向中间商推广	促使中间商参与活动	建立产品形象、加快销售、进一步提升市场占有率	提供销售补贴、设立促销奖、提供人员培训
	鼓励购买		
	提高经营效率		
向推销人员推广	鼓励推销人员	提升推销人员的工作效率、开拓新市场、增加销售量	提供销售提成、举行销售竞赛、提供推销培训、赠送纪念品
	开拓新市场		
	提高推销效果		

2．选择营业推广方式和工具

营业推广必须根据市场环境、竞争情况、产品性质和预算方案、不同方式的特点、消费者的接受习惯等，来选择营业推广的方式和工具。

3．制定营业推广方案

进行营业推广还应制定切实可行的推广方案，主要包括营业推广的刺激程度、推广对象、传播媒介、推广时机、期限和预算分配等。

10.2.4　公共关系的运用

公共关系促销并不是推销某个具体的产品，而是利用公共关系活动，把企业的经营目标、经营理念、政策措施等传递给社会公众，使公众对企业有充分的了解，对内协调各部门的关系，对外密切企业与公众的关系，扩大企业的知名度、信誉度和美誉度，为企业营造一个和谐、亲善、友好的营销环境，从而间接地促进产品销售。

公共关系工作程序通常包括调查、策划、实施和评估 4 个步骤。

1．公共关系调查

营销人员在进行公共关系活动之前，应首先进行公共关系的调查研究工作。通过调查，可以在采集各方面信息的基础上，了解社会公众对企业决策和行为的意见，据此确立公共关系目标。只有对有关情况了如指掌，才能确立工作目标，也才能有的放矢地解决问题。

2．公共关系策划

确定了公共关系目标之后，营销人员就应着手进行公共关系策划。公共关系策划是指专项公共关系活动的谋划和设计。公共关系策划主要包括综合分析、制订计划、方案优化、书面报告与方案审定等步骤。

3．公共关系实施

公共关系实施是指在公共关系策划被采纳以后，将策划方案所确定的内容变为公共关系实践的过程。这一阶段，主要是信息交流，营销人员必须学会运用大众传播媒介及其他交流信息的方式，达到良好的公共关系效果。

4．公共关系评估

通过公共关系实施，公共关系工作产生一定的效果，这就需要对公共关系工作的效果进行评估和总结。具体评估操作为：以公共关系目标为标准，对方案落实效果进行调查、分析，对照、比较公共关系目标，分析工作中的成功与失败之处及其产生的原因，做出具体的评价，并加以总结，写出总结报告，为以后的公共关系工作提供借鉴。

> **重要信息 10-4　公共关系促销的方式**
>
> （1）内部刊物　这是企业内部公共关系的主要内容。企业各种信息载体，是管理者和员工的舆论阵地，是沟通信息、凝聚人心的重要工具，如海尔集团的《海尔人》就起到了这样的作用。
>
> （2）发布新闻　由公共关系人员将企业的重大活动、重要的政策，以及各种新奇、创新的思路编写成新闻稿，借助媒体或其他宣传手段传播出去，帮助企业树立形象。

（3）举办记者招待会　邀请新闻记者，发布企业信息。通过记者传播企业重要的政策和产品信息，传播广，信誉好，可引起公众的注意。

（4）设计公众活动　通过各类捐助、赞助活动，努力展示企业关爱社会的责任感，树立企业美好的形象。

（5）企业庆典活动　营造热烈、祥和的气氛，显现企业蒸蒸日上的风貌，以树立公众对企业的信心和偏爱。

（6）制造新闻事件　制造新闻事件能引起轰动效应，常常会引起社会公众的强烈反响，如海尔的"砸冰箱"事件，至今人们谈及，仍记忆犹新。

（7）散发宣传材料　公共关系部门要为企业设计精美的宣传册或画片、资料等，这些资料在适当的时机，向相关公众发放，可以增进公众对企业的认知和了解，从而扩大企业的影响力。

课堂测评

测评要素	表现要求	已达要求	未达要求
知识点	能掌握不同促销方式的含义		
技能点	能初步认识促销方式的操作		
任务内容整体认识的程度	能概述不同促销方式的特点		
与职业实践相联系的程度	能描述日常生活中的促销方式运用		
其他	能描述促销方式的运用与其他课程、职业活动等的联系		

10.3　促销组合认知

对营销人员来说，不仅要会单独运用各种促销方式，而且要能够根据产品特点，综合各种因素，对各种促销方式进行选择、搭配利用，形成促销组合，以达到最大的促销效果。什么是促销组合？怎样才能合理组合呢？

10.3.1　促销组合的含义

为了顺利实现营销目标，在促销活动中，营销人员会有计划地将4种促销方式结合在一起加以运用。

1. 促销组合的内涵

所谓促销组合，是指企业运用广告、人员推销、公关宣传、营业推广4种基本促销方式组合成一个策略系统，使企业的全部促销活动互相配合、协调一致，最大限度地发挥整体作用，从而顺利实现企业促销目标。因此，促销组合也称促销组合策略。

2. 促销组合的实质

促销组合体现了现代市场营销理论的核心思想——整合营销。促销组合是一种系统化的整体策略，4 种基本促销方式则构成了这一整体策略的 4 个子系统。每个子系统都包括一些可变因素，即具体的促销手段或工具，由于某一因素的改变意味着组合关系的变化，因此也就意味着一个新的促销策略的诞生。

10.3.2 促销组合的影响因素

在市场营销活动中，影响促销组合决策的因素主要有以下几种。

1. 促销目标

企业在不同时期及不同的市场环境下所采取的促销活动有其特定的促销目标。由于促销目标不同，促销组合也就有差异。促销目标一般有以下几种。

（1）介绍产品　介绍产品是指通过报道、引导和展示来影响购买者，引起购买者对产品的初步需求。这种目标的促销组合应以广告为主，适当配合营业推广方式。

（2）提示产品　提示产品是指侧重使用宣传报道，说服消费者购买本企业的产品。这种目标的促销组合以广告和人员推销为主。

（3）树立品牌和企业的形象　树立品牌和企业的形象是指大力宣传产品品牌和企业本身，努力树立品牌形象和企业信誉，以使企业扩大市场占有率。这种目标的促销组合应以公共关系和广告为主，并配合适当的人员推销。

在市场促销活动中，企业应当在营销总目标下制定出具体的促销目标，根据促销目标制定促销组合与促销策略。

2. 产品因素

（1）产品的性质　对于不同性质的产品，购买者和购买目的不同，因此必须采用不同的促销组合和促销策略。一般来说，在消费者市场，因市场范围广而更多地采用拉式策略，尤其以广告和营业推广形式促销为主；在生产者市场，因购买者购买批量较大，市场相对集中，则以人员推销为主要形式。

（2）产品的市场生命周期　对处于产品生命周期不同阶段的产品，企业的促销目的不同，促销重点与促销方式也有所不同，因此要相应地制定不同的促销组合，见表 10-2。

表 10-2　产品生命周期不同阶段的促销组合

生命周期	促销目标重点	促销组合方式
介绍期（引入期）	使消费者了解产品，中间商乐于经销产品，提升知名度	运用多种广告宣传，对中间商采用人员推销
成长期	激发消费者的购买欲望与需要，增加其兴趣与偏爱，进一步扩大市场	扩大广告宣传，运用营业推广与人员推销
成熟期	促成信任购买，提升企业的知名度和信誉感，巩固市场占有率	营业推广为主，广告与人员推销互相使用，灵活运用公共关系
衰退期	消除不满，留住老客户	适当运用营业推广，辅以广告、降价策略

3. 市场条件

目标市场的条件不同，促销组合和促销策略也应有所不同。

1）从市场地理范围大小看，若促销对象是小规模的本地市场，应以人员推销为主；而对全国甚至世界市场进行促销，则应多采用广告形式。

2）从市场类型看，消费者市场因消费者多而分散，多数靠广告等非人员推销形式；而对用户较少、批量购买、成交额较大的生产者市场，则主要采用人员推销形式。

此外，在有竞争者的市场条件下，还应考虑竞争者的促销形式和促销策略，要有针对性地不断变换自己的促销组合及促销策略。

4. 总体促销策略

企业促销活动的总策略有"推式"和"拉式"之分。"推式"策略就是以中间商为主要促销对象，把产品推进分销渠道，最终推上市场。"拉式"策略则是以最终消费者为主要促销对象，首先设法引起潜在购买者对产品的需求和兴趣，由消费者向中间商咨询该产品，从而引起其向制造商进货。如果企业采取"推式"策略，则人员推销的作用较大；如果企业采取"拉式"策略，则广告的作用较大。

5. 促销预算

企业能用于促销的费用也是确定促销组合的重要依据。企业采用什么样的促销方法，往往受促销费用预算的制约。每一种促销方法所需费用是不同的，企业应根据预算，结合其他因素，选择适宜的促销组合。

10.3.3 促销组合的决策

企业营销人员综合各种影响因素，就能够进行促销组合决策。这项工作主要包括以下内容。

1. 确认促销对象

通过企业目标市场调研，确定其产品的销售对象是现实购买者还是潜在购买者，是消费者个人、家庭还是社会团体。明确了产品的销售对象，也就确认了促销对象。

2. 确定促销目标

在不同时期和不同的市场环境下，企业开展的促销活动都有着特定的促销目标。短期促销目标，宜采用广告促销和营业推广相结合的方式。长期促销目标，公共关系促销具有决定性意义。企业促销目标的选择必须服从企业营销的总体目标。

3. 设计促销信息

促销工作主要是进行信息传递，必须重点研究信息内容的设计。企业促销要明确目标对象所要表达的诉求是什么，并以此刺激其反应。诉求一般分为理性诉求、情感诉求和道德诉求 3 种方式。

（1）理性诉求　理性诉求通常指出产品与接受者个人利益相关的物质特点，如宣传产品物美价廉、性能可靠等。

（2）情感诉求　情感诉求试图使受众产生正面或反面的情感，以激励其购买行为，如购买一瓶农夫山泉捐一分钱给希望工程。

（3）道德诉求　道德诉求是诉求于受众心目中的道德规范，促使人们分清是非，弃恶扬善，如保护生态环境。

4. 选择沟通渠道

传递促销信息的沟通渠道主要有人员沟通渠道与非人员沟通渠道。人员沟通渠道向目标购买者当面推荐，能得到反馈，可利用良好的"口碑"来扩大企业及产品的知名度与美誉度。非人员沟通渠道主要是指大众媒体沟通。大众传播沟通与人员沟通的有机结合才能发挥更好的作用。

5. 确定促销的具体组合

根据不同的情况，将人员推销、广告、营业推广和公共关系 4 种促销方式进行适当搭配，使其发挥整体的促销作用。应考虑的因素有产品的属性、价格、生命周期、目标市场特点、"推式"或"拉式"策略。

课堂测评

测评要素	表现要求	已达要求	未达要求
知识点	能掌握促销组合的含义		
技能点	能初步认识促销组合的设计操作		
任务内容整体认识的程度	能概述促销组合的实践意义		
与职业实践相联系的程度	能描述日常生活中的促销组合表现		
其他	能描述促销组合认知与其他课程、职业活动等的联系		

小结

任务 10 小结如图 10-2 所示。

图 10-2　任务 10 小结

教学做一体化训练

一、重要名词

促销　　人员推销　　营业推广　　广告　　公共关系

二、课后自测

（一）单项选择题

1. 促销的实质是（　　　）。
   A. 广告　　　　　　　　B. 信息沟通　　　　　C. 销售促进　　　　D. 宣传
   E. 人员推销

2. 人员推销是指直接向（　　　）进行产品介绍。
   A. 目标顾客　　　　　　B. 销售市场　　　　　C. 用户　　　　　　D. 商人

3. 说服性广告通常运用在产品生命周期的（　　　）。
   A. 介绍期　　　　　　　B. 成长期　　　　　　C. 成熟期　　　　　D. 衰退期

4. 公共关系并非针对具体的（　　　），而是协调组织与社会公众的关系。
   A. 产品　　　　　　　　B. 营销活动　　　　　C. 促销活动　　　　D. 营业推广

5. 促销组合体现了（　　　）思想。
   A. 整体营销　　　　　　　　　　　　　　B. 社会营销
   C. 顾客让渡价值　　　　　　　　　　　　D. 现代市场营销

（二）多项选择题

1. 促销的具体方式包括（　　　）。
   A. 市场细分　　　　　　　　　　　　　　B. 人员推销
   C. 广告　　　　　　　　　　　　　　　　D. 公共关系
   E. 营业推广

2. 人员推销的特点包括（　　　）。
   A. 销售的针对性　　　　　　　　　　　　B. 销售的有效性
   C. 信息传递的双向性　　　　　　　　　　D. 买卖双方关系的密切性

3. 人员推销活动的 3 个基本要素为（　　　）。
   A. 需求　　　　　　　　　　　　　　　　B. 购买力
   C. 推销人员　　　　　　　　　　　　　　D. 推销对象
   E. 推销品

4. 广告的目标主要有（　　　）。
   A. 告知用途　　　　　　　　　　　　　　B. 介绍性能
   C. 突出本产品优点　　　　　　　　　　　D. 鼓励购买
   E. 提醒使用

5. 某企业的媒体计划人员在选择媒体种类时，应该考虑的因素有（　　　）。
   A. 目标市场特点　　　　　　　　　　　　B. 产品的特点
   C. 信息的传播范围　　　　　　　　　　　D. 广告成本
   E. 目标任务

（三）判断题

1．促销组合是促销策略的前提，在促销组合的基础上，才能制定相应的促销策略，因此促销策略也称促销组合策略。　　　　　　　　　　　　　　　　　　　（　　）

2．人员推销亦称直接促销，推销人员可直接从消费者处得到信息反馈，如消费者对推销人员的态度、对推销品和企业的看法和要求等。　　　　　　　　　　　　　（　　）

3．营业推广也称为销售促进。　　　　　　　　　　　　　　　　　　　（　　）

4．公共关系是一种显性促销方式。　　　　　　　　　　　　　　　　　（　　）

5．对单位价值较高、流通环节短、市场需求较小的产品常采用"拉式"策略。（　　）

6．因为促销是有自身统一规律性的，所以不同企业的促销组合和促销策略也应该是相同的。　　　　　　　　　　　　　　　　　　　　　　　　　　　　　　（　　）

7．公益广告是用来宣传公益事业或公共道德的广告，所以它与企业的商业目标无关。
　　　　　　　　　　　　　　　　　　　　　　　　　　　　　　　　（　　）

（四）简答题

1．影响促销组合的主要因素有哪些？

2．确定广告预算的主要方法有哪些？

3．企业的广告目标有哪些？

4．促销的作用是什么？

5．销售人员的工作任务有哪些？

6．怎样对推销人员进行管理？

三、案例分析

继在《中国好声音》第三季启动仪式上宣布推出印有 V 形标志的加多宝中国好声音促销装之后，独家冠名赞助商加多宝再出大招，推出了中国好声音促销装广告片。从央视、各大卫视、视频网站再到街头巷尾的户外广告，来势凶猛的线上广告片大潮与全面挺近的线下促销装大军交相辉映，共同演绎出一股势不可挡的 V 时刻潮流，单日兑奖量高达 5 000 多人次，引发加多宝中国好声音促销装热卖潮。

此番上线的加多宝中国好声音促销装广告片，集结了 5 位在两季节目中脱颖而出的超高人气学员，集合青春活力、重金属音乐、热辣劲舞、欢乐喜庆等镜头元素，上演了一出火爆的音乐盛宴。

此外，这次广告片特邀知名主持人担任配音，一语道破天机：原来拉开加多宝中国好声音促销装的拉环，便可凭拉环码和罐顶码，在短信、微信、PC 三个渠道赢取心动大奖！而片中好声音明星学员帅气的拉罐姿势更是意外爆红。

据悉，这是加多宝首次邀请人气艺人担任"品牌代言"，更是加多宝第一支针对中国好声音促销装推出的定制广告片。此番广告片上线，将 5 位好声音学员的火爆人气、节目即将开播的强大关注聚合在一起，瞬间引爆粉丝力量，势必会给已经全面铺开线上与线下通路的中国好声音促销装带来新的强劲销售动力。

作为《中国好声音》的独家冠名商，加多宝通过持续的营销创新，不断释放这档蜚声国内的节目背后的强大营销潜力，实现了品牌一年一度的大跨越。在顺利实现品牌转化之后，加多宝怀揣着更大、更全面的战略野心，围绕中国好声音 V 形标志上罐，全面树立起品牌屏障，打造文化护城河，并以文化促销售，最终拉开市场优势。

在人们传统观念中，V形手代表着胜利、喜悦的好兆头。中国好声音V形标志的上罐，不仅让加多宝一直以来倡导的喜庆文化有了品牌升华，也让这款凉茶有了更加醒目的视觉标识。这次首支中国好声音促销装广告片的推出，只是围绕中国好声音V形标志上罐而展开的V文化塑造战略中的重要一环。纵观整支广告片，风格年轻、喜庆、有活力，直观演绎了"人生V时刻，加多宝中国好声音促销装相伴"的品牌主张。

从官方微博、微信上如火如荼的"人生V时刻"系列海报解读，到借势"5·20"、端午、高考等社会热门事件的终端销售配合，加多宝打通自身线上线下资源，号召消费者在开心、喜悦、自豪的时刻，来一罐加多宝中国好声音促销装，V文化势头渐起。

与此同时，在"大品牌·大平台"战略的指导下，加多宝与互联网巨头腾讯达成全面战略合作，整合腾讯旗下的新闻客户端、视频客户端、QQ音乐客户端、游戏、微信、手机QQ等多渠道多终端，以强劲的外挂助推"人生V时刻"高潮迭起。

加多宝品牌管理部副总经理对此表示，"围绕V形标志上罐，加多宝将整合中国好声音与腾讯的资源优势，打通营销链条上的每个环节，串联起从观看节目、产品消费到消费者互动的全链条，给消费者打造今夏最强娱乐V时刻"。

随着《中国好声音》开播，属于加多宝的V文化势能不断累积，持续深化，并在消费者的心中生根发芽。在此过程中，加多宝离自己的"凉茶中国梦"又近了一步。

（资料来源：厂商动态，https://www.21ic.com/chang shang/929.html，有删改）

【问题】

（1）讨论并分析加多宝的促销策略。

（2）提出促销策略改进的建议。

同步实训

实训 10-1：促销认知

实训目的： 认识促销方式，理解其实际意义。

实训安排：

1. 学生分组搜集商场多个促销商品并记录其促销方式，分析其促销原因（可以是日用品）。

2. 讨论其促销方式，分析自己是否受到促销的影响，总结原因。

3. 选择部分学生做PPT进行展示，并组织讨论与分析。

实训总结： 学生小组交流不同的分析结果，教师根据分析（文案）报告、PPT演示、讨论分享中的表现，分别给每组进行评价打分。

实训 10-2：促销方式的运用

实训目的： 认识广告的运用，理解其实际意义。

实训安排：

1. 学生分组搜集几则发布在不同媒体上的促销广告，分析其目标与方式（可以是立体影像、文字、图片）。

2. 讨论其广告目标，分析自己是否受到广告投放的影响，总结原因。

3. 选择部分学生做 PPT 进行展示，并组织讨论与分析。

实训总结： 学生小组交流不同的分析结果，教师根据分析（文案）报告、PPT 演示、讨论分享中的表现，分别给每组进行评价打分。

⟳ 实训 10-3：促销组合认知

实训目的： 认识促销组合，理解其实际意义。

实训安排：

1. 学生分组搜集几则商品促销组合，分析其促销方式（辨识是单独方式，还是组合方式）。

2. 选择组合促销商品，讨论其促销目标，分析自己是否受到促销的影响，总结原因。

3. 选择部分学生做 PPT 进行展示，并组织讨论与分析。

实训总结： 学生小组交流不同的分析结果，教师根据分析（文案）报告、PPT 演示、讨论分享中的表现，分别给每组进行评价打分。

素养提升园地

2020 年 5 月 25 日消息，董明珠发表微博："我觉得为格力代言是一个责任。在一个怎样的岗位上就要承担多大的责任，要勇于担当。当你拥有更多的权力，你要付出的自然就要比别人多很多了，用百倍的努力我觉得也不为过。我自己代言不仅仅是为节约一点广告费，还是一种诚信的展示。既然我是企业的法定代表人，我就要给消费者一个承诺。"

思考：

（1）你了解我国哪些著名的企业家？

（2）企业家与产品品牌的关系是怎样的？

（3）董明珠这样做对于格力有哪些好处？

（4）我们应该怎样讲好中国故事？

学生自我总结

通过完成任务 10，我能够做如下总结。

一、主要知识

概括本任务的主要知识点：

1. ....

2. ....

二、主要技能

概括本任务的主要技能：

1. ....

2. ....

三、主要原理

你认为，认识促销渠道策略的意义是：

1. ....

2. ....

四、相关知识与技能

你在完成本任务的过程中得出：

1. 促销的完整含义是 ....

2. 促销组合选择的影响因素有 ....

3. 促销的主要方式包括 ....

五、成果检验

你完成本任务的成果：

1. 完成本任务的意义有 ....

2. 学到的知识或技能有 ....

3. 自悟的知识或技能有 ....

4. 你对企业家代言自家产品的看法是 ....

任务 11 >>
网络营销与运营

学习目标

✎ **知识目标**
- ○ 了解网络营销的含义。
- ○ 了解社交媒体营销的含义。
- ○ 了解移动营销的含义。

✐ **能力目标**
- ○ 掌握网络营销策划流程。
- ○ 能灵活运用不同的社交媒体营销形式。
- ○ 能灵活运用不同的移动营销形式。

📖 **素养要求**
- ○ 养成规范的网络行为。
- ○ 树立网络营销伦理。
- ○ 具备公平正义的准则。

网络营销与
运营素养提升

网络营销与
运营课前阅读

任务描述

随着互联网的普及，数字化生活成为消费者的基本生存状态。由此，传统市场营销必须向网络营销、数字营销转变。作为营销管理人员，必须有意识地放弃原来那种单向传播、"大水漫灌"式的高覆盖面宣传，代之以明确的数据库对象、精准的数字化多媒体传播渠道来推广产品或服务。只有通过认真研究和分析数字时代的消费者背后的海量数据、理解用户需求、以艺术的方式突出产品与服务特性、吸引消费者注意，才能满足消费者的个性化需求。

任务解析

根据市场营销职业工作过程的活动顺序，这一学习任务可以分解为以下子任务，如图 11-1 所示。

图 11-1　网络营销与运营的子任务

"我把所有人都喝趴下，就为和你说句悄悄话！""手机里的人已坐在对面，你怎么还盯着屏幕看？"江小白作为重庆传统酿造工艺新生代品牌，凭借对消费者情绪的挖掘，用直达人心的表达，为中国酒类品牌带来了新的生命和活力，也为互联网时代酒类营销渠道拓展做出了探索。

有人说，江小白是以在网上卖广告出名的；又有人说，江小白是以文案打动消费者的。然而，你还没有真正了解江小白。

扫描江小白瓶身的二维码，输入你想表达的文字，上传你的照片，自动生成一个专属于你的酒瓶。如果你的内容被选中，它就可以作为江小白的正式产品，付诸批量生产并全国同步上市。当有人扫码写表达时，后台的大数据同步生成：你在哪里扫的码，你消费了一款什么酒，你的心情是怎样的，你有什么满意和不满意，你上一次选择江小白是什么时候，附近有多少人和你做出了同样的选择……

【问题】

（1）你所知道的白酒企业一般是怎样做营销的？

（2）江小白表达瓶与普通酒瓶相比多了什么？

（3）你对传统酒类企业营销有哪些建议？

11.1 网络营销

20 世纪 90 年代初，互联网的飞速发展在全球范围内掀起了互联网应用热，世界各大企业纷纷利用互联网提供信息服务、拓展业务范围，并且按照互联网的特点积极改变企业内部结构和探索新的管理营销方法，网络营销应运而生。

11.1.1 网络营销认知

网络营销的产生有在特定条件下的技术基础、观念基础和现实基础，是多种因素综合作用的结果。信息社会的网络市场上蕴藏着无限商机，网络营销能帮助企业发掘网络上的无限商机。

1. 网络营销的含义

从市场营销的角度看，网络营销是以现代营销理论为基础，借助网络、通信和数字媒体技术实现营销目标的商务活动，是科技进步、消费者价值变革、市场竞争等综合因素促成的结果，也是信息化社会的必然产物。

重要名词 11-1　网络营销

网络营销是以互联网为核心平台，以网络用户为中心，以市场需求和认知为导向，利用各种网络应用手段去实现企业营销目的的一系列经营活动或行为。

从广义上讲，企业利用一切网络进行的营销活动都可以被称为网络营销，也称互联网营销。

从狭义上讲，网络营销是指组织或个人基于开发便捷的互联网，对产品、服务所做的一系列经营活动，从而达到满足组织或个人需求的全过程。

中国互联网络信息中心在京发布的第 51 次《中国互联网络发展状况统计报告》显示，截至 2022 年 12 月，我国网民规模达 10.67 亿，较 2021 年 12 月增长 3 549 万，互联网普及率达 75.6%。10 亿用户接入互联网，形成了全球最庞大、生机勃勃的数字社会。随着互联网影响的进一步扩大，人们对网络营销理解的进一步加深，已经意识到网络营销的诸多优点并越来越多地通过网络进行营销推广。网络营销已经不单单是一种营销手段，更是一种信息化社会的新文化。在其影响下，媒体也进入一种全新的模式。

2．网络营销的特点

网络营销的特点包括两个方面：一方面是基于互联网，以互联网为营销手段；另一方面是它属于营销范围，是营销的一种表现形式。企业网络营销包含企业网络推广和电子商务两大要素。网络推广就是利用互联网进行宣传推广活动，电子商务指的是利用简单、快捷、低成本的电子通信方式，买卖双方无须见面即可进行各种商贸活动。网络营销与传统营销一样都是为了达到企业的营销目的，但在实际操作和实施过程中，它们还是有比较大的区别的。

11.1.2　网络营销策划

网络营销策划是对网络营销活动所做的一个较为全面而有序的安排，目的是使网络营销活动能明确目标和任务，有条不紊地开展。网络营销策划工作主要包括以下几个步骤。

1．分析营销环境

营销环境由多方面的因素组成。随着社会的发展，特别是网络技术在营销中的运用，使环境更加变化多端，甚至形成了网络营销的独特环境。企业的营销观念、消费者需求和购买行为，都是在一定的经济社会环境中形成并发生变化的。随着网络营销进入生态思维阶段，网络营销环境多元化、复杂化已经成为常态。因此，对网络营销环境进行分析是十分必要的。

2．制定营销战略规划

制定营销战略规划应该考虑企业的目标、技术水平和资源与不断变化的市场机遇相适应。营销人员所进行的营销机遇分析包括对市场细分和目标市场定位两个方面的供求分析。需求分析部分中的细分市场要对潜在的获利能力、可持续性、可行性，以及潜在的细分市场规模进行描述和评估。

企业制定战略规划，出发点应该是可评估、可衡量和可操作的，如市场份额要达到多少，销售额要达到多少，利润要达到多少，要达到这些目标的时间是怎么控制的，何时实现这些目标等。

3．确定营销目标

一般情况下，一个网络营销策划的目标至少包括以下 3 个方面：任务（需要完成什么）、可量化的工作量（工作量是多少）、时间范围（什么时候完成）。

4．制定营销策略

企业为了达到计划目标，选择营销组合、关系管理及其他策略，制订出详细的实施计划。此外，企业还要判断是否有一支合适的营销队伍去执行计划。只要战术组合得当，企业就有可能达到目标。

5. 编写预算

任何一个网络营销策划都要涉及投资与回报。企业营销人员可以将收益与成本比较，计算投资回报率或内部收益率。企业管理者利用这些数据来判断他们所做的投入是否值得。

（1）收入预测　在预算中，企业运用固定的销售预测方法来评估网站在短期、中期和长期获取的收入。网络经营的收入渠道主要包括网站的直接销售、广告销售、订阅费、会员介绍费、在伙伴站点实现的销售、佣金收入及其他收入。企业通常以电子表格的形式对这些进行汇总。电子表格能显示一段时期内的期望收入和这些收入的来源。

（2）无形收益　与实体企业的经营情况相似，网络营销战略中的无形收益也很难确定。

（3）成本预算　以下列出的是网站开发可能发生的一些费用。技术费用（软件、硬件购置费用，联网费用，服务器购置费用，教育方面的资料及培训费用，以及站点的运营及维护费用）、站点设计费用（网站需要平面设计师来创建具有吸引力的页面，包括图片和照片）、人员工资（所有参与网站开发与维护的工作人员的工资）、营销费用（凡是与增加网站访问量、吸引回头客消费直接相关的费用都列入营销费用。其他费用包括搜索引擎注册费用、在线咨询费用、邮件列表租金和竞赛奖励等）、开发费用（域名注册、雇用专家编写内容或进行其他开发和设计活动所需费用）、杂项费用（差旅费、电话费、网站建设初期发生的文具用品费用等）。

6. 综合评估

网络营销策划一旦开始实施，企业就应该经常对其进行评估，以保证计划的顺利进行。一般来说，很多企业管理者习惯关注投资回报率。因此，营销人员必须向其解释一些无形的目标，这些目标将如何使企业获取更多的收益。同时，企业也必须采取准确、适时的度量手段来保证网络营销策划启动和实施各阶段费用支出的合理性。

11.1.3　网络营销模式选择

网络营销模式是指企业借助互联网进行各项营销活动，从而实现企业营销目标的营销模式。在互联网发展的不同阶段，网络营销的手段、方法和工具也有所不同，网络营销模式也从单纯的网站建设模式向多元化模式转变。

1. 网站营销

网站营销是指以网站为平台进行的营销活动。这种方式可以说是网络营销这一非传统营销方式中最传统的一种营销战略。按照在整个营销战略中扮演的角色不同，网站可以划分为企业信息网站（企业发布产品、服务、支持、介绍等信息，更新较慢）、营销活动网站（针对具体营销活动制作的专题网站，生命周期较短）和营销型网站（具备营销推广功能的电子商务网站）。

> **营销案例 11-1　鸿星尔克互联网传播**
>
> 2021年7月21日，鸿星尔克宣布向河南捐赠5 000万元（款、物）后，网友提到该企业2020年度利润为负仍大额捐赠，对此表示心疼。22日晚，有超过200万人集体涌入平日人气低迷的鸿星尔克卖货直播间参与扫货、刷礼物、充微博会员，其产品销量直线

提升。短时间内，鸿星尔克品牌官方旗舰店淘宝直播间销售额突破 1.07 亿元，3 个抖音直播间的累计销售额超过 1.3 亿元，点赞量达 4.2 亿。北京大学公共传播与社会发展研究中心主任认为，品牌认知、话术转变、传播时间、消费观念、传播速度集合形成了鸿星尔克的捐赠出圈效应。

　　【评析】在互联网时代，一些不确定或有争议的内容传播更广，这些事件在传播过程中不停地校正，中间就出现了公众的宽容。这个捐赠现象的伟大之处在于公众的善良之心被激发，从内心尊重它、帮助它、促进它，从而形成购买热潮。

2. 电子邮件营销

电子邮件营销是指在用户事先许可的前提下，通过电子邮件的方式向目标用户传递价值信息的一种网络营销手段。它是利用电子邮件与受众客户进行商业交流的一种直销形式，同时也广泛运用于网络营销领域。20 世纪 90 年代中期，互联网浏览器诞生，全球网民人数激增，电子邮件被广泛使用。

3. 搜索引擎营销

搜索引擎营销是目前比较主流的一种营销手段，因其大多数是自然排名，不需要太多花费，因此受到中小企业的重视。搜索引擎营销主要方法包括：搜索引擎优化、竞价排名、分类目录、网盟广告、图片营销、网站链接策略、第三方平台推广营销等。个人可以把搜索引擎与自己所建立的网络门户，如博客、微博等相互关联，以增加访问量、知名度和关注度。

4. 联署计划营销

联署计划营销，也称联署营销，简单来说，就是一种按效果付费的网站推广方式。网站站长注册参加广告商的联署计划，获得一个特定的只属于这个站长的联署计划链接。站长把这个链接放在自己的网站上，或者通过其他方式推广这个链接。当有用户通过这个联署链接来到广告商的网站后，联署计划程序会对用户的点击、浏览、销售进行跟踪。如果用户在广告商的网站上完成了指定的任务，广告商将按预先规定好的佣金支付给站长。

课堂测评

测评要素	表现要求	已达要求	未达要求
知识点	能掌握网络营销的含义		
技能点	能初步认识网络营销策划的流程		
任务内容整体认识的程度	能概述网络营销策划与活动的关系		
与职业实践相联系的程度	能描述网络营销策划的实践意义		
其他	能描述网络营销与其他课程、职业活动等的联系		

11.2　社交媒体营销

社交媒体的崛起是近年来互联网的一个发展趋势。不管是国外的 Facebook（脸书）和

Twitter（推特），还是国内的微博、微信、抖音和快手，都极大地改变了我们的生活，将我们带入了一个社交网络时代。社交网络属于网络媒体的一种，营销人员在社交网络时代要面对社交化媒体给营销带来的变化。

重要名词 11-2 社交媒体营销

社交媒体营销是指利用社交媒体上消费者发表的产品评论、博客、论坛、社交网络里的个人档案，以及用户创作的视频文件等做营销推广的营销方式。

社交媒体营销工具包括论坛、微博、微信、搜索引擎、百科、小红书、抖音、快手等。它们通过图文或视频等形式进行内容发布和传播，从而达到倾听用户声音、宣传品牌产品的目标。社交媒体营销又称社会化媒体营销、社交媒体整合营销、大众弱关系营销。

社交媒体营销以信任为基础的传播机制以及用户的高主动参与性，更能影响网民的消费决策，并且也为品牌提供了大量被传播和被放大的机会。同时，社交媒体用户黏性和稳定性高，定位明确，可以为品牌提供更细分的目标群体。

在今天，社交媒体营销的市场仍在不断扩大，它不再是朋友们共享的场所，已经成为一种全新的商业竞争模式。

11.2.1 微博营销

微博是一种基于人际索引用户关系的信息分享、传播，以及获取的社交网络平台。用户可以通过各种客户端组建个人社区，实现即时分享。微博的关注机制分为可单向、可双向两种。

1. 微博营销的含义

微博营销以微博作为营销平台，每一个听众（粉丝）都是潜在的营销对象，企业通过更新自己的微型博客向网友传播企业信息、产品信息，树立良好的企业形象和产品形象。每天更新内容可以与大家交流互动，或者发布大家感兴趣的话题，以便达到营销目的。

重要名词 11-3 微博营销

微博营销是指借助微博这一平台进行的包括品牌推广、活动策划、个人形象包装、产品宣传等一系列的营销活动。

2023 年 5 月 25 日，微博发布了 2023 年第一季度财报。2023 年 3 月，微博的月活跃用户为 5.93 亿，同比净增约 1 100 万用户。移动端用户占月活跃用户数的 95%；平均日活跃用户为 2.55 亿，同比净增约 300 万用户。微博用户虽然只占中国互联网用户的 10%，但他们是城市中对新鲜事物最敏感的人群，也是中国互联网上购买力最强的人群。同时，微博用户群又是我国互联网使用的高端人群，这部分用户群虽然只占我国互联网用户群的少数，但他们是城市中对新鲜事物最敏感的人群，也是我国互联网上购买力最强的人群。

2. 微博营销的类型

（1）个人微博营销 很多个人微博营销是以个人的知名度来得到别人的关注和了解的，

如明星、成功商人或者其他成功人士，他们运用微博往往是让自己的粉丝更进一步地了解和喜欢自己。微博对他们来说是抒发感情的工具，功利性并不是很明显。他们的宣传工作一般是由粉丝们跟踪转帖来完成的。

（2）企业微博营销　企业运用微博营销往往是想通过微博来提升知名度，最后能够将产品卖出去。企业微博营销因为受字数所限，不能让消费者直观地看到产品。企业在运用微博营销时，应当建立自己固定的消费群体，与粉丝多交流、多互动，多做企业宣传工作。

3．企业微博营销策略

（1）微博定制　微博定制是指针对企业的目标群体来选择微博内容，用来激发这部分人的兴趣。微博定制的主要措施包括官方认证加 V，即企业的微博必须是官方的，传播的内容也必须是官方的，内容较为正式；微博模板设计，即打造具有企业自身特色的微博模板；创立微群，即通过建立微群，建立起随时可以与目标群体互动的圈子；发起微活动，即通过微博发起有关活动，如同城活动、有奖活动、线上活动等。

（2）微博运营　企业在设计微博营销内容时，应尽可能专业化、能够激发网友的兴趣，发布内容要具有连续性。企业要随时加强微博互动，如热点转发、举办活动等，同时，应结合微博平台的规律，在提高被关注度的前提下，有效提升微博商业转化率。

营销案例 11-2　**口碑是最好的营销**

《乘风破浪的姐姐》是由芒果 TV 推出的女性励志成长音乐节目，其集结了专业歌手、演员、舞蹈艺术家等不同行业的有实力的女性，通过多场竞演展现国际友好互助之姿，彰显中国文化魅力，实现自我价值超越。

截至 2023 年 5 月，这档节目已经推出了第四季，并更名为《乘风 2023》，它从播出以来就一直保持着较高的话题度。第四季上线当日播放量 1.73 亿，拿下数十个热搜词条，并且节目组极具争议的淘汰赛制及网络投票人气排名每周的更新，就是一场微博热搜的狂欢。

【评析】网络大众投票可以提升观众的互动性和参与感，观众在投票过程中会积极讨论和分享自己的选择，通过社交媒体等渠道扩散节目信息，进一步增加了节目的曝光度和影响力。此外，投票结果也会成为媒体报道和讨论的焦点，为节目带来更多的宣传和关注。

11.2.2　微信营销

微信是腾讯公司于 2011 年年初推出的一款发送语音、视频、图片、文字，为智能手机提供即时通信服务的免费应用程序。微信支持跨通信运营商、跨操作系统平台快速发送语音、视频、图片和文字，支持多人群聊。

1．微信营销的含义

微信营销是网络经济时代企业或个人营销模式的一种，是伴随着微信的出现而兴起的一种网络营销方式。微信不存在距离的限制，用户注册微信后，可与周围同样注册的"朋友"形成一种联系，订阅自己所需要的信息，商家通过提供用户需要的信息，推广自己的产品，从而实现点对点的营销。

微信营销主要体现在以安卓系统、苹果系统的手机或者平板电脑中的移动客户端进行的区域定位营销，商家通过微信公众平台，结合转介率微信会员管理系统展示商家微官网、微会员、微推送、微支付、微活动，已经形成了一种主流的线上与线下微信互动营销方式。

2. 微信营销的方式

（1）点对点精准营销 微信拥有庞大的用户群，借助移动终端、天然的社交和位置定位等优势，每个信息都是可以推送的，能够让每个人都有机会接收到这个信息，继而帮助商家实现点对点精准化营销。

（2）位置签名 商家可以利用"用户签名档"这个免费的广告位为自己做宣传，附近的微信用户就能看到商家的信息。

（3）二维码 用户可以通过扫描识别二维码身份来添加朋友、关注企业账号；企业则可以设定自己品牌的二维码，用折扣和优惠来吸引用户关注，开拓 O2O 的营销模式。

（4）开放平台 通过微信开放平台，应用开发者可以接入第三方应用，还可以将应用的 Logo 放入微信附件栏，使用户可以方便地在会话中调用第三方应用进行内容选择与分享。

（5）公众平台 在微信公众平台上，每个人都可以用一个 QQ 号码，打造自己的微信公众账号，并在微信平台上实现和特定群体的文字、图片、语音的全方位沟通和互动。

3. 微信营销的步骤

运用微信进行营销，重点就是积累粉丝，其操作步骤包括定位、积累、推广、互动和策划管理。

（1）定位 定位是指从微信的内容入手，制定切合实际的营销目标，确定产品或品牌的目标人群。不同于微博平台，动辄就拥有成千上万个粉丝，微信营销注重的是小范围、强关系、个性化。微信营销就是从标准化的产品、大众化的营销转向个性化的需求、定制服务。因此，只有先做好定位，才能提供更好的服务。

（2）积累 积累是指营销人员应该在保证老用户全部加进来的前提下，通过以老带新的方式，或者其他一些活动，不断积累粉丝规模。

（3）推广 推广通常的做法是线上和线下同步进行推广，线上推广也会用到常见的网络营销手段，如微博、论坛、QQ 群等工具，以引来高质量的粉丝；线下推广更要注重细节，如二维码设计要合理、张贴位置恰当，举办的活动要与微信推广相匹配。

（4）互动 微信营销必须通过互动才能稳定粉丝群，进而激发粉丝的热情。所以，营销人员应该推送符合粉丝口味的内容、多与粉丝互动，力争成为微信用户的"朋友"。

（5）策划管理 微信内容创作需要精心策划，轻松幽默、生动有趣、新鲜潮流的形式与内容才会吸引粉丝。同时，微信上的每一个粉丝就是一个自媒体，影响的圈子有大有小。因此，微信的危机管理更具挑战性，企业营销人员一定要慎之又慎，防患于未然。

营销案例 11-3　微博的集卡活动

微博从 2023 年 1 月 6 日—31 日开展包含"微博新鲜市"和"集虎卡开福运"两大主题玩法的 2022 让红包飞活动，覆盖腊八、小年、除夕等中国传统节日的多个关键节点。这次活动，红包飞 IP 实现再次升级，模拟布局类游戏"微博新鲜市"接棒登场，邀请网友搭建专属理想世界，展现对新年的无限憧憬，还可以赢最高 888 元的开年红包。紧跟其后的"集虎卡开福运"在除夕当晚 20 点 22 分准时开奖，100% 的中奖率体现了微博红包玩法的最大诚意，最高 2022 元的红包设置则寄托了对 2022 虎年的新年愿景，春节氛围持续拉满。

【评析】这次集卡活动实质上是微博做社交的强力表现，要求收集 6 种虎卡，进一步聚拢了微博的人气。

11.2.3　SNS 营销

社会性网络服务（Social Networking Services，SNS），是指旨在帮助人们建立社会性网络的互联网应用服务。SNS 营销是随着网络社区化兴起的营销方式。SNS 社区在中国快速发展时间并不长，但是 SNS 现在已经成为备受广大用户欢迎的一种网络交际模式。

重要信息 11-1　六度空间理论

20 世纪 60 年代，美国心理学家米尔格兰姆设计了一个连锁信件实验。米尔格兰姆把信随机发送给住在美国各城市的一部分居民，信中写有一个波士顿股票经纪人的名字，并要求每名收信人把这封信寄给自己认为比较接近这名股票经纪人的朋友。这位朋友收到信后，再把信寄给他认为更接近这名股票经纪人的朋友。最终，大部分信件都寄到了这名股票经纪人手中，每封信平均经手 6.2 次到达。

于是，米尔格兰姆提出六度空间理论，认为世界上任意两个人之间建立联系，最多只需要 6 个人。这一理论又被称为小世界现象、小世界效应，也称六度分隔理论。

1. SNS 营销的含义

SNS 营销就是利用 SNS 网站的分享和共享功能，在六度空间理论的基础上实现的一种营销。通过口碑传播，让产品被更多的人知道。

2. SNS 营销的优点

1）SNS 营销可以满足企业不同的营销策略。越来越多的企业尝试在 SNS 网站上进行营销活动。例如，各种各样的线上活动（伊利舒化奶的开心牧场等）、产品植入（手机作为礼品植入等）、市场调研（在目标用户集中的城市调查，了解用户对产品和服务的意见）、病毒营销（植入了企业元素的视频或内容可以在用户中像病毒传播一样被迅速地分享和转帖）等都是基于 SNS 最大的特点，即可以充分展示人与人之间的互动，而这恰恰是一切营销的基础。

2）SNS 营销可以有效降低企业的营销成本。SNS 社交网络的"多对多"信息传递模式具有更强的互动性，受到更多人的关注。随着网民网络行为的日益成熟，用户更乐意主动获取信息和分享信息，社区用户显示出高度的参与性、分享性与互动性。SNS 社交网络营销传播的主要媒介是用户，主要方式是"众口相传"，因此与传统广告形式相比，无须大量的广告投入，因为用户的参与性、分享性与互动性很容易加深对一个品牌和产品的认知，容易形成深刻的印象。

3）可以实现目标用户的精准营销。SNS 社交网络中的用户通常是认识的朋友，用户注册的数据相对来说是较真实的，企业在开展网络营销的时候可以很容易对目标受众按照地域、收入情况等进行用户筛选，确定哪些是自己的用户，从而有针对性地向这些用户进行宣传并与之互动。如果企业营销的经费不多，但又希望能够获得一个比较好的效果，可以只针对部分区域开展营销。例如，只针对北京、上海、广州的用户开展线上活动，从而实现目标用户的精准营销。

4）SNS 营销是真正符合网络用户需求的营销方式。SNS 社交网络营销模式的迅速发展恰恰符合了网络用户的真实需求：参与、分享和互动。它代表了网络用户的特点，也符合网络营销发展的趋势。无论是朋友的一篇日记、推荐的一个视频、参与的一个活动，还是朋友新结识的朋友，都会让人们在第一时间及时了解和关注身边朋友的动态，并与他们分享感受。只有符合网络用户需求的营销模式，才能在网络营销中帮助企业发挥更大的作用。

3．SNS 营销的流程

SNS 营销的方式可以有好友邀请营销、软文营销、活动营销、植入游戏、打造公共主页、横幅广告等。其基本流程如下。

（1）接触消费者　在满足用户情感交流、SNS 互动、App 娱乐、垂直社区、同好人群等需求方面提供了多种服务和产品，这些产品为广告主接触用户创造了大量的机会。通过精准定向广告直接定位目标消费者。

（2）消费者产生兴趣　精准定向的广告创意与用户群的契合会带来用户更高的关注度，同时来自好友关系链的信息、与品牌结合娱乐化的 App 更容易引起用户的兴趣，这些兴趣可能是用户的潜在消费欲望，也可能是受广告创意的吸引。

（3）消费者与品牌互动　通过参与活动得到互动的愉悦与满足感，也可以通过 App 植入与消费者进行互动。App 植入广告在不影响用户操作体验的情况下传递品牌信息。

（4）促成行动　通过消费者与品牌互动，在娱乐过程中消费者潜移默化地受到品牌信息的暗示和影响，提升了消费者对品牌的认知度、偏好度及忠诚度，从而对用户的线上及线下购买行为和选择产生影响。

（5）分享与口碑传播　用户与品牌互动及购买行为，可以通过自己的博客进行分享，而这些基于好友间信任关系链的传播又会带来更高的关注度，从而品牌在用户口碑传播中产生更大的影响。

课堂测评

测评要素	表现要求	已达要求	未达要求
知识点	能掌握微博、微信、SNS 营销的含义		
技能点	能初步认识社交媒体营销策划的流程		
任务内容整体认识的程度	能概述社交媒体营销策划与活动的关系		
与职业实践相联系的程度	能描述社交媒体营销策划的实践意义		
其他	能描述社交媒体营销与其他课程、职业活动等的联系		

11.3　移动营销

移动营销早期被称作手机互动营销或无线营销。移动营销是在强大的云端服务支持下，利用移动终端获取云端营销内容，实现把个性化即时信息精确有效地传递给消费者个人，达到"一对一"的互动营销目的。移动营销是互联网营销的一部分，它融合了现代网络经济中的"网络营销"（Online Marketing）和"数据库营销"（Database Marketing）理论，是经典市场营销的派生，也是各种营销方法中最具潜力的部分。

> **重要名词 11-4　移动营销**
>
> 　　移动营销是指面向移动终端（手机或平板电脑）用户，在移动终端上直接向目标受众定向和精确地传递个性化即时信息，通过与消费者的信息互动达到市场营销目标的行为。

随着智能手机的迅速普及，移动化生活方式越来越流行，移动营销成为这一方式下最有效的营销方式之一。这一方式还可以进一步划分为二维码营销、LBS 营销、移动广告营销、App 营销等 4 种主要的形式。

11.3.1　二维码营销

二维码诞生于 20 世纪 80 年代，出现之后便以极快的速度发展，成为近几年来移动设备上流行的一种编码方式。它比传统的 Bar Code 条码能存储更多的信息，也能表示更多的数据类型。设备扫描二维码，通过识别条码的长度和宽度中记载的二进制数据，可获取其中包含的信息。相比一维码，二维码记载了更复杂的数据，比如图片、网络链接等。

1. 二维码营销的含义

二维码营销是指通过对二维码图案的传播，引导消费者扫描二维码，来推广相关的产品资讯、商家推广活动，刺激消费者进行购买的新型营销方式。拍摄二维码后，常见的营销互动类型有视频、电商，订阅信息，社会化媒体，商店地址等。

二维码营销的核心功能就是将企业的视频、文字、图片、促销活动、链接等植入一个二维码内，再选择投放到名片、报纸、展会名录、户外、宣传单、公交站牌、网站、地铁墙壁、公交车身等。当企业需要更改内容信息时，只需要在系统后台更改即可，无须重新制作投放。既方便企业随时调整营销策略，又可以帮助企业以最小投入获得最大回报。用户通过手机扫描即可随时随地体验浏览、查询、支付等，达到企业宣传、产品展示、活动促销、客户服务等效果。

2. 二维码营销的形式

二维码营销主要有以下 4 种形式。

（1）线下虚拟商店　电商最早采用二维码营销这一方式。在这方面比较成功的企业有京东商城、1 号店等，都非常注重线下营销的形式。1 号店建立了地铁虚拟商店，京东商城也在各大楼宇建立了商品展示系统，并且每件物品旁都配有二维码。消费者只需扫描二维码进行移动支付，就可以完成对商品的购买。

（2）线下广告　二维码营销的另一个重要方式就是线下广告，即在商品的平面广告中印上二维码，消费者通过扫描二维码便可以从线下转入线上，进入企业官网或产品页面，了解更多、更全面的商品信息。

（3）实体包装　商家将二维码印在商品包装盒、包装袋上，并承诺扫码再次购买会有优惠，以此激励消费者返回线上购买。

（4）线上预订，线下消费　以上三种情况均属于把消费者从线下带到线上，适用于实物类商品交易。而在本地生活服务领域，二维码可以作为凭证转移到线下商店进行消费。例如，麦当劳、哈根达斯天猫旗舰店，以及众多团购网站都采用了这种方式。

11.3.2　LBS 营销

基于位置的服务（Location Based Service，LBS）是通过电信移动运营商的无线电通信网络（如 GSM 网、CDMA 网）或外部定位方式（如 GPS）获取移动终端用户的位置信息，在地理信息系统（Geographic Information System，GIS）平台的支持下，为用户提供相应服务的一种增值业务。

当我们使用微信时，可以通过"附近的人"这一功能查找周围的人，并给他们发消息；当我们打开团购网站时，选择"离我最近"的筛选条件，网站就会根据我们的地理位置反馈附近商家的信息。这些都是当前 LBS 的常见形式。

1. LBS 营销的含义

LBS 营销就是企业借助互联网或无线网络，在固定用户或移动用户之间，完成定位和服务营销的一种营销方式。这种方式可以让目标客户更加深刻地了解企业的产品和服务，最终达到宣传品牌、加深市场认知的目的。这一系列的网络营销活动就叫作 LBS 营销。

2. LBS 营销的形式

LBS 营销的形式主要有以下 4 种。

（1）生活服务模式　这种模式以生活服务为出发点，与人们的日常生活、旅游、购票等紧密结合在一起。例如，大众点评网、折扣王、饿了么等外卖类应用，都是基于人们的地理位置为特定商圈内的居民提供相关服务，并随时记录用户相关信息的。

（2）休闲娱乐模式　休闲娱乐模式可以分为签到模式和游戏模式。签到模式的 LBS 有嘀咕、街旁、开开、多乐趣等。用户主动签到记录自己的位置，商家也会积分奖励用户签到。游戏模式主要是让用户利用移动终端购买虚拟房产与道具，将虚拟与现实结合起来的一种互动营销方式。

（3）社交模式　社交模式的主要方式是地点交友。不同的用户只要在同一时间出现在同一地点，都可以建立用户关联。商家可以在用户关联之间发起营销宣传、团购、优惠信息推送等活动。

（4）商业模式　商业模式主要是指团购。特定手机用户在本地一些签约商家签到，当签到人数达到一定数量时，所有签到的用户都可以享受一定的折扣与优惠。

11.3.3　移动广告营销

移动广告是通过移动设备（手机、平板电脑等）访问移动应用或移动网页时显示的广告。

广告形式包括：图片、文字、插播广告、语音、视频、链接等。

1. 移动广告营销的含义

移动广告营销是无线营销的一种形式，是指营销人员通过图形、文字等方式来推广企业的产品或服务。

2. 移动广告的形式

常见的移动广告形式大体有以下几种。

（1）图片类广告　图片类广告的形式主要有三种：一是横幅广告，又名旗帜广告，横幅广告是移动广告的主要形式；二是插屏广告，这类广告采用了自动广告适配和缓存优化技术，可支持炫酷广告特效，视觉冲击力强；三是全屏广告，这类广告在用户打开浏览页面时，以全屏方式出现 3 ～ 5 秒，可以是静态的页面，也可以是动态的 Flash 效果。代表平台有今日头条等。

（2）富媒体广告　富媒体广告是指能实现 2D、3D 动画和 Video、Audio 等具有丰富视听效果和交互功能效果的网络广告形式。这种广告形式在网络上的应用需要相对较多的频宽，且能够提高广告的互动性，提供更广泛的创意空间。代表平台有推特等。

（3）移动视频广告　移动视频广告分为传统贴片广告和 In-App 视频广告，是指在移动设备内进行的插播视频的模式。这种广告形式主要通过移动互联网在移动设备中（手机、PSP、平板电脑等）展现，主要采用数码及 HTML5 技术，融合视频、音频、图像及动画，在手机用户开启或退出移动应用等"碎片时间"来插播视频。代表平台有优酷、土豆等。

（4）积分墙广告　积分墙广告是除横幅广告、插屏广告外最常见的移动广告形式，是第三方移动广告平台提供给应用开发者的另一种新型移动广告盈利模式。积分墙是在一个应用内展示各种积分任务（下载安装推荐的优质应用、注册、填表等），以供用户完成任务获得积分的页面。用户在嵌入积分墙的应用内完成任务，该应用的开发者就能得到相应的收入，积分墙主要支持 Android 和 iOS 平台。代表平台有积分墙。

（5）原生广告　原生广告是移动广告中较新的广告表现形式。大致可以理解为，它是一种让广告作为内容的一部分植入实际页面设计中的广告形式，以提升用户体验为目的的特定商业模式。其主要表现为广告内容化，以及力求实现广告主营销效果、媒体商业化、用户体验三方共赢，而这种原生广告或成为未来的移动应用的主流广告模式之一。代表平台有谷歌 Instant App、夜神云手机。

3. 移动广告营销策略

对广告主而言，最重要的是深入了解目标消费人群，有针对性地进行品牌信息输出，使产品信息触及核心受众，并产生销售转化。移动广告营销策略主要有以下几个方面。

（1）投放触及精准人群　通过大数据，细分监测各渠道，了解推广目标、构建目标受众需求场景、多维度标签筛选目标用户，最后加以对比分析，将触及受众转化率低的区域排除之外，从而有针对性地投放。

（2）优化广告投放内容　要明确移动广告的投放目标，以结果为导向，借助专业的大数据智能分析技术对品牌调性、目标受众进行深入分析，精准匹配与目标受众需求契合度较高的内容场景进行推广。

（3）筛选重点投放渠道　不同移动广告渠道所带来的品牌曝光、用户关注，以及后续传播的流量不同，广告主可以利用大数据对各个渠道进行多维分析，采用多类型渠道推广组合，投放多个高投入产出比渠道来实现广告目标，降低拉新成本。据城外圈智能大数据洞察分析，用有效数据识别高匹配度渠道，可提升广告投放回报率，获取优质精准的流量，从而达到精准移动广告投放的效果。

（4）运用大数据实时优化投放效果　在移动端广告中，从点击到激活的行为，需要多处数据进行分析、贯通全流程。依托企业自身构建大数据分析体系要消耗大量的人力、物力、财力，广告主可依托城外圈智能大数据体系，跨屏打通数据信息，用真实准确的数据来监测每处渠道的投放效果，实时优化。

重要信息 11-2　新媒体与新媒体营销

新媒体是指新型互联网媒体。"新型"是区别于报纸、户外、广播、电视四大"传统"媒体，所以新媒体也被形象地称为"第五媒体"。新媒体包括手机、平板电脑、计算机、交互式网络电视等。传统媒体（电视、报纸等）是单向的、一对多的媒体，而新媒体（手机、计算机等）是多对多、交互式的媒体。所以说，新媒体是以网状互动传播为特点、以网络为载体，进行信息传播的媒介。

新媒体营销是以新媒体平台（微博、微信、知乎、脉脉等）为传播和购买渠道，把相关产品的功能、价值等信息传送到目标人群的心里，以便形成记忆，从而实现品牌宣传、产品销售目的的营销活动。

11.3.4　App 营销

App 是指智能手机的第三方应用程序。

随着智能手机和 iPad 等移动终端设备的普及，人们逐渐习惯了使用 App 客户端上网的方式，并且国内各大电商均拥有了自己的 App 客户端。这标志着 App 客户端的商业使用已经初露锋芒。App 已经不只是移动设备上的一个客户端那么简单了，在很多设备上已经可以下载厂商官方的 App 软件对不同的产品进行无线控制。

1．App 营销的含义

App 营销是指商家通过特制手机、社区、SNS 等平台上运行的应用程序来开展营销活动，以达成其经营目标的行为。

2．App 营销的特点

（1）App 营销成本低，持久性强　相比于电视、报纸等传统媒体高额的广告费用，App 营销只要开发一个适合于本品牌的应用程序就可以了。有趣的 App 会吸引用户的关注，一旦用户下载到手机成为客户端或在 SNS 网站上查看，那么持续性使用就会成为必然。

（2）App 互动性强，用户黏性高　App 创立了许多与用户沟通的新模式，如某品牌为新品打造的"签到玩游戏，创饮新流行"移动整合营销方案，消费者接受任务后，通过手机在活动现场和户外广告投放地点签到，就可获得相应的勋章并赢得抽奖机会。这类游戏活动会吸引用户，形成用户黏性。

（3）App 营销精准，体验定制化　借助先进的数据库技术、网络通信技术及现代高度分散物流等手段保障和顾客的长期个性化沟通，使营销达到可度量、可调控等精准要求。还可以根据消费者的不同要求，在创新的基础上，为其提供不同的定制体验服务。

3. App 营销的策略

（1）App 的功能定位要明确　App 的开发者要考虑到产品用户的喜好、习惯及兴趣点，充分洞察目标消费者的生活方式特点，找到产品与消费者的契合点，从而既能体现产品或服务的特点，又可以吸引目标消费者的注意力与兴趣。

（2）为消费者提供最佳体验　成功的 App 应当具有自己独特的体验，如使用方便、娱乐生动有趣、设计新颖抢眼等。只有这样，才能赢得用户的好感。

（3）注重 App 的推广　掌握目标消费者的人口统计学特征，了解目标消费者的媒体使用习惯等是解决 App 推广问题的前提。在新媒体时代，口碑营销、游戏互动等创新推广方式往往能够收到更好的效果。

课堂测评

测评要素	表现要求	已达要求	未达要求
知识点	能掌握二维码、LBS、移动广告营销的含义		
技能点	能初步认识不同移动营销策划的流程		
任务内容整体认识的程度	能概述移动营销策划与活动的关系		
与职业实践相联系的程度	能描述移动营销策划的实践意义		
其他	能描述移动营销与其他课程、职业活动等的联系		

小结

任务 11 小结如图 11-2 所示。

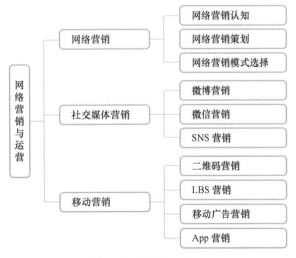

图 11-2　任务 11 小结

教学做一体化训练

一、重要名词

网络营销　微博营销　移动营销

二、课后自测

（一）单项选择题

1. 从市场营销的角度看，网络营销也是以（　　）为基础。

　　A. 地理位置　　　　　B. 现代营销理论　　　C. 消费者　　　　D. 顾客

2. （　　）可以说是网络营销这一非传统营销方式中最传统的一种营销战略战术。

　　A. 移动营销　　　　　B. 微信营销　　　　　C. 微博营销　　　D. 网站营销

3. 微博的关注机制分为（　　）两种。

　　A. 可单向、可双向　　B. 可大、可小　　　　C. 线上、线下　　D. 网上、网下

4. 微信不存在（　　）的限制。

　　A. 距离　　　　　　　B. 消费额　　　　　　C. 销售额　　　　D. 消费量

5. 富媒体广告的代表平台有（　　）。

　　A. 推特　　　　　　　B. 积分墙　　　　　　C. 土豆　　　　　D. 今日头条

（二）多项选择题

1. 微博营销的类型有（　　）。

　　A. 个人微博营销　　　B. 企业微博营销　　　C. 市场计划　　　D. 渠道计划

2. SNS 营销的方式有（　　）。

　　A. 好友邀请营销　　　　　　　　　　　　B. 软文营销

　　C. 植入游戏　　　　　　　　　　　　　　D. 打造公共主页

　　E. 横幅广告

3. 二维码的营销形式主要有（　　）。

　　A. 线下虚拟商店　　　　　　　　　　　　B. 线下广告

　　C. 实体包装　　　　　　　　　　　　　　D. 线上预订，线下消费

4. LBS 营销的形式主要有（　　）。

　　A. 生活服务模式　　　　　　　　　　　　B. 休闲娱乐模式

　　C. 社交模式　　　　　　　　　　　　　　D. 商业模式

5. 移动图片类广告形式主要有（　　）。

　　A. 横幅广告　　　　　B. 插屏广告　　　　　C. 全屏广告　　　D. 户外广告

（三）判断题

1. 网络营销是指网站营销。　　　　　　　　　　　　　　　　　　　（　　）

2. 联署计划营销，简单来说，就是一种按效果付费的网站推广方式。　（　　）

3. 社交媒体营销又称大众弱关系营销。　　　　　　　　　　　　　　（　　）

4. 选择"离我最近"的筛选条件，网站就会根据你的地理位置反馈附近商家的信息。这些都是当前 LBS 的常见形式。　　　　　　　　　　　　　　　　　　（　　）

5. App 互动性强，但用户黏性不高。　　　　　　　　　　　　　　　（　　）

（四）简答题

1. 网络营销的模式有哪些？
2. 微信营销的步骤是怎样的？
3. SNS 营销的流程是怎样的？
4. App 营销的策略有哪些？

三、案例分析

西南大学大二学生小张的心情相当不错，康师傅酸梅汤在校园开展的一次手机签到活动居然让他拿到了梦寐以求的 iPad2 平板电脑。小张签到中 iPad2 的消息，很快以寝室为单位在校园传开了，很多同学加入了签到的队伍中。活动很快"火"了。它形式新颖，参与的流程简单，虽然不是人人都能拿到 iPad2，但喝到免费的酸梅汤似乎不难。

康师傅企划部主管表示，这只是康师傅在西南地区策划的一项活动。康师傅饮品的产品理念是倡导健康与时尚的融合，目标客户是 19～30 岁的年轻人群，让年轻人畅畅地"喝出新味来"。手机是连接年轻人的最佳载体，在西南地区精心策划基于手机的市场活动，目的是吸引更多年轻人参与活动，果然一上线就得到了热烈的响应。

这位主管介绍说，在信息碎片化时代，消费者已没有时间接触大段广告，更拒绝说教，只有贴近他们的信息接收习惯，采取好玩的营销方式，才能引起消费者的共鸣。因此，这次活动的成功，除了奖品的刺激，还在于整合了各种新式玩法，如 LBS 签到、手机创意游戏、微博分享、手机报纸营销等全新体验，病毒式地传播了康师傅饮品的品牌内核。康师傅数据统计，在西南地区通过各种形式和途径参与本次活动的人数超过 10 万，其中参与 LBS 签到的就有 5 万人，3 万人在微博上转发和分享本次活动，实现了"让用户在玩的过程中潜移默化地体会了康师傅品牌"的目的。

线上与线下活动结合。这位主管表示，对于康师傅饮料这种快速消费品来说，光有线上活动显然是不够的，线上与线下结合，才能实现最佳效果。康师傅的品牌知名度已经很高了，因此品牌宣传不是首要目的，取得消费者的忠诚和信赖，才是康师傅当下的营销重点。利用时下最受年轻人欢迎的手机位置化"签到"与手机互动小游戏成为"康师傅"的重点考虑。可是，该选择哪一款游戏呢？

最容易想到的是"愤怒的小鸟"。这款游戏比较热门，玩的人很多，但缺陷也很明显，那就是强行插入的广告，让人无法产生好感。康师傅最终选择自己开发一款"传世寻宝"手机游戏，把康师傅饮料的各种元素做成游戏人物，要求玩家完成一项又一项任务，最终做出酸梅汤和酸枣汁。在玩游戏的过程中，消费者体会"传世新饮"酸梅汤和酸枣汁的健康、时尚的品牌诉求，让康师傅"传世新饮"的影响力裂变式提升。果然，游戏上线后，迅速在年轻人当中传开了。

线下活动也与线上活动进行结合、互动。消费者接受"签到玩游戏，创饮新流行"任务后，通过手机在活动现场和户外广告投放地点签到，就可获得相应的勋章，通过签章便可赢得抽奖机会，还有系列线上的趣味环节参与，让发生在校园内的线下活动，实现了线上的大范围传播。

【问题】

（1）康师傅企划部组织了一次什么样的活动？其效果怎样？
（2）案例里涉及任务 11 中提到的哪些理念与技术，你还能提出哪些建议？

同步实训

实训 11-1：网络营销工作认知

实训目的： 认识网络营销工作，理解其实际意义。

实训安排：

1. 学生分组，结合自己的网购经历，总结分享网购体会。（可以是消费者角度的感受，也可以是商家营销工作角度的感受）

2. 讨论分析这一过程中商家营销工作的亮点，总结出得失。

3. 学生做 PPT，分组展示讨论结果，并组织讨论与分析。

实训总结： 学生小组交流不同作业结果，教师根据报告、PPT 演示、讨论分享中的表现分别给每组进行评价打分。

实训 11-2：社交媒体营销认知

实训目的： 认识社交媒体营销形式，理解其实际意义。

实训安排：

1. 学生分组，选择不同社交媒体营销形式，分别讨论其优缺点。（也可以用网络查找一些相关资料）

2. 讨论这些营销形式的亮点，分析这些形式可以对应哪些用户或产品。

3. 选择部分学生做出 PPT 进行展示，并组织讨论与分析。

实训总结： 学生小组交流不同作业结果，教师根据报告、PPT 演示、讨论分享中的表现分别给每组进行评价打分。

实训 11-3：移动营销认知

实训目的： 认识移动营销的形式，理解其实际意义。

实训安排：

1. 学生分组，选择不同移动营销形式，分别讨论其优缺点。（也可以用网络查找一些相关资料）

2. 讨论这些营销形式的亮点，分析这些形式可以对应哪些用户或产品。

3. 选择部分学生做 PPT 进行展示，并组织讨论与分析。

实训总结： 学生小组交流不同作业结果，教师根据报告、PPT 演示、讨论分享中的表现分别给每组进行评价打分。

素养提升园地

2021 年 12 月，浙江省杭州市税务局稽查局经过大数据分析发现，网络主播黄某在 2019 年至 2020 年期间，通过隐匿个人收入、虚构业务转换收入性质虚假申报等方式偷逃税款 6.43 亿元，其他少缴税款 0.6 亿元，依法对黄某做出税务行政处理处罚决定，追缴税款、加收滞纳金并处罚款共计 13.41 亿元。

国家税务总局坚决支持杭州市税务部门依法严肃处理黄某偷逃税案件。同时，要求各级税务机关对各种偷逃税行为，坚持依法严查严处，坚决维护国家税法权威，促进社会公平正义；要求认真落实好各项税费优惠政策，持续优化税费服务，促进新经济新业态在发展中规范，在规范中发展。

思考：

（1）如何理解"互联网不是法外之地"这句话？

（2）网络营销活动应该遵循哪些基本原则与规范？

（3）如何理解网络诚信？

（4）你所了解的网络强国建设是怎样的？

学生自我总结

通过完成任务 11 的学习，我能够做如下总结。

一、主要知识

概括本任务的主要知识点：

1. _____

2. _____

二、主要技能

概括本任务的主要技能：

1. _____

2. _____

三、主要原理

你认为，网络营销的基本逻辑是：

1. _____

2. _____

四、相关知识与技能

你在完成本任务过程中得出：

1. 网络营销与传统营销的关系是 _____

2. 社交媒体营销的主要方式有 _____

3. 移动营销的主要方式包括 _____

五、成果检验

你完成本任务的成果：

1. 完成本任务的意义有 _____

2. 学到的知识或技能有 _____

3. 自悟的知识或技能有 _____

4. 你对我国网络强国建设的看法是 _____

参 考 文 献

[1] 科特勒，莱恩. 营销管理 [M]. 王永贵译. 北京：中国人民大学出版社，2020.

[2] 凯林，哈特利，鲁迪里尔斯. 市场营销 [M]. 董伊人，史有春，何健，等译. 北京：世界图书出版公司北京公司，2012.

[3] 李文国，夏冬. 市场营销 [M]. 北京：清华大学出版社，2018.

[4] 郭国庆，陈凯. 市场营销学 [M]. 6 版. 北京：中国人民大学出版社，2019.

[5] 曲丽. 市场营销学 [M]. 北京：清华大学出版社，2009.

[6] 李世杰. 市场营销与策划：微课版 [M]. 北京：清华大学出版社，2022.

[7] 王军旗，张蕾. 市场营销：基本理论与案例分析 [M]. 北京：中国人民大学出版社，2009.

[8] 吕一林. 市场营销学 [M]. 北京：科学出版社，2005.

[9] 朱华，窦坤芳. 市场营销案例精选精析 [M]. 北京：中国社会科学出版社，2008.

[10] 纪宝成. 市场营销学教程 [M]. 6 版. 北京：中国人民大学出版社，2017.

[11] 赵丽生，李锦元，赵轶. 高职财经管理类专业工作过程导向课程开发研究：以市场营销专业为例 [M]. 北京：高等教育出版社，2009.

[12] 赵轶. 市场调查与预测 [M]. 4 版. 北京：清华大学出版社，2020.

[13] 赵轶. 市场调查与分析 [M]. 3 版. 北京：清华大学出版社，2021.

[14] 赵轶. 公共关系实务：微课版 [M]. 3 版. 北京：人民邮电出版社，2021.

[15] 赵轶. 市场营销 [M]. 3 版. 北京：清华大学出版社，2018.

[16] 赵轶. 新媒体营销与策划 [M]. 北京：人民邮电出版社，2020.